Ferdinand Graf von Ballestrem

# Standortwahl von Unternehmen und Industriestandortpolitik

FINANZWISSENSCHAFTLICHE FORSCHUNGSARBEITEN

Neue Folge Heft 44

Herausgegeben von Prof. Dr. Dr. h. c. G. Schmölders, Universität Köln

# Standortwahl von Unternehmen und Industriestandortpolitik

## Ein empirischer Beitrag zur Beurteilung regionalpolitischer Instrumente

Von

Dr. Ferdinand Graf von Ballestrem

DUNCKER & HUMBLOT / BERLIN

Gedruckt 1974 bei Buchdruckerei A. Sayffaerth - E. L. Krohn, Berlin 61
Printed in Germany

ISBN 3 428 03097 4

# Inhaltsverzeichnis

## Verzeichnis der Abkürzungen

| | |
|---|---|
| abs. | = absolut |
| Az. | = Aktenzeichen |
| BGBl. | = Bundesgesetzblatt |
| BIP | = Bruttoinlandsprodukt |
| BMF | = Bundesministerium der Finanzen |
| BMWF | = Bundesministerium für Wirtschaft und Finanzen |
| BMWI | = Bundesministerium für Wirtschaft |
| BRD | = Bundesrepublik Deutschland |
| BT | = Bundestag |
| HdB | = Handbuch der Betriebswirtschaftslehre |
| HdRR | = Handwörterbuch der Raumforschung und Raumordnung |
| HdSW | = Handwörterbuch der Sozialwissenschaften |
| HWO | = Handwörterbuch der Organisation |
| GRW | = Gesetz über die Gemeinschaftsaufgabe „Verbesserung der regionalen Wirtschaftsstruktur“ |
| Ind. | = Industrie |
| k. A. | = keine Angabe |
| NRW | = Nordrhein-Westfalen |
| RGBl. | = Reichsgesetzblatt |
| TDM | = Tausend Deutsche Mark |
| ZfB | = Zeitschrift für Betriebswirtschaft |
| ZfhF | = Zeitschrift für handelswissenschaftliche Forschung |

## 1. Problemstellung

In der volkswirtschaftlichen Theorie wurde unter den sehr restriktiven Bedingungen der vollständigen Konkurrenz, der totalen Faktormobilität und der Abwesenheit sachlicher, zeitlicher und räumlicher Präferenzen gezeigt, daß das sozialökonomische Optimum ohne Eingriffe in den Wirtschaftsprozeß realisiert werden kann[1]. Die „Optimalität des interventionslosen Zustandes"[2], die in dem „Wunderland ohne Dimensionen"[3] gegeben ist, kann in der Realität nicht festgestellt werden. Zu den wesentlichen Gründen muß die Tatsache gezählt werden, daß die Wirtschaftsprozesse der Realität in Raum und Zeit verlaufen. Daraus entstehende Probleme gehören als Konjunktur- und Wachstumspolitik für die zeitliche Dimension und als Raumordnungs- und Regionalpolitik für die räumliche Dimension zu den wichtigsten — in ihren Wirkungen interdependenten[4] — Teilbereichen der heutigen Wirtschaftspolitik.

Bedingt durch die Wirtschaftsordnung der Bundesrepublik vollzieht sich der Wirtschaftsprozeß unter der Prämisse, daß die konkrete Gestaltung wesentlicher Struktur- und Entwicklungsmerkmale auf der Grundlage privater Einzelpläne getroffen wird. Die einzelnen Entscheidungszentren befinden sich in ihrem Verhältnis untereinander und zum Staat in einem Zustand weitgehender Emanzipation. Die Koordination der Einzelpläne soll unter dem Zwang des Wettbewerbs durch den Markt so erfolgen, daß sich einzelwirtschaftliche Verhaltensweisen, die zu gesamtwirtschaftlich unerwünschten Folgen führen, nicht durchsetzen können.

Wo jedoch ein Zustand oder eine erkennbare Entwicklung nicht den geltenden Zielvorstellungen entspricht, wird ein Eingreifen notwendig[5].

---

[1] Zu den Bedingungen des sozioökonomischen Optimums, vgl. Giersch, H., Allgemeine Wirtschaftspolitik, 1. Bd., Grundlagen, Wiesbaden 1960, S. 106 ff.

[2] Kade, G., Wirtschaftsordnung und Wirtschaftspolitik, in: Konjunkturpolitik, Zeitschrift für angewandte Konjunkturforschung, 9. Jg. (1963), S. 61.

[3] Isard, W., The General Theory of Location and Space Economy, in: The Quarterly Journal of Economics, Bd. 63 (1949), S. 477.

[4] Vgl. dazu Jürgensen, H., Antinomien in der Regionalpolitik, in: Gestaltungsprobleme der Weltwirtschaft, Festschrift für A. Predöhl, hrsg. v. H. Jürgensen, Göttingen 1964, S. 401 f. und Marx, R., Raumordnungsprobleme bei wirtschaftlichem Wachstum, in: Zeitschrift für die gesamte Staatswissenschaft, Bd. 121, Heft 1 (1965), S. 151 ff.

[5] Vgl. Schneider, H. K., Über die Notwendigkeit regionaler Wirtschaftspolitik, in: Beiträge zur Regionalpolitik, hrsg. v. H. K. Schneider, Schriften des Vereins für Socialpolitik, N.F. Bd. 41, Berlin 1968, S. 3.

Der Staat, von ihm abgeleitete oder faktisch zuständige Institutionen müssen Maßnahmen im Hinblick auf den Wirtschaftsprozeß, die Wirtschaftsstruktur oder die Wirtschaftsordnung treffen, d. h. sie müssen wirtschaftspolitisch tätig werden[6]. Beziehen sich diese Aktivitäten auf die räumliche Dimension der Wirtschaft, werden sie als regionale Wirtschaftspolitik bezeichnet. Diese will nach einer Definition von Müller „bestimmte Ziele räumlich-struktureller Art mit Hilfe wirtschaftspolitischer Mittel erreichen“[7, 8].

Über die Verteilung der wirtschaftlichen Aktivitäten im Raum entscheiden die Wirtschaftssubjekte, Unternehmen und private Haushalte, bei der Wahl ihrer Standorte[9]. Der für die Regionalstruktur und damit auch die Regionalpolitik wichtigste Sektor ist der sekundäre[10]. Im primären Sektor bedeutet das Standortproblem die Wahl der besten unter mehreren möglichen Verwendungsweisen des ortsfesten Produktionsfaktors Boden. Die wesentlichen Einflußgrößen sind hier letztendlich die Verteilung der Konsumstandorte und die dort vorhandenen Marktpreise, wie von J. H. v. Thünen theoretisch nachgewiesen und später unter Berücksichtigung der Entwicklung des Transportwesens und der unterschiedlichen Bodenqualitäten empirisch bestätigt wurde[11]. Ähnlich

[6] Zur Definition des Begriffs Wirtschaftspolitik vgl. Schiller, K., Wirtschaftspolitik, in: HdSW, Bd. 12, Stuttgart - Tübingen - Göttingen 1965, S. 210.

[7] Müller, J. H., unter Mitarbeit von B. Dietrichs und J. Klaus, Grenzen der Raumpolitik im Rahmen einer Marktwirtschaft, in: Ordo, Jahrbuch für die Ordnung von Wirtschaft und Gesellschaft, Bd. XII, Düsseldorf und München 1961, S. 148.

[8] Die Begriffe „regionale Wirtschaftspolitik“ und „Regionalpolitik“ werden in dieser Arbeit synonym verwendet. Zu Definition und Abgrenzung der Begriffe vgl. auch Storbeck, D., Regionale Wirtschaftspolitik, in: HdRR, Bd. III, 2. Aufl., Hannover 1970, Sp. 2623 ff. und Lauschmann, E., Grundlagen einer Theorie der Regionalpolitik, Hannover 1970, S. 1. Siehe auch Eberstein, H.-H., Grundlagen der Regionalpolitik und ihre wesentlichen Grundsätze, in: Handbuch der regionalen Wirtschaftsförderung, hrsg. von H.-H. Eberstein u. a., Köln 1971, 2. Lieferung 1972, A III, S. 2.

[9] Aus der Sicht der Betriebswirtschaftslehre stellt sich die Standortfrage in dreifacher Form als interlokale, lokale und innerbetriebliche Standortwahl, vgl. Wöhe, G., Einführung in die Allgemeine Betriebswirtschaftslehre, 6. Aufl., Berlin und Frankfurt a.M. 1964, S. 134. In dieser Arbeit wird das für die Regionalpolitik einzig relevante Problem der interlokalen Standortwahl betrachtet. Dementsprechend wird die Standortgemeinde als Standort der Betriebe bezeichnet. Vgl. dazu auch Brede, H., Bestimmungsfaktoren industrieller Standorte, Berlin - München 1971, S. 27 ff., Senn, B., Standort und Steuern, Diss. St. Gallen 1958, S. 81; v. Böventer, E., Bemerkungen zur optimalen Standortpolitik der Einzelunternehmung, in: Gestaltungsprobleme der Weltwirtschaft, Festschrift für A. Predöhl, hrsg. v. H. Jürgensen, Göttingen 1964, S. 444; Kerth, A., Grundfragen der Industrieansiedlung, Diss. Mannheim 1960, S. 3.

[10] Vgl. Koch, R., Industrieansiedlung in der wirtschaftspolitischen Praxis, in: Wirtschaftsförderung, staatliche Einflußnahme auf die Ansiedlung von privaten Industrieunternehmungen, hrsg. von der Deutschen Gesellschaft für Betriebswirtschaft, Berlin 1968, S. 11.

[11] Vgl. Salin, E., v. Thünen, Johann Heinrich, in: HdSW, Bd. 10, Stuttgart, Tübingen, Göttingen 1959, S. 387.

ist die Situation in großen Teilen des tertiären Sektors, wo — mit Ausnahme des Fremdenverkehrsgewerbes — Standorte in der Nähe von Bevölkerungskonzentrationen bevorzugt werden. Die Standortverteilung des primären und des tertiären Sektors wird also in den modernen Industriestaaten von der Standortverteilung der Industrie sehr stark beeinflußt[12].

Ein Schwerpunkt der Regionalpolitik liegt daher in der Beeinflussung der Standortentscheidungen von Unternehmen der verarbeitenden Industrie[13], es sei denn, für wirtschaftlich zurückgebliebene Gebiete wird das Konzept der passiven Sanierung verfolgt[14].

Sie steht dabei vor dem Problem, daß eine geschlossene und empirisch ausreichend getestete Theorie der räumlichen Beziehungen der Wirtschaft, die als Grundlage für Diagnose und Prognose dienen könnte, bisher nicht formuliert werden konnte[15]. Weiterhin befinden sich alle Elemente, die eine rationale Konzeption der Regionalpolitik enthalten müßte[16] — Ziele, Instrumente, Kompetenzverteilung und deren Zusammenhang —, noch in der Diskussion; nicht einmal ein vollständiges und allgemein anerkanntes Vokabularium existiert bisher[17]. Ebenso schwerwiegend ist der Hinweis von Storbeck, die Regionalpolitik stehe unter einer erheblichen Erfolgsungewißheit, da über die Wirkungen der Instrumente kaum gesicherte Erkenntnis vorliegt[18].

Die vorliegende Arbeit versucht einen Beitrag zu der Frage zu liefern, wie wirtschaftspolitische Mittel die Standortwahl von Unternehmen beeinflussen können und beeinflußt haben. Vom Erfolg einer wirtschaftspolitischen Maßnahme kann nur dann gesprochen werden, wenn sich unter ihrem Einfluß das Verhalten der privaten Wirtschaftssubjekte so ändert, daß es mit der vom Wirtschaftspolitiker erstrebten Ziel-

---

[12] Vgl. Storbeck, D., Die wirtschaftliche Problematik der Raumordnung, Berlin 1959, S. 37.

[13] Vgl. Meyer-Lindemann, H. U., Typologie der Theorien des Industriestandortes, Bremen - Horn 1951, S. 165 und Padtberg, U., Regionale Wirtschaftspolitik durch Subventionen?, Diss. Köln 1970, S. 75.

[14] Vgl. Hansmeyer, K. H., Ziele und Träger regionaler Wirtschaftspolitik, in: Beiträge zur Regionalpolitik, hrsg. von H. K. Schneider, Schriften des Vereins für Socialpolitik, N.F. Bd. 41, S. 40 f.

[15] Vgl. Jürgensen, H., Antinomien in der Regionalpolitik, S. 404.

[16] Zu Begriff und Elementen wirtschaftspolitischer Konzeptionen vgl. Pütz, Th., Die wirtschaftspolitische Konzeption, in: H. J. Seraphim (Hrsg.), Zur Grundlegung wirtschaftspolitischer Konzeptionen, Schriften des Vereins für Socialpolitik, N.F. Bd. 18, Berlin 1960, S. 11., Giersch, H., Allgemeine Wirtschaftspolitik, 1. Bd. Grundlagen, Wiesbaden 1960, S. 135 und Kloten, N., Alternative Konzeptionen in der Regionalpolitik, in: H. K. Schneider (Hrsg.), Beiträge zur Regionalpolitik, Schriften des Vereins für Socialpolitik, N.F. Bd. 41, Berlin 1968, S. 23 f.

[17] Vgl. Giel, W. und G. Wegge, Regionale Wirtschaftspolitik in der BRD, in: HdRR, Bd. III, 2. Aufl. Hannover 1970, Sp. 2637.

[18] Storbeck, D., Regionale Wirtschaftspolitik, Sp. 2627.

situation konform wird[19]. Kein Erfolg liegt dagegen dann vor, wenn durch die Wirtschaftspolitik eine Verhaltensänderung nicht bewirkt wird, wenn sich also z. B. ein Subventionsempfänger auch ohne Subvention in der gewünschten Weise verhalten hätte[20]. Für eine erfolgsorientierte Regionalpolitik ist es daher äußerst wichtig, Informationen darüber zu besitzen, wie Unternehmen ihre Betriebsstandorte wählen, d. h. wie sich das Problem der Standortwahl aus der Sicht der Unternehmen darstellt, wie es perzipiert wird, welches die gewichtigen Faktoren bei der Entscheidung sind, und wie diese ausgewählt werden bzw. sich herausbilden.

Grundlage der Erörterung bilden die Standorttheorie und der verhaltenstheoretisch orientierte Zweig der Entscheidungstheorie. Die erarbeiteten Thesen sollen durch Ergebnisse einer Befragung von 283 Unternehmen, die in den Jahren 1967 - 1970 in Nordrhein-Westfalen einen neuen Betriebsstandort fanden, empirisch beleuchtet werden. Die Erhebung der Daten erfolgte im Rahmen einer Untersuchung der Forschungsstelle für empirische Sozialökonomik (Prof. Dr. G. Schmölders) e.V., Köln.

Auf die große Bedeutung gerade der Verhaltensannahmen für den Erfolg der Regionalpolitik weist Padtberg in den Schlußsätzen seiner Arbeit hin: „Die einzige Chance der regionalen Wirtschaftspolitik liegt darin, die Verhaltensmuster der Wirtschaftssubjekte von vornherein bei der technischen Ausgestaltung der Subventionsmaßnahmen zu berücksichtigen ... Die Erforschung dieser Verhaltensmuster bleibt damit eine verantwortungsvolle Aufgabe für die Zukunft[21].“ Eine ähnliche Forderung hatte schon H. J. Seraphim aufgestellt: „Es ist deshalb eine vordringliche Aufgabe der Wirtschaftstheorie, durch Einbau der relevanten Verhaltenskonstanten und der ihnen zugrundeliegenden Motivtypen, d. h. durch systematischen Einbau soziologischer und psychologischer Daten zu einer so weitgehenden Verfeinerung der theoretischen Analyse zu gelangen, daß sie zu einem brauchbaren Fundament wirtschaftspolitischer Betrachtung wird. Dadurch kann es gelingen, auch im Hinblick auf den Einsatz quantitativer Mittel, den Unbestimmtheitsgrad ihrer Wirkungen einzuengen[22].“ Auch F. A. v. Hayek hat darauf

---

[19] Vgl. Schmölders, G., Erfolgsmaßstäbe neuzeitlicher Wirtschaftspolitik, in: Methoden und Probleme der Wirtschaftspolitik, Gedächtnisschrift für H. J. Seraphim, hrsg. v. H. Ohm, Berlin 1964.

[20] Vgl. Albrecht, D. und K. Wesseldonk, Subventionen und Subventionspolitik, Schriftenreihe des BMF, Heft 19, Bonn 1971, S. 33 und Padtberg, U., Regionale Wirtschaftspolitik durch Subventionen?, S. 33.

[21] Padtberg, U., Regionale Wirtschaftspolitik durch Subventionen?, S. 168.

[22] Seraphim, H. J., Theorie der allgemeinen Volkswirtschaftspolitik, Göttingen 1955, S. 303 f.

hingewiesen, daß letztlich ohne eine Analyse des Verhaltens ein Verständnis sozialer Erscheinungen nicht möglich ist[23].

Ein Vorhaben, wie es sich diese Arbeit gestellt hat, nämlich durch explizite Berücksichtigung empirischer Verhaltensweisen einen Beitrag zur Erklärung der Wirkungsweise wirtschaftspolitischer Instrumente zu leisten[24], ist nur sinnvoll, wenn es auf der Grundlage aufbaut, die Schmölders in folgender Weise formuliert hat: „Grundlage jeder anthropologischen Theorie vom menschlichen Handeln muß ... die Annahme sein, daß nicht unendlich viele verschiedene Handlungsweisen nebeneinander vorkommen, sondern nur einige wenige, und daß in manchen Situationen ganz bestimmte Verhaltensweisen häufiger sind und mit größerer Wahrscheinlichkeit erwartet werden können als andere; mit anderen Worten, daß sich die Menschen nicht gänzlich regellos und voneinander verschieden, sondern mehr oder weniger beständig und untereinander gleich (konform) verhalten[25].“

---

[23] Vgl. v. Hayek, F. A., Wahrer und falscher Individualismus. in: Individualismus und wirtschaftliche Ordnung, Erlenbach - Zürich 1952, S. 15.

[24] Vgl. auch die ähnliche, umfassendere Zielsetzung der Arbeit von Bidlingmaier, J., Unternehmerziele und Unternehmerstrategien, Wiesbaden 1964, S. 14 f. Er weist darauf hin, daß eine Theorie der Unternehmung ohne realitätsnahe Verhaltensannahmen als Basis wirtschaftspolitischer Entscheidungen ungeeignet ist.

[25] Schmölders, G., Das Bild vom Menschen in der Wirtschaftstheorie, in: Neue Anthropologie, Bd. 3, Sozialanthropologie, hrsg. von H.-G. Gadamer und P. Vogler, Stuttgart 1972, S. 147.

# 2. Der wirtschaftspolitische Rahmen der Regionalpolitik

## 2.1 Regionalpolitische Zielvorstellungen

Wirtschaftspolitische Konzeptionen enthalten die Bauelemente Ziele, Grundsätze und Methoden[1]. Wegen der großen Bedeutung, die die Ziele als Beurteilungskriterien für Handlungsalternativen und für das Auffinden von Problemen besitzen[2], ist es zweckmäßig, zunächst die Zielvorstellungen der Regionalpolitik zu erörtern. Die Zieldiskussion nimmt aus diesem Grund in der jüngeren Literatur einen breiten Raum ein[3]. Obwohl sie nicht als abgeschlossen betrachtet werden kann[4], soll sie an dieser Stelle nicht in der ganzen Breite aufgenommen werden; vielmehr werden nur die im Rahmen dieser Arbeit wesentlichen Aspekte berührt.

Wird die Regionalpolitik als ein „integrierter Bestandteil der Gesamtpolitik für Wirtschaft und Gesellschaft“[5] angesehen, so wird sie damit in ein hierarchisches Ziel — Mittel — Schema eingeordnet, in dem sie die Funktion eines Mittels zur Erreichung übergeordneter Ziele einnimmt. Ihre Zielvorstellungen werden aus Bereichen abgeleitet, die

[1] Vgl. Pütz, Th., Die wirtschaftspolitische Konzeption, S. 11 und ähnlich Giersch, H., Allgemeine Wirtschaftspolitik, 1. Bd. Grundlagen, S. 135.

[2] Zu Bedeutung und Funktionen regionalpolitischer Ziele vgl. Brösse, U., Ziele in der Regionalpolitik und in der Raumordnungspolitik, Berlin 1972, S. 37 ff. Brösse führt hier insgesamt sechs Funktionen regionalpolitischer Ziele auf.

[3] Neben der bereits zitierten Arbeit von Brösse (siehe Fußnote 2) seien folgende hervorstechende Beiträge beispielhaft aufgeführt: Hansmeyer, K.-H., Ziele und Träger regionaler Wirtschaftspolitik, S. 36 ff.; Giersch, H., Das ökonomische Grundproblem der Regionalpolitik, in: Gestaltungsprobleme der Weltwirtschaft, Festschrift für A. Predöhl, hrsg. von H. Jürgensen, Göttingen 1964, S. 387 ff.; Lauschmann, E., Grundlagen einer Theorie der Regionalpolitik, Hannover 1970, insbes. S. 189 ff.; Storbeck, D., Zur Operationalisierung der Raumordnungsziele, in: Kyklos, Vol. XXII (1970), S. 110; Zimmermann, H., Zielvorstellungen in der Raumordnungspolitik des Bundes, in: Jahrbuch für Sozialwissenschaft, Bd. 17, 1966, S. 225.; Zimmermann, H., Öffentliche Ausgaben und regionale Wirtschaftsentwicklung, Basel und Tübingen 1970, S. 12 ff.

[4] Es steht nicht außerhalb jeder Diskussion, daß eine wachstumsoptimale Allokation der Ressourcen im Raum das Primarziel der Regionalpolitik bildet wie König und Thoss annehmen, vgl. König, H. und B. Thoss, Der optimale Standort der Industrie; ein interregionales Programmierungsmodell für die westdeutsche Papierindustrie, in: Zeitschrift für die gesamte Staatswissenschaft, Bd. 121 (1965), S. 385.

[5] Schneider, H. K., Über die Notwendigkeit regionaler Wirtschaftspolitik, S.3.

zunächst nicht zur Regionalpolitik zu zählen sind, deren Aktivitäten jedoch räumliche Wirkungen hervorrufen[6].

Es geht also darum, die „regionalen Implikationen“[7] der „letzten“ gesellschaftlichen Ziele des Friedens, der Freiheit, der Sicherheit und der Gerechtigkeit wie auch wirtschaftspolitischer Ziele wie Wachstum, Konjunktur- und Geldwertstabilisierung herauszufinden[8]. Schneider leitet aus ihnen folgende Einzelziele der Regionalpolitik ab:

a) Aus dem Gerechtigkeitsziel: „Vermeidung und Beseitigung extremer Disparitäten in der interregionalen Verteilung der durchschnittlichen Pro-Kopf-Einkommen[9].“

Dieses Ziel zeigt den redistributionspolitischen Ansatz der Regionalpolitik[10], da es einerseits eine einigermaßen gleiche interregionale Versorgung mit privaten Gütern bewirken soll, andererseits aber auch die Voraussetzung für eine interregional gleichwertige Versorgung mit Gütern und Diensten des öffentlichen Sektors darstellt[11]. Es formuliert somit die ökonomische Bedingung für die Forderung des Artikels 106, Abs. 4 des Grundgesetzes, in allen Teilen des gemeinsamen Wirtschaftsgebietes eine Einheitlichkeit der Lebensverhältnisse herbeizuführen.

b) Aus dem Stabilitätsziel: „Reduzierung der konjunkturellen und strukturellen Abhängigkeit der Region[12].“

Dieses Ziel trägt den Interdependenzen Rechnung, die zwischen sektoraler, regionaler und gesamtwirtschaftlicher Konjunkturentwicklung festzustellen sind.

Angesprochen werden solche Regionen, die eine industrielle Monostruktur aufweisen, so daß die wirtschaftliche Entwicklung einer ganzen Region von der Marktsituation einer einzigen Branche abhängt. Akute Probleme ergeben sich, wenn diese Branche ein in Relation zur Gesamtwirtschaft unterdurchschnittliches oder sogar ein negatives Wachstum aufweist.

c) Aus dem gesamtwirtschaftlichen Wachstumsziel: „Schaffung der Voraussetzungen, die gesamtwirtschaftlich optimale regionale Wachstumsraten ermöglichen[13].“

---

[6] Vgl. Hansmeyer, K.-H., Ziele und Träger regionaler Wirtschaftspolitik, S. 38.

[7] Schneider, H. K., Über die Notwendigkeit regionaler Wirtschaftspolitik, S. 4.

[8] Vgl. Zimmermann, H., Öffentliche Ausgaben und regionale Wirtschaftsentwicklung, S. 25 ff. und ähnlich Giersch, H., Das ökonomische Grundproblem der Regionalpolitik, S. 387.

[9] Schneider, H. K., Über die Notwendigkeit regionaler Wirtschaftspolitik, S. 4.

[10] Hansmeyer, K.-H., Ziele und Träger regionaler Wirtschaftspolitik, S. 38.

[11] Schneider, H. K., Über die Notwendigkeit regionaler Wirtschaftspolitik, S. 5.

[12] Schneider, H. K., ebd., S. 4.

[13] Schneider, H. K., ebd.

Es handelt sich darum, die optimale Allokation der Produktionsfaktoren im Raum und die optimale Arbeitsteilung zwischen den Regionen zu erreichen.

Aus dem Ziel der Freiheit — nach einer Definition von B. Russel „das Fehlen von Hindernissen bei der Verwirklichung von Wünschen“[14] — läßt sich unmittelbar keine regionalpolitische Forderung ableiten; es beschränkt vielmehr als Nebenbedingung die Zahl der Instrumente, die dem Politiker zur Verfügung stehen[15].

Neben dieser Gruppe von Zielformulierungen steht eine andere, die im politischen Raum entstanden ist und sich im Raumordnungsgesetz vom 8. April 1965[16] sowie den Landesentwicklungsplänen findet. Im § 1 des genannten Gesetzes werden vier Ziele bzw. Aufgaben genannt, deren unmittelbare Herleitung aus übergeordneten politischen und gesellschaftlichen Motiven klar hervortritt:

— Die räumliche Struktur soll so entwickelt werden, wie es der freien Entfaltung der Persönlichkeit in der Gemeinschaft am besten dient (Abs. 1);

— Das Ziel der Wiedervereinigung soll gefördert werden (Abs. 2);

— Die Ordnungen von Gesamtraum und Einzelräumen sollen aufeinander abgestimmt werden (Abs. 4).

In § 2 werden dann in 9 Thesen materielle Grundsätze niedergelegt, die im Prinzip darauf hinauslaufen, daß gesunde Lebens- und Arbeitsbedingungen und ausgewogene Wirtschafts- und Sozialstrukturen geschaffen, bzw. wo sie bereits vorhanden sind, erhalten werden sollen. Es soll für notwendige Verdichtungen und Entballungen sowie für den Schutz der Umwelt gesorgt werden[17]. Darüber hinaus wird für das Zonenrandgebiet konkret gefordert, daß eine mit den Verhältnissen im übrigen Bundesgebiet vergleichbare Situation geschaffen wird.

Die Formulierungen des Raumordnungsgesetzes sind so weit gefaßt, daß die dort genannten Ziele und Grundsätze als Bewertungskriterien im wirtschaftspolitischen Entscheidungsmodell kaum geeignet erscheinen[18]. Konkreter sind dagegen die Äußerungen der Regierung des Landes Nordrhein-Westfalen im Nordrhein-Westfalen-Programm 1975[19]. Sie be-

---

[14] Russel, B., Freedom and Government, in: Freedom, Its Meaning, hrsg. von R. N. Anshen, New York 1940, S. 251.

[15] Vgl. Giersch, H., Das ökonomische Grundproblem der Regionalpolitik, S. 391.

[16] Raumordnungsgesetz vom 8. April 1965, BGBl. I., S. 306.

[17] Vgl. Brösse, U., Ziele in der Regionalpolitik und in der Raumordnungspolitik, S. 54.

[18] Vgl. Zimmermann, H., Öffentliche Ausgaben und regionale Wirtschaftsentwicklung, S. 72.

zeichnet es für eine wachstumsgerechte Landesentwicklung als notwendig, daß „der soziale Prozeß in dem komplizierten Gefüge der heutigen Gesellschaft ... durch bewußte Steuerung im Gleichgewicht gehalten[20]“ wird. Als Aufgaben entstehen dabei: „Wirtschaftsförderung, Sicherung der Vollbeschäftigung auch in den vom Strukturwandel erfaßten Gebieten und nachhaltige Steigerung des Pro-Kopf-Einkommens in allen Wirtschaftsräumen[20] ... “ Als spezielles Ziel wird die Steigerung des Wirtschaftswachstums durch Auflockerung einseitiger Wirtschaftsstrukturen und wirtschaftliche Stärkung von Problemgebieten angegeben[21].

Die angeführten Ziele lassen die ökonomische Problematik der Regionalpolitik erkennen: Einerseits handelt es sich um den wachstumstheoretischen Aspekt einer regional optimalen Allokation der Produktionsfaktoren — Giersch bezeichnet diese Frage als das ökonomische Grundproblem der Regionalpolitik[22] — andererseits um den redistributionspolitischen Aspekt des Abbaus interregionaler Wohlstandsunterschiede und -risiken. Die Operationalisierung der Ziele und die Zuordnung von Instrumenten zeigt, daß es sich hier um eine multiple Zielfunktion handelt, die Zielkonflikte, bei gleichrangigen Zielen sogar Antinomien, enthält[23]. Denkbar ist beispielsweise ein Gegensatz zwischen Wachstums- und Verteilungswirkungen, wenn der notwendige Schrumpfungsprozeß des in einer Region mit industrieller Monostruktur ausschlaggebenden Wirtschaftszweiges aus Gründen der sozialen Sicherheit gebremst wird. Ebenso kann die Förderung einer krisenfesten Wirtschaftsstruktur in allen Regionen einen Verzicht auf möglichen Wohlstand und mögliches Wachstum bedeuten, wenn sie zu einer erheblichen Verringerung der interregionalen Arbeitsteilung und Spezialisierung führt[24]. Ähnliche Konflikte können je nach der konkreten Situation auch zwischen den anderen Zielen auftreten[25].

Die Herausbildung eines konsistenten Zielsystems, das Voraussetzung einer rationalen Politik[26] ist[27], bedarf daher einer politischen Entschei-

---

[19] Landesregierung Nordrhein-Westfalen, Nordrhein-Westfalen-Programm 1975, Düsseldorf 1970. Hier und im folgenden wird die Regionalpolitik in Nordrhein-Westfalen als Schwerpunkt behandelt. Diese Auswahl wurde getroffen, da das im Kapitel 5 ausgewertete empirische Material bei Unternehmen erhoben wurde, die in diesem Bundesland in den Jahren zwischen 1967 und 1971 eine industrielle Produktion an einem neu gewählten Standort aufgenommen haben.

[20] Landesregierung Nordrhein-Westfalen, Nordrhein-Westfalen-Programm 1975, S. 2.

[21] Vgl. Landesregierung Nordrhein-Westfalen, Nordrhein-Westfalen-Programm 1975, S. 6.

[22] Giersch, H., Das ökonomische Grundproblem der Regionalpolitik, S. 387.

[23] Vgl. Jürgensen, H., Antinomien in der Regionalpolitik, S. 409.

[24] Vgl. Giersch, H., ebd., S. 388.

[25] Vgl. Jürgensen, H., ebd., S. 409 ff.

dung. Für die Regionalpolitik in der Bundesrepublik wurde sie in folgender Weise getroffen:

„Die Ziele heißen: Bedürfnisbefriedigung, Wohlstandssteigerung bei den Menschen, die in den wirtschafts- und strukturschwachen Gebieten leben, und damit über die ökonomischen Interdependenzen Bedürfnisbefriedigung, Wohlstandssteigerung in der gesamten Volkswirtschaft: Wachstum ist Zwischenziel[28].“ Allerdings besteht die Ansicht, in der aktuellen Situation diene die Förderung der Industrieansiedlung in wirtschaftlichen Problemgebieten sowohl dem Wachstum als auch der Verbesserung der regionalen Verteilung der Einkommen[29].

Auch ohne den Versuch einer Operationalisierung der angeführten Ziele läßt sich erkennen, von welchem Leitbild der Verteilung der Industriestandorte die regionale Wirtschaftspolitik in der Bundesrepublik gelenkt wird. Unter Berücksichtigung ihres Entwicklungspotentials[30] sollen alle Regionen ihren Einwohnern ausreichende Erwerbschancen bieten und ihnen so die Teilnahme am wirtschaftlichen und sozialen Fortschritt ermöglichen[31]. In Gegenden, die nicht für Fremdenverkehr geeignet sind, bedeutet dies die Forderung nach einem Industriebesatz, dessen konjunkturelle und sektorale Risiken zumindest nicht überdurchschnittlich hoch sind. Es wird angestrebt, daß die Industrie ausgewogene Größen- und Branchenstrukturen besitzt[32].

## 2.2 Industrieansiedlung als Aufgabe der Regionalpolitik

Die Begründung eines Eingriffs in den Wirtschaftsprozeß — auch die Standortverteilung der Industrien ist einem Prozeß unterworfen,

[26] Zum Begriff der rationalen Politik vgl. Giersch, H., Allgemeine Wirtschaftspolitik, 1. Bd., Grundlagen, S. 22.

[27] Vgl. Krelle, W., Präferenz- und Entscheidungstheorie, Tübingen 1968, S. 3.

[28] Noé, C., Zur Regionalpolitik als innerer Entwicklungspolitik, Manuskript, veröffentlicht als Dokumentation des BMWF, 8. Juli 1971, Nr. 141, S. 12.

[29] Vgl. Noé, C., Chancen und Bedingungen einer Strukturpolitik aus einem Guß, Manuskript, Texte des BMWI 17. September 1970, Nr. 109, S. 6 f.

[30] Zum Begriff des regionalen Entwicklungspotentials vgl. Giersch, H., Das ökonomische Grundproblem der Regionalpolitik, S. 393 ff.

[31] Vgl. Padtberg, U., Regionale Wirtschaftspolitik durch Subventionen?, S. 18.

[32] Die Richtlinien des Landes Nordrhein-Westfalen sprechen hier von „Investitionsvorhaben ..., wenn sie geeignet erscheinen, die Wirtschaftskraft ... zu stärken oder ihre (der förderungsbedürftigen Gebiete, der Verf.) Wirtschaftsstruktur zu verbessern.“ (Abs. A 1.1). Es sollen „volkswirtschaftlich erwünschte Investitionsvorhaben“ gefördert werden, in erster Linie solche, „die eine hohe Wertschöpfung erwarten lassen.“ (Abs. B. 3) s. Der Minister für Wirtschaft, Mittelstand und Verkehr des Landes Nordrhein-Westfalen, Richtlinien für die Gewährung von Investitionshilfen an Wirtschaftsunternehmen zur Förderung von Vorhaben in Schwerpunkten förderungsbedürftiger Gebiete des Landes oder zum Zwecke der Betriebsumstellung, Az.: II A I - 133 - 82 - 02 Düsseldorf, 15. 9. 1967.

der als Reaktion auf die Änderung interner oder externer Variablen ihre ständige Veränderung hervorruft — bedarf zweier Argumente:

1. Es wird eine Diskrepanz zwischen angestrebter Situation oder gewünschten Entwicklungen und tatsächlichem Zustand festgestellt[33].
2. Wenn der Grundsatz „Wettbewerb soweit wie möglich, Planung soweit wie nötig“[34] als verbindlich anerkannt wird, ist der Nachweis erforderlich, der Marktmechanismus allein sei nicht in der Lage, die festgestellte Diskrepanz zu beseitigen.

Allerdings würde selbst das Ergebnis, es sei unnötig und unangebracht, spezielle regionalpolitische Ziele zu verfolgen, die verantwortlichen Politiker nicht davon entbinden, ein „raumwirtschaftliches Gewissen“ zu besitzen. Die regionalen Wettbewerbsbedingungen werden nämlich von allen wirtschaftspolitischen Maßnahmen berührt. „Sie beeinflussen Standortbedingungen und Standortgefüge im weitesten Sinne; eine standortneutrale Wirtschaftspolitik gibt es daher nicht[35].“ Albers zeigt unter Annahme verschiedener Steuer- und Finanzausgleichssysteme, welche weitreichenden Wirkungen durch Verschiebung des räumlichen Wettbewerbs gerade dieser in jedem Staatswesen notwendig vorhandene Faktor auslösen kann[36]. Es ist nach seiner Meinung ein grundlegender Mangel, daß der Einfluß des Finanzausgleichs auf die räumliche Ordnung der Wirtschaft bisher viel zu wenig beachtet worden ist[37].

Die erste Voraussetzung, das Vorhandensein großer Diskrepanzen — gemessen sowohl am Wachstumsziel als auch am Verteilungsziel — ist für das Gebiet der Bundesrepublik des öfteren nachgewiesen worden[38]. Es bleibt zu prüfen, ob sich die Verteilung der wirtschaftlichen Aktivitäten im Raum gemessen an den regionalpolitischen Zielen befriedigend entwickelt, wenn sie allein den Kräften des Marktes überlassen wird.

Die Theorie der Marktwirtschaft geht im Grunde von der Annahme aus, daß die regionalen Produktionsvorteile miteinander konkurrieren und die Orte mit den günstigsten Bedingungen die Produktion an sich ziehen, so daß schließlich eine „optimale Standortverteilung“ heraus-

[33] Vgl. Schneider, H. K., Über die Notwendigkeit regionaler Wirtschaftspolitik, S. 3.

[34] Schiller, K., Wirtschaftspolitik, S. 215.

[35] Müller, J. H., unter Mitarbeit von B. Dietrichs und J. Klaus, Grenzen der Raumpolitik im Rahmen einer Marktwirtschaft, S. 148.

[36] Albers, W., Der Einfluß des Finanzausgleichs auf regionale Wettbewerbsbedingungen und Produktionsstandorte, in: Gestaltungsprobleme der Weltwirtschaft, Festschrift für A. Predöhl, hrsg. von H. Jürgensen, Göttingen 1964, S. 462 ff.

[37] Albers, W., ebd., S. 491.

[38] Zur Entwicklung der Wirtschaftsstruktur und der Standortverteilung der Industrie, s. Raumordnungsbericht 1972 der Bundesregierung, BT-Drucksache VI/3793, S. 45 ff.

gebildet wird[39]. Dieses Optimum ist dann erreicht, wenn es sich für keinen Betrieb mehr lohnt, seinen Standort zu verändern[40]; es handelt sich also um ein in die räumliche Dimension übertragenes Pareto-Optimum[41], das als „Allokationsoptimum" dem Wachstums-Ziel der Regionalpolitik, aber nicht deren Redistributionsziel genügt[42].

Die Erreichung des Produktionsmaximums hängt von einigen Voraussetzungen ab, deren Vorhandensein in der Realität gerade bei der Standortwahl der Unternehmen bezweifelt werden muß.

Einzelwirtschaftlich und gesamtwirtschaftlich optimaler Standort stimmen nur dann überein, wenn alle durch die Standortwahl in der Volkswirtschaft verursachten Kosten und Erträge in der Kalkulation der Unternehmen berücksichtigt werden[43]. Eine Differenz zwischen „privaten" und „sozialen" Ertrags- und Kostengrößen[44], die durch Überwälzung eines Teiles der produktionsnotwendigen Kosten bzw. mit der Produktion verbundenen Erträge auf andere Sektoren der Wirtschaft oder die Allgemeinheit entstehen[45], hat zur Folge, daß die Produktionsfaktoren nicht notwendig an den Ort ihrer besten Verwendung geleitet werden[46].

Die volkswirtschaftlichen Kosten sind jedoch nur ein Teilproblem im allgemeinen Rahmen der außermarktmäßigen Interdependenzen[47]. Technologische und pekuniäre externe Effekte positiver und negativer Art[48] im Unternehmenssektor oder zwischen diesem und dem öffentlichen Sektor können zu einer gesamtwirtschaftlich unerwünschten Begünstigung von Agglomerationszonen[49] und Benachteiligung schlecht entwik-

---

[39] Vgl. Storbeck, D., Die wirtschaftliche Problematik der Raumordnung, S. 38 f.

[40] Vgl. Isenberg, G., Maßnahmen und Diagnoseprobleme der Raumordnung, in: Informationen aus dem Institut für Raumordnung, Jg. 1967, S. 5.

[41] Vgl. Boulding, K. E., Einführung in die Wohlfahrtsökonomik, in: Grundlagen der Wirtschaftspolitik, hrsg. v. G. Gäfgen, Köln - Berlin 1966, S. 91.

[42] Vgl. Boulding, K. E., ebd.

[43] Vgl. Töpfer, K., Regionalpolitik und Standortentscheidung, Bielefeld 1969, S. 33.

[44] Zur Definition der Begriffe „private" und „soziale" Kosten vgl. Jürgensen, H., Private und soziale Kosten, in: Probleme der normativen Ökonomik und der wirtschaftlichen Beratung, hrsg. von E. v. Beckerath und H. Giersch in Verb. mit H. Lampert, Schriften des Vereins für Socialpolitik, N.F. Bd. 29, Berlin 1963, S. 247.

[45] Vgl. Boulding, K. E., Einführung in die Wohlfahrtsökonomik, S. 183.

[46] Vgl. Kapp, K. W., Volkswirtschaftliche Kosten der Privatwirtschaft, Tübingen - Zürich 1958, S. 202.

[47] Vgl. Werner, J., Zur Problematik der sozialen Kosten, in: Weltwirtschaftliches Archiv, Bd. 98 (1967) Heft 1, S. 96.

[48] Zum Begriff der technologischen und pekuniären externen Effekte, vgl. Scitovsky, T., Two Concepts of External Economies, in: The Journal of Political Economy, Bd. 62 (1954), S. 147.

[49] Vgl. Fritsch, B., Zur Theorie und Systematik der volkswirtschaftlichen Kosten, in: Grundlagen der Wirtschaftspolitik, hrsg. v. G. Gäfgen, Köln - Berlin 1966, S. 192.

kelter Gebiete[50] führen. Die Progression einzelner Kostenarten bei zunehmender Ballung kann auf diese Weise kompensiert oder sogar beseitigt werden, so daß sie ihre von der Theorie unterstellte deglomerative Wirkung verlieren[51].

Töpfer hat die Bedeutung der externen Effekte für die Standortwahl der Unternehmen genauer analysiert[52]. Wie Kapp für die Produktion im allgemeinen[53] kommt er zu dem Ergebnis, daß auch dieser Spezialfall unternehmerischer Entscheidungen sehr stark und beinahe zwangsläufig von externen Effekten beeinflußt wird, die sowohl bei den „Produktions-Voraussetzungskosten", als auch bei den „Produktions-Folgekosten" auftreten. Er zieht daher den Schluß: „Die unbeeinflußten Standortentscheidungen ... bewirken keineswegs notwendig eine optimale Standortstruktur[54]."

Welche Kosten die Unternehmen in ihrer Kalkulation berücksichtigen, hängt einerseits davon ab, welche Freiheit das Rechts- und Ordnungssystem der Wirtschaft ihnen läßt[55], andererseits kommt es aber auch darauf an, daß sie den eintretenden Leistungsverzehr als solchen erkennen und wie sie ihn bewerten; gleiches gilt für die Ermittlung und Bewertung der Erträge. Damit ist das Problem des Verhaltens der Unternehmen bei der Entscheidung angesprochen. Die Wirtschaftstheorie unterstellt weitgehend, die Unternehmen erstrebten maximalen Gewinn und handelten dabei im Zustand vollkommener Information. Diese Hypothesen über Ziele und Informationsniveau sind in der letzten Zeit auf zunehmende Kritik gestoßen[56]. Sie werden uns in den Kapiteln 3 und 5 beschäftigen. An dieser Stelle ist die Tatsache zu berücksichtigen, daß andere als die oben beschriebenen Verhaltensweisen erhebliche Auswirkungen auf die einzel- und gesamtwirtschaftliche „Rationalität"[57]

---

[50] Vgl. Töpfer, K., Regionalpolitik und Standortentscheidung, S. 39 f.

[51] Vgl. Storbeck, D., Die wirtschaftliche Problematik der Raumordnung, S. 66.

[52] Vgl. Töpfer, K., Regionalpolitik und Standortentscheidung, S. 33 f.

[53] Kapp, K. W., Volkswirtschaftliche Kosten der Privatwirtschaft, S. 199.

[54] Töpfer, K., Regionalpolitik und Standortentscheidung, S. 43.

[55] Vgl. Kapp, K. W., Volkswirtschaftliche Kosten der Privatwirtschaft, S. 197.

[56] Als Beispiele der inzwischen umfangreichen Literatur seien hier genannt: Heinen, E., Die Zielfunktion der Unternehmung, in: Zur Theorie der Unternehmung, Festschrift für E. Gutenberg, hrsg. von H. Koch, Wiesbaden 1962; Heinen, E., Das Zielsystem der Unternehmung, Grundlagen betrieblicher Entscheidungen, Wiesbaden 1962; Bidlingmaier, J., Unternehmerziele und Unternehmerstrategien; Kirsch, W., Entscheidungsprozesse, Bd. I: Verhaltenswissenschaftliche Ansätze der Entscheidungstheorie, Wiesbaden 1970, Bd. II: Informationsverarbeitungstheorie des Entscheidungsverhaltens, Wiesbaden 1971, Bd. III: Entscheidungen in Organisationen, Wiesbaden 1971.

[57] Der Begriff der Rationalität war im Laufe der Entwicklung der Entscheidungstheorie einem erheblichen Bedeutungswandel unterworfen. An dieser Stelle ist die objektive Rationalität gemeint, d. h. die Maximierung gegebener

der Standortwahl haben. Infolgedessen können Art und Inhalt der Standortentscheidung lenkende Eingriffe rechtfertigen[58].

Es hat sich gezeigt, daß mehrere Gründe für Eingriffe in den Prozeß der Bildung der Standortstruktur gegeben sind. Sie liegen zunächst in den Zielen der Regionalpolitik, die nicht nur Erhöhung der Gesamtproduktion, sondern auch eine bessere regionale Verteilung und Sicherung der Einkommen anstrebt; weiterhin ist mit dem Vorhandensein externer Effekte, insbesondere in der Form von „social costs" zu rechnen. Schließlich ergaben sich Zweifel an der Rationalität einzelwirtschaftlicher Entscheidungen[59].

Dazu tritt noch das bisher unerwähnte Problem des Aufwandes von Kosten und Zeit bei der Anpassung an Datenänderungen. Die Mobilität der Produktionsfaktoren ist gerade hierdurch in räumlicher Hinsicht außerordentlich beschränkt, da Standortentscheidungen in den Unternehmen als langfristig angesehen und kaum je revidiert werden.

Nachdem die Notwendigkeit lenkender Eingriffe in den Standortbildungsprozeß der Industrie gezeigt wurde, gilt es zu klären, welche Unternehmen im Sinne der Regionalpolitik förderungswürdig sind. Beabsichtigt mit der Förderung der Industrieansiedlung sind die Zufuhr neuen Produktionskapitals und die Erhöhung des Angebotes an langfristig gesicherten Arbeitsplätzen. Aus makroökonomischer Sicht geht es darum, die „terms of trade" der Problemgebiete zu verbessern[60]. Der Gesetzgeber spricht davon, „daß die Errichtung der Betriebsstätte ... volkswirtschaftlich besonders förderungswürdig und geeignet (sein muß), die Wirtschaftsstruktur der ... förderungsbedürftigen Gebiete zu verbessern"[61]. Gewerbebetriebe dürfen außerdem nur dann gefördert werden, „wenn zu erwarten ist, daß sie sich im Wettbewerb behaupten können"[62].

Die Bundesregierung hat als Antwort auf eine Anfrage im Bundestag die Voraussetzungen mitgeteilt, unter denen sie ein Investitionsvorhaben in der Regel als volkswirtschaftlich besonders förderungs-

---

Ziele unter der Nebenbedingung der vollkommenen Information. Vgl. dazu Kirsch, W., Entscheidungsprozesse, Bd. I, S. 62 f. und die dort angegebene Literatur.

[58] Vgl. Töpfer, K., Regionalpolitik und Standortentscheidung, S. 44.

[59] Vgl. Storbeck, D., Die wirtschaftliche Problematik der Raumordnung, S. 56.

[60] Vgl. North, D. C., Location Theory and Regional Economic Growth, in: The Journal of Political Economy, Bd. 62 (1955), S. 243 f.

[61] Investitionszulagengesetz vom 18. August 1969, BGBl. I, S. 1211, § 1 Abs. 4.

[62] Gesetz über die Gemeinschaftsaufgabe „Verbesserung der regionalen Wirtschaftsstruktur" vom 6. Oktober 1969 (GRW) (BGBl. I, S. 1861), geändert durch Gesetz zur Förderung des Zonenrandgebietes vom 5. August 1971 (BGBl. I, S. 1237) und durch Gesetz zur Änderung der Gesetze über die Gemeinschaftsaufgaben vom 23. 12. 1971 (BGBl. I, S. 2140) § 2, Abs. 2.

würdig ansieht[63]. Die dort genannten Kriterien richten sich an der Situation in den Fördergebieten aus, geben jedoch keinen Hinweis dazu, Betriebe welcher Industriezweige und Größenklassen als geeignet angesehen werden.

Dazu gibt es eine Äußerung des zuständigen Abteilungsleiters im BMWF, in dem 1971 die Regionalpolitik ressortierte. Nach seiner Ansicht kommen für die Entwicklung zurückgebliebener Regionen in erster Linie folgende Sektoren in Betracht[64]:

— neue Produktionszweige, vor allem, wenn sie sich in den Agglomerationszentren nicht auf der Basis bereits vorhandener Anlagen errichten lassen, wenn also keine externen Effekte auftreten,

— Industrien, für die das Gebiet einen wichtigen Absatz- oder Beschaffungsmarkt darstellt; die Standortverlagerung ist als vertikale Konzentration im Raum anzusehen,

— arbeitsintensiv produzierende Industrien,

— Erzeugungsstätten für Güter mit hoher Einkommenselastizität der Nachfrage, also Wachstumsindustrien.

## 2.3 Die Wahl der Instrumente als Entscheidungsproblem

### *2.3.1 Charakterisierung des Problems*

Wie jedes wirtschaftspolitische Handeln läßt sich auch dies Regionalpolitik als eine Abfolge von Wahlakten zwischen verschiedenen Möglichkeiten ansehen; das Feld der möglichen Handlungsalternativen wird ausgefüllt durch die Menge der regionalpolitischen Instrumente, die einzeln oder auch kombiniert eingesetzt werden können. Die Mittelentscheidung ist im Modell einer rationalen Politik der zweite Schritt nach der Zielentscheidung, bei der die erstrebenswerte Zielsituation definiert wird[65, 66].

Wird das Ideal einer rationalen Politik angestrebt, muß der Mitteleinsatz nach Art und Umfang so erfolgen, daß bei gegebenen Zielen

[63] Vgl. BT-Drucksache VI/1120 vom 28. 8. 1970.

[64] Vgl. Noé, C., Zur Regionalpolitik als innerer Entwicklungspolitik, Dokumentation des BMWF, Nr. 141, Juli 1971. Vgl. dazu auch Starbatty, J., Regionale Strukturpolitik in der Sozialen Marktwirtschaft, Diss. Köln 1967, S. 119 ff.

[65] Zu den regionalpolitischen Zielen s. oben Abschnitt 2.1.

[66] Die Trennung von Ziel- und Mittelentscheidung wird von Heinen für den Bereich unternehmerischer Entscheidungen gemacht; wirtschaftspolitische Entscheidungen haben nach Meinung des Verfassers dieselbe Grundstruktur. Vgl. Heinen, E., Das Zielsystem der Unternehmung, S. 18.

der gesamtwirtschaftliche Aufwand minimiert wird[67]. Auch für die Regionalpolitik gilt also das ökonomische Prinzip[68].

Bei der Mittelwahl entstehen keine Schwierigkeiten, wenn die Wirkungsweise aller zur Verfügung stehenden Instrumente bekannt ist und jedes Instrument Auswirkungen nur auf ein Ziel hat. Beide Bedingungen sind in der Realität nicht gegeben. Der Einsatz eines jeden Instrumentes verändert den Realisierungsgrad mehrerer Ziele, so daß Konflikte in mehrwertigen Zielsystemen nicht nur durch die Natur der Ziele selbst, sondern auch durch die zu ihrer Erreichung eingesetzten Instrumente hervorgerufen werden[69]. Die Mittelentscheidung besitzt infolgedessen die Struktur eines Optimierungsproblems, bei dem der tatsächlich zu erreichende Grad der Zielrealisierung (= Ertrag) eine Funktion des Aufwandes ist. Das Feld der zulässigen Instrumente wird durch Restriktionen begrenzt, die durch die Wirtschaftsordnung gesetzt werden[70].

Wie bei allen Entscheidungen handelt es sich um eine Entscheidung unter Unsicherheit, da die Informationen über die Ausgangssituation und die Folgen der einzelnen Handlungsalternativen, wie sie zur Auswahl der besten Instrumentenkombination erforderlich sind[71], erhebliche Lücken aufweisen. Diese Tatsache und die komplexen Zielbeziehungen haben zur Folge, daß Schneider den Beitrag von Optimierungsmodellen zur Entscheidungsfindung als „relativ bescheiden" bezeichnet[72].

Die Erwartung, die optimale Mittelkombination lasse sich eines Tages an dem Ergebnis einer Modellrechnung ablesen, ist vor allem deswegen utopisch, weil die zu beeinflussende Standortverteilung der Industrie

---

[67] Nach Giersch gehört es zu den Merkmalen rationaler Politik, daß sie „dabei den höchsten Erfolgsgrad erreicht, der unter den jeweiligen Umständen möglich ist" (Giersch, H., Allgemeine Wirtschaftspolitik, S. 22). Die damit postulierte Beachtung des ökonomischen Prinzips ist auch durch Minimierung des Aufwandes bei gegebenen Zielen zu erreichen (vgl. Wöhe, G., Einführung in die Allgemeine Betriebswirtschaftslehre, 6. Aufl., S. 4).

[68] Vgl. Seidenfus, H. St., Koordinationsprobleme und aktuelle Hemmnisse der Regionalpolitik, in: Beiträge zur Regionalpolitik, hrsg. v. H. K. Schneider, Schriften des Vereins für Socialpolitik, N.F. Bd. 41, Berlin 1968, S. 126.

[69] Im Gegensatz zu theoretisch begründeten Zielbeziehungen, wie sie für die Regionalpolitik oben behandelt wurden, bezeichnet Albert diesen Fall als faktische Komptabilität und Inkomptabilität. Vgl. Albert, H., Wissenschaft und Politik, in: Probleme der Wissenschaftstheorie, Festschrift f. V. Kraft, hrsg. von E. Topitsch, Wien 1960, S. 224.
Vgl. auch Brösse, U., Ziele in der Regionalpolitik und in der Raumordnungspolitik, S. 66.

[70] Vgl. Padtberg, U., Regionalpolitik durch Subventionen?, S. 46 und Abschnitt 2.3.3 dieser Arbeit.

[71] Vgl. Gäfgen, G., Theorie der wirtschaftlichen Entscheidung, Tübingen 1963, S. 97.

[72] Schneider, H. K., Modelle für die Regionalpolitik, in: Beiträge zur Regionalpolitik, hrsg. v. H. K. Schneider, Schriften des Vereins für Socialpolitik, N.F. Bd. 41, Berlin 1968, S. 78.

das Ergebnis einer Vielzahl von Einzelentscheidungen ist, deren Träger einen mehr oder weniger großen Freiheitsraum auch bei der Reaktion auf wirtschaftspolitische Eingriffe besitzen. Die Zielgröße „Verteilung der wirtschaftlichen Aktivitäten im Raum" wird daher von den Verhaltensweisen der einzelnen Unternehmen und nicht nur vom wirtschaftspolitischen Wollen bestimmt. Dieses Verhalten ist — trotz einer großen Zahl empirischer Untersuchungen gerade auf dem Gebiet der Standortwahl von Unternehmen, die vor allem in den USA, aber auch in Deutschland durchgeführt wurden[73] — noch nicht ausreichend erforscht, so daß von der Existenz einer empirischen Theorie der Standortwahl nicht gesprochen werden kann. Nach dem heutigen Stand des Wissens ist — auch wenn reale Verhaltensweisen stärker von der Theorie berücksichtigt werden — nicht abzusehen, daß es gelingen kann, die Realität in mathematisch formulierbaren Funktionen einzufangen.

Mit dieser Argumentation soll keineswegs einem wirtschaftspolitischen Agnostizismus das Wort geredet werden; sie deutet im Gegenteil die Komplexität der Entscheidungssituation des Wirtschaftspolitikers an. In der Realität ist dementsprechend nicht eine „optimale", sondern allenfalls die „bestmögliche" oder eine „zufriedenstellende" Lösung[74] zu erwarten. Der Erwartungshorizont, der schon durch die Struktur des Problems begrenzt ist, wird noch weiter reduziert, wenn die in den Regeln und der Dynamik politischer Entscheidungsfindung und den Personen der wirtschaftspolitischen Entscheidungsträger — Parlament und Verwaltung — liegenden Beschränkungen und ihre Auswirkungen auf das Entscheidungsergebnis bedacht werden[75].

### *2.3.2 Erfolgsmaßstäbe der Regionalpolitik*

Wenn auch nicht zu erwarten ist, daß die regionalpolitischen Maßnahmen in der Realität den Optimalbedingungen entsprechen, wie sie streng logisch im Modell formuliert werden können, so werden doch Maßstäbe

---

[73] Den in der deutschen Literatur breitesten Überblick über empirische Erhebungen auf dem Gebiet der Standortwahl industrieller Unternehmer gibt Fürst, D., Die Standortwahl industrieller Unternehmer: Ein Überblick über empirische Erhebungen, in: Jahrbuch für Sozialwissenschaft, Bd. 22 (1971), Heft 2, Göttigen 1971, S. 189 ff.

[74] Zur Theorie des Bestmöglichen (Theory of Second Best) und zur These zufriedenstellender Lösungen durch Anspruchsanpassung vgl. Kirsch, W., Entscheidungsprozesse, Bd. I, S. 83 ff.

[75] Auf diese Problematik wird hier lediglich hingewiesen; sie wird nicht weiter verfolgt. Die Beschränkungen bei der Entscheidungsfindung in den Personen wirtschaftspolitischer Entscheidungsträger sind im Prinzip dieselben wie im unternehmerischen Bereich. Diese werden in Kapitel 3 ausführlich behandelt. Zu diesen Fragen speziell im politischen Bereich siehe Schmölders, G., Die Politiker und die Währung, Frankfurt/Main 1959 und Schmölders, G., Das Irrationale in der öffentlichen Finanzwirtschaft, Hamburg 1960.

benötigt, anhand derer die Vorteilhaftigkeit der verschiedenen Handlungsalternativen abgeschätzt werden kann. Die Eignung eines Instrumentes zur Erreichung regionalpolitischer Ziele leitet sich ab aus seiner Effizienz und seiner Ziel- und Systemkonformität[76]. Die Maßstäbe der Zielkonformität und der Effizienz verhalten sich so zueinander, daß der erste die Wirkungsrichtung eines Instrumentes (Wirkungsart) und der zweite den Wirkungsgrad — definiert als Veränderung der Zielgröße in Abhängigkeit vom Instrumenteneinsatz, also $\delta$ Z/$\delta$ I[77] — anspricht. Daraus folgt, daß die Zielkonformität eine Voraussetzung für Effizienz ist; umgekehrt ist ein Instrument, dessen Effizienz nachgewiesen ist, auch zielkonform. Eines besonderen Maßstabes zur Beurteilung der Zielkonformität bedarf es daher eigentlich nicht, da dieser unter den denkbaren Instrumenten die möglichen angibt. Wenn allerdings eine Effizienzmessung nicht durchgeführt werden kann, gibt das schwächere Kriterium der Zielkonformität Anhaltspunkte dafür, welche Instrumente grundsätzlich zur Realisierung der regionalpolitischen Ziele geeignet sind.

Zur Feststellung der Effizienz werden Aufwand und Ertrag im Sinne der Ziele der handelnden wirtschaftspolitischen Stelle ermittelt[78]. Bei vordergründiger Betrachtung bieten die Kosten einer Maßnahme das geringere Problem, da sie als Ausgabe oder als Einnahmeverzicht aus dem Haushaltsplan und den Subventionsberichten abzulesen sind. Allerdings entsteht die Frage der Zurechnung, die um so schwieriger wird, je größer die Zahl der Ziele ist, die von einer Maßnahme positiv oder negativ beeinflußt werden[79]. Beispielsweise wird man die Kosten eines Autobahnbaues in einer verkehrsfernen Gegend nicht voll der regionalen Wirtschaftsförderung anlasten können, da durch eine solche Maßnahme u. a. das Ziel „Einheitlichkeit der Lebensverhältnisse" gefördert wird. Weiterhin können Aktivitäten in einem Teilbereich, wie es die Regionalpolitik darstellt, negative Auswirkungen auf die Ziele anderer Teilbereiche haben. Dies kann eine direkte Folge des Einsatzes bestimmter Instrumente sein, es kann sich aber indirekt auch dadurch ergeben, daß Aktivitäten in anderen Teilbereichen eingeschränkt oder ganz verhindert werden, da auch der Staat nur einmal über seine Mittel verfügen kann.

76 Vgl. Giersch, H., Allgemeine Wirtschaftspolitik, 1. Bd. Grundlagen, S. 319 ff.; Klatt, S., Wirtschaftspolitik, in: HdRR, Bd. III, 2. Aufl. Hannover 1970, Sp. 3767 und Seraphim, H. J., Theorie der allgemeinen Wirtschaftspolitik, S. 316.

77 Vgl. Gäfgen, G., Allgemeine Wirtschaftspolitik, in: Kompendium der Volkswirtschaftslehre, Bd. 2, hrsg. von W. Ehrlicher, I. Esenwein-Rothe, H. Jürgensen, K. Rose, Göttingen 1968, S. 160.

78 Zu Möglichkeiten und Grenzen der Anwendung der „cost-benefit-analysis" im Bereich der Regionalpolitik, vgl. Zimmermann, H., Öffentliche Ausgaben und regionale Wirtschaftsentwicklung, S. 283 ff.

79 Vgl. Giersch, H., Allgemeine Wirtschaftspolitik, 1. Bd. Grundlagen, S. 330.

Giersch macht den Vorschlag, diese Nebenwirkungen als Wertzuschläge bzw. Wertabschläge bei der Beurteilung der Handlungsalternativen in Rechnung zu stellen[80]. Voraussetzung dafür ist, daß die möglichen Sekundärwirkungen erkannt, in ihrer Stärke abgeschätzt und bewertet werden[81]. Dazu muß die tatsächliche Inzidenz aller Maßnahmen bekannt sein[82] und es müssen qualitativ unterschiedliche Größen „gleichnamig" gemacht werden.

Die Interdependenzen aller ökonomischen und sozialen Vorgänge, und zwar der Sektoren aber auch der Maßnahmen untereinander, bewirken, daß Erfolgszahlen aus einzelnen Bereichen der Wirtschafts- und Finanzpolitik nicht verabsolutiert werden können[83]. Sie sind vielmehr im makroökonomischen oder sogar „makropolitischen" Zusammenhang zu sehen. Die weitgehend noch fehlende Kenntnis der Struktur dieser Interdependenzen bildet zusammen mit den bei Messung und Bewertung der Nebenwirkungen auftretenden Problemen in der Praxis jedoch ein so großes Hindernis, daß es wesentlich leichter ist, Erfolgsmaßstäbe für kleine, überschaubare Bereiche zu finden[84].

Damit ist die Frage des Aggregationsniveaus der Erfolgsmaßstäbe angesprochen. Eine Beschränkung auf den engeren Bereich der Regionalpolitik führt dazu, den Wert der Instrumente an den regionalen Wachstums-, Redistributions- und Einkommenssicherungszielen[85] zu messen. Die entsprechenden Größen können leicht ermittelt werden, wenn die Regionalstatistik ausreichend tief gegliedert ist. Allerdings ist die Feststellung, daß gleichzeitig oder kurz nach der Zuführung öffentlicher Mittel in eine Region ein Wachstumsprozeß eintritt, keine ausreichende Begründung für die Annahme, die Mittelzuführung sei der auslösende Faktor gewesen. Wirtschaftliche Entwicklungen werden immer von einer großen Zahl von Faktoren bestimmt, die zum großen Teil von der Wirtschaftspolitik nicht kontrolliert werden.

Die Bundesregierung wählt im Raumordnungsbericht 1972 die Zahl der neugeschaffenen Arbeitsplätze und die Höhe der Investitionen innerhalb eines bestimmten Zeitraumes als Erfolgsmaßstab[86]. Sie mißt damit

[80] Vgl. Giersch, H., ebd. S. 325 f.

[81] Vgl. Giersch, H., ebd.

[82] Noé weist beispielsweise auf die Einkommenswirkungen investitionsfördernder Maßnahmen hin. Vgl. Noé, C., Zur Regionalpolitik als innerer Entwicklungspolitik, S. 14.

[83] Vgl. Schmölders, G., Erfolgsmaßstäbe neuzeitlicher Wirtschaftspolitik, S. 93.

[84] Vgl. Smölders, G., Finanzpolitik, 3. Aufl., Berlin - Heidelberg - New York 1970, S. 411.

[85] Vgl. Abschnitt 2.1.

[86] Vgl. Raumordnungsbericht 1972 der Bundesregierung, S. 96.

lediglich die „Programmeffekte", d. h. die quantifizierten technischen Erfolge[87], von denen angenommen wird, daß sie die Voraussetzung für eine positive Veränderung der eigentlichen Zielgrößen darstellen. Es wird nicht überprüft, ob der unterstellte Zusammenhang besteht; ebenso fehlt die Möglichkeit, diese Angaben sinnvoll in den gesamtwirtschaftlichen Zusammenhang einzuordnen, so daß die alleinige Angabe „technischer Größen" zu Fehlbeurteilungen führen kann[88].

Problematisch ist es auch, aus der Tatsache, daß Investitionen unter Verwendung öffentlicher Mittel durchgeführt werden, zu schließen, diese Investitionen seien durch die öffentlichen Mittel induziert worden, wie es in Äußerungen der verantwortlichen Stellen immer wieder geschieht[89]. Aus der Gleichzeitigkeit kann die Kausalität nicht ohne weiteres abgeleitet werden.

Die dritte mögliche Beurteilungsebene ist die mikroökonomische[90]. So wie entsprechende einzelwirtschaftliche Standort- und Investitionsentscheidungen Voraussetzung für die Auslösung eines regionalen Wachstumsprozesses sind, ist die Lenkung eben solcher Entscheidungen durch öffentliche Eingriffe Voraussetzung für die Behauptung, das regionale Wachstum sei durch wirtschaftspolitische Maßnahmen ausgelöst oder gefördert worden. Ein regionalpolitischer Eingriff mit dem Ziel, die Standortverteilung der Industrie zu beeinflussen, kann nur dann als erfolgreich bezeichnet werden, wenn sich der Zusammenhang „Standortentscheidung in Abhängigkeit von regionalpolitischen Maßnahmen" empirisch beweisen läßt. Wenn die Kausalität umgekehrt ist, also „öffentlicher Aufwand in Abhängigkeit der Standortentscheidungen der Unternehmen", handelt es sich bei diesem Aufwand in Wirklichkeit um Verluste, da die Entscheidungen der Unternehmen sowieso „richtig" im Sinne der Regionalpolitik sind[91].

Die zur Auswahl der einzusetzenden Instrumente notwendige Beurteilung ihrer Wirkungen kann auf unterschiedlich hohem Aggregationsniveau der Zielgrößen erfolgen. Da die Wirtschaftspolitik notwendigerweise am Ganzen orientiert ist, kann sie auf die Total- und die Partialbetrachtung der Aggregate Einkommen und Wachstum und der Strukturgrößen Einkommens- und Standortverteilung nicht verzichten.

[87] Vgl. Hansmeyer, K. H., Subventionen als wirtschaftspolitisches Instrument, S. 23.

[88] Vgl. Hansmeyer, K. H., ebd. S. 31.

[89] Vgl. z. B. BMWF (Hrsg.), Durch 460 000 neue Arbeitsplätze mehr Wohlstand für unsere Fördergebiete, Bonn, o. J., S. 2.

[90] Eine ähnliche Unterscheidung in makroökonomische Analysen und mikroökonomische Betrachtungsweise macht Recktenwald für die Erforschung der Steuerwirkungen. Vgl. Recktenwald, H. C., Steuerinzidenzlehre. Grundlagen und Probleme. Berlin 1958, S. 69 ff. und Recktenwald, H. C., Steuerwirkungen, in: HdSW, Bd. 10, Stuttgart, Tübingen, Göttingen 1959, S. 182.

[91] Vgl. Padtberg, U., Regionale Wirtschaftspolitik durch Subventionen?, S. 28.

Die Tatsache, daß die gesamtwirtschaftlichen Größen das Resultat einzelwirtschaftlichen Verhaltens sind, führt zusammen mit Schwierigkeiten bei Ermittlung und Bewertung aller Wirkungen einzelner Maßnahmen dazu, daß hier die Meinung vertreten wird, die einzelwirtschaftliche Betrachtungsweise sei der notwendige erste Schritt; sie gibt dem verantwortlichen Wirtschaftspolitiker die am besten greifbaren Kriterien zur Beurteilung der Zielkonformität und der Effizienz der Instrumente an die Hand. Wenn auch die Beeinflussung des unternehmerischen Verhaltens nur eine notwendige, nicht jedoch hinreichende Bedingung für eine zielkonforme Beeinflussung der gesamtwirtschaftlichen Orientierungsgrößen der Regionalpolitik ist[92], schließen wir uns weitgehend der Argumentation von Töpfer an[93] im Widerspruch zu der Meinung von Padtberg, daß „die psychologisch orientierten Erfolgsmaßstäbe der Merklichkeit und der Verhaltensbeeinflussung von Unternehmern ... nur vordergründige Merkmale“ ergeben[94]. Der zweite Autor widerspricht sich allerdings selbst, da er mit Bezug auf regionale Kostensubventionen schreibt: „Von einem Erfolg kann also nur dann gesprochen werden, wenn Unternehmen nicht aus eigenem Antrieb in unterentwickelten Regionen investieren, sondern nur mit Hilfe der Fördermaßnahme[95].“

Die vorgeschlagene einzelwirtschaftliche Betrachtungsweise ist nur sinnvoll, wenn die theoretisch erarbeiteten Hypothesen einem empirischen Test unterzogen werden, da andernfalls die Gefahr irreführender a-priori-Beurteilungen mit der Folge erheblicher Fehlleitungen öffentlicher Mittel besteht[96]. Andererseits gilt es, den begrenzten Erkenntnisrahmen empirischer Forschung anzuerkennen[97], durch die im wesentlichen funktionale, kaum aber kausale Zusammenhänge geklärt werden können — und dies nicht einmal unter Kontrollierung aller die Ergebnisse beeinflussenden Variablen. Eine theoretische Fundierung getesteter Hypothesen ist daher unabdingbare Voraussetzung, wenn die Ebene bloßer Tatsachenaussagen verlassen werden soll.

### *2.3.3 Die Wirtschaftsordnung als Bedingung des Instrumenteneinsatzes*

Vor dem Einsatz wirtschaftspolitischer Instrumente ist nicht nur ihre Effizienz zu beurteilen, sondern auch ihre Konformität mit dem gewähl-

[92] Vgl. Zimmermann, H., Öffentliche Ausgaben und regionale Wirtschaftsentwicklung, S. 232.
[93] Vgl. Töpfer, K., Regionalpolitik und Standortentscheidung, S. 129.
[94] Padtberg, U., Regionale Wirtschaftspolitik durch Subventionen?, S. 41.
[95] Padtberg, U., ebd., S. 33.
[96] Vgl. Töpfer, K., Regionalpolitik und Standortentscheidung, S. 79.
[97] Vgl. Adorno, W., Soziologie und empirische Forschung, in: Logik der Sozialwissenschaften, hrsg. von E. Topitsch, 2. Aufl., Köln - Berlin 1965, S. 523 f.

ten Wirtschaftssystem[98]. Durch die Regionalpolitik soll die marktwirtschaftliche Ordnung nicht zerstört werden, sondern eingetretene oder zu erwartende Ergebnisse des Wirtschaftsprozesses, die als unbefriedigend empfunden werden, sollen korrigiert werden[99]. Eucken hatte die Forderung aufgestellt, der Staat solle nicht in den Wirtschaftsprozeß eingreifen[100], wie es bei der Regionalpolitik zwangsläufig geschieht. Röpke vertrat dagegen die Ansicht, die räumliche Dimension der Wirtschaft könne nicht dem Regulator des Marktes allein überlassen werden[101]. Die Auswahl der Instrumente muß unter Beachtung der ordnungspolitischen Vorstellungen erfolgen, da systemwidrige Maßnahmen zu einer Transformation des Ganzen führen können[102].

Die Frage, wann ein wirtschaftspolitischer Eingriff systemgerecht bzw. marktkonform[103] ist, ist von verschiedenen Autoren unterschiedlich beantwortet worden[104]. Einigkeit besteht darüber, daß das Rechnungsgefüge des Marktes nicht gestört werden darf. Das setzt voraus, daß die Autonomie der privaten Wirtschaftssubjekte nicht aufgehoben wird.

---

[98] Vgl. Giersch, H., Allgemeine Wirtschaftspolitik, 1. Bd., Grundlagen, S. 330 ff; Gäfgen, G., Allgemeine Wirtschaftspolitik, S. 161 und Tuchtfeldt, E., Zur Frage der Systemkonformität wirtschaftspolitischer Maßnahmen, in: Zur Grundlegung wirtschaftspolitischer Konzeptionen, hrsg. von H. J. Seraphim, Schriften des Vereins für Socialpolitik, N.F. Bd. 18, Berlin 1960, S. 208.

[99] Die Beachtung der „Spielregeln" der marktwirtschaftlichen Ordnung wird in der Gesetzgebung zur Regionalpolitik nicht explizit gefordert. Allerdings müssen die Förderungsmaßnahmen „den Grundsätzen der allgemeinen Wirtschaftspolitik" genügen (§ 2, Abs. 1, Satz 1 des Gesetzes über die Gemeinschaftsaufgabe „Verbesserung der regionalen Wirtschaftsstruktur" BGBl. I, S. 1861 v. 6. 10. 1960). Es kann hier nicht diskutiert werden, welches diese Grundsätze sind, ob und wo sie niedergelegt sind und auf welche anderen Gesetzesstellen sich der Gesetzgeber an dieser Stelle bezieht. Es ist jedoch anzunehmen, daß eine juristische Untersuchung dieser Frage zu dem Ergebnis kommt, daß auch der § 1 des oft als „wirtschaftspolitisches Grundgesetz" bezeichneten Gesetzes zur Förderung der Stabilität und des Wachstums der Wirtschaft (BGBl. I, S. 582) vom 8. Juni 1967 darunter zu rechnen ist. Die dort aufgestellten Ziele sollen „im Rahmen der marktwirtschaftlichen Ordnung" erreicht werden. Tuchtfeldt bezeichnet die Regionalpolitik sogar global als system-fördernd. Vgl. Tuchtfeldt, E., Zur Frage der Systemkonformität wirtschaftspolitischer Maßnahmen, S. 227.

[100] Vgl. Eucken, W., Grundsätze der Wirtschaftspolitik, 3. unveränd. Aufl., hrsg. v. E. Eucken und K. P. Hensel, Tübingen - Zürich 1960, S. 336.

[101] Röpke, W., Die Gesellschaftskrisis der Gegenwart, 5. Aufl., Erlenbach - Zürich 1948, S. 303 und ähnlich Stackelberg, H. v., Möglichkeiten und Grenzen der Wirtschaftslenkung, in: Ordo, Jahrbuch für die Ordnung von Wirtschaft und Gesellschaft, Bd. II, Düsseldorf und München 1949, S. 199.

[102] Vgl. Schiller, K., Wirtschaftspolitik, S. 213.

[103] Den Begriff der Systemgerechtigkeit verwenden H. v. Stackelberg (Möglichkeiten und Grenzen der Wirtschaftslenkung, S. 201) und K. Schiller (Wirtschaftspolitik, S. 213). W. Röpke (Die Gesellschaftskrisis der Gegenwart, S. 253) und A. Müller-Armack (Wirtschaftslenkung und Marktwirtschaft, Hamburg 1947, S. 93) verwenden dagegen den Begriff der Systemkonformität.

[104] Vgl. Müller, J. H., unter Mitarbeit von B. Dietrichs und J. Klaus, Grenzen der Raumpolitik im Rahmen einer Marktwirtschaft, S. 159 ff.

Damit fallen zwingende Mittel[105], die keine individuelle Entscheidungsfreiheit mehr lassen, als nicht systemgerecht aus.

Der Regionalpolitik stehen lediglich lenkende Eingriffe zur Verfügung in dem Sinne, wie Pütz es formuliert: „Lenken heißt, das wirtschaftliche Handeln so zu beeinflussen, daß es richtig wird im Hinblick auf die Zielerreichung und daß dem Einzelwirtschaftler dabei gleichzeitig ein möglichst großer Freiheitsspielraum bezüglich Initiative, Planung und Verfügung gewährt wird[106]." Eine erfolgreiche Anwendung lenkender Mittel erfordert ein Eingehen auf die Verhaltensweisen der Entscheidungsträger und eine Antizipation ihrer Reaktionen[107] — ein Problem, das von der exakten Theorie lange vernachlässigt wurde und Schmölders zu der Forderung führte, die sozialökonomische Verhaltensforschung systematisch zu intensivieren[108].

Allerdings sind nicht alle innerhalb der Definition von Pütz liegenden Maßnahmen als marktkonform zu bezeichnen. Aufbauend auf einem erweiterten Begriff der Marktkonformität, der nicht auf der in der Praxis oft schwierigen Unterscheidung von wirtschaftlichen Daten und Prozeßergebnissen aufbaut, nimmt Müller eine Abstufung raumpolitischer Maßnahmen nach dem Grad ihrer marktwirtschaftlichen Einordnungsfähigkeit und -zweckmäßigkeit vor. Danach sind folgende Kriterien maßgebend[109]:

— die tatsächlich zu erwartende Zeitdauer des Eingriffs;
— der Grad der Weiterwirkungen im Rahmen der Interdependenz innerhalb einer Wirtschaft;
— der Produktivitätseffekt einer Maßnahme.

In einer Marktwirtschaft haben dementsprechend Maßnahmen den Vorrang, die in einem relativ kurzen Zeitraum und mit den schwächsten Nebenwirkungen auf andere Bereiche und Regionen die regionalpolitischen Ziele erreichen. Der Gesetzgeber trug diesen Anforderungen dadurch Rechnung, daß „Gewerbebetriebe ... nur durch Start- und Anpassungshilfen und nur dann gefördert werden, wenn zu erwarten ist, daß sie sich im Wettbewerb behaupten können"[110].

---

[105] Zur Gegenüberstellung zwingender und führender Mittel der Wirtschaftspolitik, vgl. Seraphim, H.-J., Theorie der allgemeinen Volkswirtschaftspolitik, S. 304 ff.

[106] Pütz, Th., Theorie der Allgemeinen Wirtschaftspolitik und Wirtschaftslenkung, Wien 1948, S. 235.

[107] Vgl. Seraphim, H.-J., Theorie der allgemeinen Volkswirtschaftspolitik, S. 309.

[108] Vgl. Schmölders, G., Ökonomische Verhaltensforschung, in: Ordo, Jahrbuch für die Ordnung von Wirtschaft und Gesellschaft, Bd. V, Düsseldorf und München 1953, S. 203 f.

[109] Vgl. Müller, J. H. unter Mitarbeit von B. Dietrichs und J. Klaus, Grenzen der Raumpolitik im Rahmen einer Marktwirtschaft, S. 178.

Anhand des Kriteriums der System- oder Ordnungskonformität läßt sich eine wertende Vorentscheidung über die Eignung wirtschaftspolitischer Instrumente treffen; eine endgültige Festlegung erfordert eine Wirkungsanalyse der unterschiedlichen denkbaren Instrumente und Instrumentenbündel, für die eine Orientierung an den Fakten unumgänglich ist[111].

[110] § 2, Abs. 1 Satz 1 des Gesetzes über die Gemeinschaftsaufgabe „Verbesserung der regionalen Wirtschaftsstruktur" vom 6. Oktober 1969, (BGBl. I, S. 1861).

[111] Vgl. Eucken, W., Grundsätze der Wirtschaftspolitik, S. 251 und Tuchtfeldt, E., Das Instrumentarium der Wirtschaftspolitik, ein Beitrag zu seiner Systematik, in: Grundlagen der Wirtschaftspolitik, hrsg. von G. Gäfgen, Köln - Berlin 1966, S. 270.

## 3. Die Entscheidungssituation der Unternehmen bei der Wahl der Betriebsstandorte

### 3.1 Die Entscheidung als Ansatzpunkt der Verhaltensanalyse

Der Forderung nach Untersuchung faktischer Verhaltensweisen, des „Verhaltens der Realität", liegt die These zugrunde, zwischen dem aus Modellen theoretisch deduzierten und dem empirisch feststellbaren Verhalten bestehe eine Differenz[1]. Als Begründung wird das weitgehende Versagen der Wirtschaftstheorie, die auf der Annahme (objektiv) rationalen Verhaltens aufbaut, bei der Erklärung der Realität angeführt[2].

Eine Folge dieser Forderung ist, daß die „Nationalökonomie ohne Psychologie"[3] durch realistische psychologische Annahmen angereichert werden soll. Dabei entsteht das Problem, daß einerseits das mechanistische Bild vom Verhalten der Menschen, die menschlichen Reaktionen seien unter gegebenen äußeren Bedingungen durch diese Bedingungen völlig determiniert[4], aufgegeben werden muß. Andererseits ist die Annahme konstanter (intrapersonell) und konformer (interpersonell) Verhaltensweisen notwendige Voraussetzung für die Formulierung einer anthropologischen Theorie des Wirtschaftens[5]. Nur dann besteht die Möglichkeit der Prognose, die darauf beruht, daß mit Hilfe einer solchen Theorie aus der Menge aller logisch möglichen Vorgänge einige ausgeschlossen werden[6]. Dieser scheinbare Widerspruch löst sich durch den Hinweis auf die Bedeutung von Normen, Leitbildern und Umweltbedingungen auf, die einen relativ engen Rahmen für die konkrete Gestaltung menschlichen Handelns bilden[7]. Wenn damit auch nicht das

---

[1] Vgl. Schmölders, G., Das Bild vom Menschen in der Wirtschaftstheorie, S. 137 und Schmölders, G., Ökonomische Verhaltensforschung, S. 203.

[2] Gäfgen, G., Theorie der wirtschaftlichen Entscheidung, S. 63.

[3] Katona, G., Das Verhalten der Verbraucher und Unternehmer, Tübingen 1960, S. 9.

[4] Katona, G., ebd., S. 7.

[5] Vgl. Schmölders, G., Das Bild vom Menschen in der Wirtschaftstheorie, S. 147.

[6] Vgl. Albert, H., Probleme der Theoriebildung, in: Theorie und Realität, hrsg. von H. Albert, Tübingen 1964, S. 61.

[7] Vgl. Schmölders, G., Das Bild vom Menschen in der Wirtschaftstheorie, S. 148.

Bild von Wirtschaftssubjekten erneuert wird, die auf die Variation eines — aus ihrer Sicht exogenen — Datums bei Konstanz aller anderen Faktoren (ceteris paribus) eindeutig reagieren, so ist nach der Meinung Katonas doch „die Spannweite, innerhalb derer ihre Wahlhandlungen liegen, der wissenschaftlichen Forschung zugänglich“[8].

Durch dieses Zitat wird angedeutet, daß die empirische Verhaltensforschung mit zwei Problembereichen konfrontiert ist: der Erforschung des möglichen Rahmens des Verhaltens und der Erforschung der Art und Weise, wie innerhalb dieses Rahmens die Festlegung auf eine bestimmte Verhaltensweise erfolgt. Erklärungsobjekt und gleichzeitig gedanklicher Ausgangspunkt ist das sichtbare Verhalten, das allgemein als Handeln, d. h. Veränderung von Aktionsparametern, oder Nicht-Handeln bezeichnet werden kann. Als selbstverständlich wird angenommen, daß dem eigentlichen Verhaltensakt ein Akt der Festlegung des Verhaltens vorausgeht. Nach Katona kann diese Festlegung in einer konkreten Situation auf zweierlei Weise erfolgen:

— durch echte Entscheidungen, die nur gelegentlich getroffen werden. „Sie erfordern die Wahrnehmung einer neuen Situation und die Lösung des durch sie geschaffenen Problems; sie führen dazu, auf eine Situation in einer neuen Art und Weise zu reagieren[9].“

— durch habituelles Verhalten, das er als das „übliche oder alltägliche Verhalten“[10] bezeichnet. „Man tut das, was man vorher in einer ähnlichen Situation auch schon getan hat[11].“ Diese Verhaltensform läßt sich auch als Routineverhalten oder die Anwendung von Faustregeln umschreiben[12, 13].

Eine ähnliche Meinung äußert Simon, wenn er schreibt: „Jedes Verhalten beinhaltet eine bewußte oder unbewußte Auswahl bestimmter Aktionen aus all denen, die für den Aktor ... physisch im Bereich des Möglichen liegen. Der Begriff Auswahl wird hier verwendet, ohne daß ein bewußter oder überlegter Prozeß vorausgesetzt wird. Er bezieht sich lediglich auf die Tatsache, daß das Individuum, das eine bestimmte Aktion verfolgt, auf andere mögliche Aktionen verzichtet[14].“

---

[8] Katona, G., Das Verhalten der Verbraucher und Unternehmer, S. 10.

[9] Katona, G., ebd., S. 57.

[10] Katona, G., ebd.

[11] Katona, G., ebd.

[12] Katona, G., ebd.

[13] Katona setzt die Akte der Festlegung und des Handelns in diesen Zitaten gleich und verwendet dafür den Begriff „Verhalten“. Diese Terminologie hat sich eingebürgert; daher wird sie auch in dieser Arbeit benutzt.

[14] Simon, H. A., Administrative Behavior, Second Edition, New York, London 1965, S. 3. (Die Übersetzung der Zitate aus der englischen Literatur wurde — wenn es nicht anders angegeben ist — vom Verfasser vorgenommen.)

Die Auswahl kann häufig in einem einfachen Reflex bestehen, der keine Elemente von Bewußtsein enthält, deren Vorhandensein bei habituellem Verhalten noch unterstellt werden kann. Es ist anzunehmen, daß der Fall simpler Reflexe bei der Standortwahl keine Bedeutung besitzt.

Unter Entscheidung — wie gezeigt wurde, eine der möglichen Verhaltensformen[15] — wird „der Prozeß, durch den eine dieser (möglichen) Alternativen für das Verhalten ausgewählt wird, um realisiert zu werden“[16], verstanden[17].

Läßt sich das zu erklärende Verhalten auf eine Entscheidung zurückführen, so ist der Punkt gefunden, wo die Analyse einsetzen kann, denn „Entscheidungen bestimmen im Außenverhältnis der Unternehmung Aktionen und Reaktionen im Hinblick auf die sich wandelnde wirtschaftliche und soziale Umwelt“[18]. Die Entscheidung ist infolgedessen maßgebend dafür, ob und welche Wirkungen von wirtschaftspolitischen Maßnahmen ausgehen.

Es ist anzunehmen, daß die Standortwahl — in der Terminologie der Betriebswirtschaftslehre eine grundlegende[19] oder Aufbau-Entscheidung[20] — in allen Fällen, in denen ein Betrieb an einem neuen Standort errichtet wird, das Ergebnis einer echten Entscheidung ist[21].

Eine andere Situation ist bei habituellem Verhalten gegeben, bei dem Verhalten perpetuiert wird, das ursprünglich auch auf Entscheidungen zurückzuführen ist. Diese Verhaltensform ist für die Standortverteilung der industriellen Produktion dann von Bedeutung, wenn Erweiterungen bereits vorhandener Betriebe durchgeführt werden, ohne daß die Alternative einer Zweigbetriebsgründung oder Verlagerung des gesamten Betriebes geprüft wird[22].

---

[15] Vgl. Thomae, H., Der Mensch in der Entscheidung, München 1960, S. 18.

[16] Simon, H. A., Administrative Behavior, S. 67.

[17] Eine ähnliche Definition gibt Biasio, S., Entscheidung als Prozeß, Bern, Stuttgart, Wien 1969, S. 39: „Als Entscheidung bezeichnen wir jenes seelische Geschehen, in welchem sich der Mensch, in Reaktion auf eine multivalente Situation, denkend, wertend und wollend mit dieser Situation auseinandergesetzt bis zur Wiedervereindeutigung durch einen Entschluß.“

[18] Grün, O., Entscheidung, in: HWO, hrsg. v. E. Grochla, Stuttgart 1969, Sp. 474.

[19] Vgl. Mellerowicz, K., Betriebspolitik — die Kernaufgabe der Betriebsführung, in: Probleme der Betriebsführung, Festschrift für O. R. Schnutenhaus, hrsg. von C. W. Meyer, Berlin 1959, S. 87.

[20] Vgl. Wöhe, G., Einführung in die Allgemeine Betriebswirtschaftslehre, 6. Aufl., S. 133. Eine andere Terminologie, aber im wesentlichen dieselben Einteilungskriterien verwenden: Sandig, C., Die Führung des Betriebes. Betriebswirtschaftspolitik, Stuttgart 1953, S. 95 und Bidlingmaier, J., Unternehmerziele und Unternehmerstrategien, S. 153 ff.

[21] Vgl. Bidlingmaier, J., Unternehmerziele und Unternehmerstrategien, S. 147.

[22] Welche Bedeutung habituellem Verhalten in der Realität zukommt, kann nicht angegeben werden, da alle bekannten empirischen Untersuchungen ledig-

Für die Regionalpolitik ist das Auftreten solch starren Verhaltens[23] hinderlich, da es bedeutet, daß die Änderungen der Umwelt durch den Einsatz regionalpolitischer Instrumente die gewünschten Wirkungen bei den Unternehmen nicht auslösen. Die entscheidende Frage lautet daher: Wann tritt habituelles Verhalten auf, und wie kann es in flexibles Verhalten umgewandelt werden, d. h. wie kann ein Unternehmen dazu gebracht werden, die überlokale Standortwahl neuer Produktionsanlagen als Problem zu sehen? Mit dieser Frage ist gleichzeitig die Grundvoraussetzung beschrieben, die gegeben sein muß, damit regionalpolitische Maßnahmen Wirkungen im Unternehmenssektor hervorrufen[24]. Da diese Voraussetzung mit der Voraussetzung für die Anwendung des Begriffes „Entscheidung"[25] übereinstimmt, läßt sich auch sagen, daß von regionalpolitischen Maßnahmen auf die Standortwahl der Unternehmen ausgehende Wirkungen nur zu erwarten sind, wenn die Unternehmen die Standortwahl als Entscheidungsproblem ansehen.

Die Untersuchung erfolgt in drei Schritten. Zunächst soll die Situation der Unternehmen bei der Standortwahl dargestellt werden. Nachdem dann erörtert ist, wie sich die regionalpolitischen Instrumente in diese Entscheidung einfügen[26], werden die Verhaltenstendenzen der Unternehmen bei der Lösung von Standortproblemen aufgezeigt.

## 3.2 Die Struktur unternehmerischer Entscheidungsprozesse

### *3.2.1 Die Elemente der Entscheidung*

Eine deskriptive Behandlung spezieller Entscheidungsprobleme umfaßt die Analyse der logischen und der kognitiven Vorgänge, die dazu führen, daß der Aktor sich auf eine von zwei oder mehreren Alter-

---

lich Unternehmen mit neuen Betriebsstandorten erfaßten (vgl. Fürst, D., Die Standortwahl industrieller Unternehmer: Ein Überblick über empirische Erhebungen, S. 192 ff.) Es kann nur vermutet werden, daß dieses einer der Faktoren ist, auf denen dass starke Wachstum industrieller Ballungszonen beruht.

[23] Vgl. Katona, G., Das Verhalten der Verbraucher und Unternehmer, S. 57.

[24] Eine weitergehende Erörterung der aus habituellem Verhalten für die Regionalpolitik entstehenden Probleme erfolgt nicht, da auch das in dieser Arbeit verwendete empirische Material Fälle erfaßt hat, in denen ein neuer Betriebsstandort gewählt wurde, in denen also echte Entscheidungen vorlagen.

[25] Nach Landmann setzt der Gebrauch des Begriffs Entscheidung voraus, daß „mehrere Möglichkeiten des Verhaltens in Sicht seien, für deren jede etwas spricht" (Landmann, M., Thesen und Diskussionsbemerkungen zu „Situation und Entscheidung", in: Symphilosophein, Bericht des 3. Deutschen Kongresses für Philosophie (Bremen 1950) hrsg. v. R. Plessner, München 1952, S. 301).

[26] Für dieses Vorhaben, die wichtigsten Dimensionen der Entscheidungssituation der Unternehmen bei der Standortwahl gewissermaßen „objektiv" zu erörtern, gilt der Hinweis von March und Simon, daß die Beschreibung einer Situation, wie sie „wirklich" ist, allenfalls das ebenfalls subjektive Bild eines außenstehenden Beobachters wiedergibt. (vgl. March, J. G. und H. A. Simon, Organizations, 9th. Ed., New York - London - Sidney 1967, S. 150).

nativen festlegt[27]. In allgemeiner Form lassen sich diese wie folgt beschreiben: „Eine Entscheidung, wie sie tatsächlich stattfindet, beinhaltet gewisse Ziele oder Werte, Tatsachen über die Umwelt und Schlußfolgerungen, die aus den Werten und Tatsachen gezogen werden[28]." Die Entscheidungsfindung kann dementsprechend als ein Prozeß bezeichnet werden, in dem aus einer Anzahl von Prämissen die Lösung eines Problems abgeleitet wird[29].

Die folgenden vier Klassen von Prämissen, die die Elemente der Entscheidung genannt werden sollen, können unterschieden werden[30]:

1. Die Kenntnis der in einer konkreten Situation möglichen Handlungsalternativen, die der Aktor aus der Wahrnehmung seiner Ausgangssituation und der Umwelt gewinnt.
2. Kenntnis oder Erwartungen über die Ergebnisse der Alternativen, die der Aktor mit Hilfe von Erwartungen über die Entwicklung der Umwelt und seiner Situation unter dem Einfluß seiner möglichen Verhaltensweisen ableitet.
   Bei den beiden genannten Arten von Entscheidungsprämissen handelt es sich um Aussagen über Tatsachen; Kirsch bezeichnet sie daher als faktische Entscheidungsprämissen[31].
3. Die Werte und Ziele des Entscheidungsträgers, die angeben, wie die Konsequenzen der Handlungsalternativen für den Aktor zu bewerten sind[32]; Kirsch nennt sie wertende Entscheidungsprämissen[33].
4. Die Entscheidungsregel oder -maxime, die zusätzliche Auswahlkriterien angibt, wenn eine eindeutige Bewertung der Alternativen aufgrund des Wertsystems nicht möglich ist. Ein solcher Fall tritt auf, wenn das Wertsystem entweder unzureichend definiert ist oder Widersprüche enthält[34].

Die Gesamtheit der Entscheidungsprämissen wird als das „innere Modell" des Entscheidungsträgers bezeichnet[35].

---

[27] Vgl. Kirsch, W., Entscheidungsprozesse, Bd. 1, S. 26 f.

[28] Simon, H. A., Theories of Decision Making in Economies and Behavioral Science, in: Greenwood, W. T. (Hrsg.), Management and Organizational Behavior Theories: An Interdisciplinary Approach, Cincinnati, Ohio, 1965, S. 322.

[29] Vgl. Simon, H. A., Comments on the Theory of Organization, in Greenwood, W. T. (Hrsg.), Management and Organizational Behavior Theories, S. 465.

[30] Vgl. Kirsch, W., Entscheidungsprozesse, Bd. I, S. 78; Gäfgen, G., Theorie der wirtschaftlichen Entscheidung, S. 96; March, J. G. und H. A. Simon, Organizations, S. 150; und Wilson, C. und M. Alexis, Basic Framework of Decisions, in: The Making of Decisions, hrsg. von W. J. Gore und J. W. Dyson, London, New York 1964, S. 181.

[31] Kirsch, W., Entscheidungsprozesse, Bd. I, S. 26.

[32] Vgl. Gäfgen, G., Theorie der wirtschaftlichen Entscheidung, S. 99.

[33] Kirsch, W., ebd. und Heinen, E., Das Zielsystem der Unternehmung, S. 52.

[34] Vgl. Gäfgen, G., Die Theorie der wirtschaftlichen Entscheidung, S. 98 f.

[35] Vgl. Kirsch, W., Entscheidungsprozesse, Bd. I, S. 78, und Bd. II, S. 139.

### *3.2.2 Der Prozeßcharakter der Entscheidung*

Die begriffliche Gleichsetzung von Entscheidung und Problemlösung[36] hat zu der Erkenntnis geführt, daß eine Entscheidung als ein Prozeß anzusehen ist, in dessen Phasen der Entscheidungsträger die zur Auswahl von Handlungsalternativen notwendigen Entscheidungsprämissen gewinnt[37]. Es ist anzunehmen, daß der Inhalt der einzelnen Prämissen und damit auch das Ergebnis des Prozesses vom Verlauf der einzelnen Phasen beeinflußt wird[38]. Witte spricht von einem Reifeprozeß, der sich zwischen dem vagen Erkennen der Notwendigkeit einer Entscheidung bis zum Vorliegen eines präzisierten Entscheidungsproblems vollzieht[39].

In der Literatur besteht keine Einigkeit, wie weit unter dem Gesichtspunkt des Prozeßablaufes der Begriff der Entscheidung zu fassen ist. Die verschiedenen Autoren führen eine unterschiedliche Anzahl von Phasen auf[40].

Von Bedeutung ist die Frage, ob die Phasen des Anstoßes und der nach der Festlegung liegenden Durchführung, Kontrolle und gegebenenfalls Revision einbezogen werden sollen.

Es erscheint zweckmäßig, für die Analyse von Standortentscheidungen, das Phasenschema zu verwenden, das Simon in Anlehnung an Dewey verwendet: „Entscheiden umfaßt drei Hauptphasen:

— das Finden von Entscheidungsanlässen

— das Auffinden möglicher Handlungsweisen

— die Wahl zwischen den verschiedenen Handlungsweisen[41]."

Die Phase der Entstehung des Entscheidungsproblems wird einbezogen, da sich hinter dem Phänomen „Standortwahl von Industriebetrieben" so unterschiedliche Tatbestände wie die Neugründung oder Verlagerung von Zweigbetrieben verbergen[42]. Dagegen können die Kontrolle

---

[36] Vgl. Kirsch, W., Entscheidungsprozesse, Bd. I, S. 72.

[37] Vgl. Biasio, S., Entscheidung als Prozeß, S. 36 ff.

[38] Vgl. Rosenstock, H. A., Die Entscheidung im Unternehmensgeschehen, Bern 1963, S. 118.

[39] Witte, E., Entscheidungsprozesse, in: HWO, hrsg. von E. Grochla, Stuttgart 1969, Sp. 498.

[40] Vgl. Biasio, S., Entscheidung als Prozeß, S. 60 ff.; Kirsch, W., Entscheidungsprozesse, Bd. I, S. 72, und Al-Ani, A., Prozeß und Kriterien der Entscheidungsfindung, in: Wirtschaftsdienst, 52. Jg. (1972), Nr. 6, S. 323, und die dort angegebene Literatur.

[41] Simon, H. A., The New Science of Management Decision, New York 1960, S. 1 (eingerückt vom Verfasser).

[42] Die Bedeutung des Gründungsanlasses für das Ergebnis der Standortwahl wird zum ersten Mal herausgestellt und empirisch belegt bei: Ellis, G. H., Why New Manufacturing Establishments Located in New England: August 1945 to

und die Revision der Entscheidung, die teilweise als zum Entscheidungsprozeß gehörig angesehen werden[43], vernachlässigt werden. Realisierte Standortentscheidungen bedeuten eine Festlegung auf so lange Zeit und ihre Revision ist mit so hohen Kosten verbunden, daß ein solcher Fall — wenn er tatsächlich auftritt — als gänzlich neuer Entscheidungsprozeß zu behandeln ist.

Die Vorstellung, daß die einzelnen Phasen streng aufeinander folgen, wäre zu rational; vielmehr ist anzunehmen, daß ein ständiger Wechsel zwischen den Phasen stattfindet[44]. Nach Witte vollzieht sich „eine Fülle von Informations-, Kommunikations-, Bewertungs- und Vergleichsoperationen, die das Entscheidungsobjekt fortschreitend verändern, dabei schon Teilprobleme lösen, bis schließlich der Prozeß durch einen Willensakt als verbindliche Festlegung der zu realisierenden Alternative beendet wird“[45].

### *3.2.3 Die Informationserfordernisse bei Entscheidungsprozessen*

Aus dem Gesagten wird klar, daß ein großer Teil der Aktivitäten bei Entscheidungsprozessen aus der Beschaffung und Verarbeitung von Informationen[46] besteht. Die Qualität des Ergebnisses wird entscheidend vom Informationsgrad (vorhandene Information zu notwendige Information) des Entscheidungsträgers bestimmt[47].

Beschaffung und Verarbeitung von Informationen dienen der Aufgabe, das Entscheidungsfeld, nämlich „das Insgesamt der sachlichen und funktionellen Gegebenheiten, innerhalb dessen die Entscheidung getroffen werden muß“[48], abzugrenzen und aufzuklären[49].

---

June 1948, in: Monthly Review of the Federal Reserve Bank of Boston, Vol. 31, Jg. 1949, S. 3 ff.; und McLaughlin, G. E. und St. Robock, Why Industry Moves South. A Study of Factors Influencing the Recent Location of Manufacturing Plants in the South, Kingsport, Tenn., 1949, S. 18 ff.

[43] Vgl. z. B. Brun jr., O. G., Glass, D. C., Lavin, D. E. und Goodman, N., Personality and Decision Processes, Stanford, Calif., 1962, S. 9; Gäfgen, G., Theorie der wirtschaftlichen Entscheidung, S. 101, und Irle, M., Macht und Entscheidungen in Organisationen, Frankfurt a. M. 1971, S. 51.

[44] Vgl. Kirsch, W., Entscheidungsprozesse, Bd. I, S. 75; Biasio, S., Entscheidung als Prozeß, S. 47, Witte, E., Phasentheorem und Organisation komplexer Entscheidungsverläufe, in: ZfB, 20. Jg. (1968), S. 644.

[45] Witte, E., Entscheidungsprozesse, Sp. 498.

[46] Zum Begriff der Information in Entscheidungsprozessen, vgl. Kirsch, W., Entscheidungsprozesse, Bd. II, S. 78 ff.

[47] Vgl. Wittmann, W., Information, in: HWO, hrsg. von E. Grochla, Stuttgart 1969, Sp. 699; Forrester, J. W., Grundsätze einer Systemtheorie, Wiesbaden 1972, S. 19; und Witte, E., Das Informationsverhalten in Entscheidungsprozessen, Tübingen 1972, S. 54.

[48] Biasio, S., Entscheidung als Prozeß, S. 52. Ähnlich definiert Engels das Entscheidungsfeld „als die Menge und Art der Personen und Sachen, die durch

Ziel ist dabei, mögliche Handlungsalternativen und ihre Konsequenzen festzustellen. Der Aktor kann allerdings nicht die direkten Konsequenzen ermitteln, da diese erst in Zukunft eintreten. Vielmehr bildet er sich Erwartungen über die in der Zukunft liegenden Folgen seines Handelns; diese Erwartungen beruhen auf bekannten empirischen Zusammenhängen und der Kenntnis der im Moment der Entscheidung gegebenen Situation[50].

Informationen sind erforderlich über die Umwelt als der Kranz von Bedingungen, der die Handlungsmöglichkeiten eingrenzt[51]. Das standortsuchende Unternehmen muß sich über die „Standortbedingungen“[52] an den denkbaren Standorten unterrichten. Ebenso muß es seinen eigenen Zustand kennen, d. h. Art und Umfang seiner „Standortanforderungen“[53]. Da unternehmerische Entscheidungen auf die Zukunft bezogen sind, muß die Kenntnis der Ausgangssituation (ontologisches Wissen) ergänzt werden um Informationen über Gesetzmäßigkeiten, aufgrund derer sich vorhersagen läßt, wie Umweltkonstellation und eigener Zustand sich aus sich selbst heraus und bei Realisierung verschiedener Handlungsalternativen entwickeln (nomologisches Wissen)[54]. Zur Vollständigkeit eines so gebildeten „technologischen Modells“ gehört weiterhin die Kenntnis der Interdependenzen zwischen den verschiedenen Arten von Standortbedingungen und Standortanforderungen.

Mit der Zahl der Standortbedingungen und Standortanforderungen und mit Zahl und Stärke der bestehenden Interdependenzen wächst die Menge der notwendigen Informationen. Diese können einerseits aus Erfahrungen gewonnen werden, die bei Beginn des Entscheidungsprozesses vorhanden sind (Wissen), andererseits können sie durch geeignete Aktionen während des Entscheidungsprozesses gewonnen werden. Die externe Informationsbeschaffung verursacht in jedem Fall einen Aufwand an Zeit und Kosten, über den unter extremer Unsicherheit entschieden werden muß. Der Erfolg eines solchen Prozesses, der in einer Verbesserung des Entscheidungsergebnisses besteht, ließe sich nur abschätzen, wenn der Inhalt der zu beschaffenden Information

einen Willensakt direkt oder indirekt beeinflußt werden können und die Gegebenheiten der Umwelt, die den Erfolg der Willensakte beeinflussen“. Engels, W., Betriebswirtschaftliche Bewertungslehre im Licht der Entscheidungstheorie, Köln und Opladen 1962, S. 94.

49 Vgl. Rosenstock, H. A., Die Entscheidung im Unternehmensgeschehen, Bern 1963, S. 91 f.

50 Vgl. Simon, H. A., Administrative Behavior, S. 68.

51 Vgl. Katona, G., Economic Psychology, in: Outside Readings in Economics, Second Edition, New York 1956, S. 156 ff.

52 Rüschenpöhler, H., Der Standort industrieller Unternehmungen als betriebswirtschaftliches Problem, Berlin 1958, S. 67.

53 Rüschenpöhler, H., ebd., S. 64. Vgl. auch Rabe, K., Standort, in: HdB, 2. Bd., Stuttgart 1928, Sp. 1545.

54 Vgl. Gäfgen, G., Theorie der wirtschaftlichen Entscheidung, S. 97.

bereits bekannt wäre. Dies aber würde die Informationsbeschaffung überflüssig machen[55]. Die Folge ist, daß der Informationsaufwand den Ertrag möglicherweise übersteigen kann[56].

### *3.2.4 Die logische Struktur des Auswahlprozesses*

Auf die Suche nach möglichen Handlungsalternativen, die im wesentlichen ein Informationsproblem darstellt, folgt die Phase der Selektion; die aufgefundenen Merkmale werden daraufhin geprüft, ob sie als mögliche Lösungen des anstehenden Problems geeignet sind[57]. Die dabei erforderlichen Operationen sind Messen und Bewerten, Vergleichen und Zusammenfassen[58].

Die Maßstäbe für die Bewertung lassen sich aus dem Wertsystem des Aktors ableiten, indem für jede der darin enthaltenen Komponenten Wertkriterien gebildet werden[59]. Je nach Art des Zieles sind die Kriterien quantitativ formulierbar und können skaliert werden, oder sie sind nur qualitativ zu definieren und mehr oder weniger gradierbar; im Extremfall läßt sich aus ihnen nur das Urteil ‚realisiert' bzw. ‚nicht realisiert' oder ‚gut' bzw. ‚schlecht' herleiten[60]. Eigenschaften der Handlungsalternativen, denen keine Komponente des Wertsystems entspricht, sind für den Aktor nicht relevant und bleiben daher unbeachtet. Im Falle der Standortwahl handelt es sich um Standortbedingungen, denen keine Standortanforderungen gegenüberstehen.

Eine eindeutig beste Alternative läßt sich nur finden, wenn es gelingt, die verschiedenen Wertmaßstäbe zu einem einzigen zusammenzufassen[61]. Voraussetzung dafür ist — abgesehen von dem unrealistischen Fall einer einwertigen Zielfunktion[62] — die Existenz eines Zielsystems, dessen Einzelziele sich komplementär zueinander verhalten, da dies die Möglichkeit der Suboptimierung eröffnet[63].

Bestehen dagegen Konkurrenzbeziehungen bzw. Konflikte zwischen den Zielen, läßt sich ein eindeutiger Maßstab, der eine zufrieden-

---

[55] Vgl. Gäfgen, G., Theorie der wirtschaftlichen Entscheidung, S. 129.

[56] Vgl. Irle, M., Macht und Entscheidungen in Organisationen, S. 49.

[57] Vgl. March, J. G. und H. A. Simon, Organizations, S. 178.

[58] Vgl. March, J. G. und H. A. Simon, ebd., und Gäfgen, G., Theorie der wirtschaftlichen Entscheidung, S. 137 ff.

[59] Vgl. Gäfgen, G., Theorie der wirtschaftlichen Entscheidung, S. 111.

[60] Vgl. Gäfgen, G., ebd., S. 113. E. Schneider nennt diese Faktoren irreduzibel oder imponderabel (vgl. Schneider, E., Wirtschaftlichkeitsrechnung, Theorie der Investition, 8. Aufl., Tübingen, Zürich 1973, S. 139).

[61] Vgl. Gäfgen, G., ebd., S. 137. Gäfgen illustriert den anzustrebenden Zustand mit dem Begriff „amalgamieren".

[62] Vgl. dazu Gäfgen, G., ebd., S. 112 und Bidlingmaier, J., Unternehmerziele und Unternehmerstrategien, S. 44 f.

[63] Vgl. Heinen, E., Das Zielsystem der Unternehmung, S. 134.

stellende Verwirklichung aller Ziele gewährleistet, nicht finden[64]. Es gibt grundsätzlich drei Möglichkeiten, diese Konflikte zu lösen[65]. Bei Zieldominanz erhält ein Ziel die Präferenz vor allen anderen; die anderen werden aufgegeben oder nur im Rahmen des Möglichen berücksichtigt. Die Lösung durch Zielschisma geht davon aus, daß die Aktionsparameter zwischen den konkurrierenden Zielen geteilt werden können, so daß der Realisierungsgrad jedes Zieles verbessert, aber nicht maximiert werden kann. Beim Zielkompromiß schließlich gelangen alle Ziele gleichzeitig zur Anwendung; sie werden gewichtet und zu einem einzigen Maßstab zusammengefaßt.

Die Zielbeziehungen können auf zwei verschiedenen Tatbeständen beruhen: Sie lassen sich entweder unmittelbar aus einer empirischen Gesetzmäßigkeit ableiten oder nur mittelbar unter Kenntnis der Handlungsalternativen und nur in bezug auf diese[66]. In dem zweiten Fall bedingen Wertmaßstab und Handlungsalternative einander gegenseitig, so daß eine zirkulare Interdependenz gegeben ist, für die es logisch keine Lösung gibt.

Die Zusammenfassung multivariabler Zielfunktionen zu einem einheitlichen Wertmaßstab, die für die logisch einwandfreie Lösung von Entscheidungsproblemen notwendig ist[67], trifft aber auch dann auf Schwierigkeiten oder wird völlig unmöglich, wenn aus einzelnen Zielen entweder keine quantifizierbaren Wertmaßstäbe hergeleitet oder diese nicht in eine gemeinsame Maßeinheit umgerechnet werden können. Ferner setzt die Bildung eines einheitlichen Maßstabes voraus, daß die an die Lösung zu stellenden Anforderungen gegeneinander austauschbar sind; bei der Standortwahl müßte also ein kleineres Grundstück durch eine größere Zahl verfügbarer Arbeitskräfte aufgewogen werden können. Dieses Beispiel zeigt jedoch, daß bei der Standortwahl damit zu rechnen ist, daß manche Faktoren gar nicht oder nur in engen Grenzen substituierbar sind.

### *3.2.5 Besonderheiten unternehmerischer Entscheidungen*

Der Untersuchungsgegenstand dieser Arbeit sind unternehmerische Entscheidungen und die Möglichkeit, diese durch regionalpolitische Maßnahmen lenkend zu beeinflussen. Es gilt daher zu klären, durch welche speziellen Merkmale sich diese Entscheidungen auszeichnen.

---

[64] Vgl. Heinen, E., ebd., S. 140.

[65] Zum folgenden vgl. Heinen, E., ebd., S. 141 ff. und Engels, W., Betriebswirtschaftliche Bewertungslehre im Licht der Entscheidungstheorie, S. 47 ff.

[66] Vgl. Brösse, U., Ziele in der Regionalpolitik und in der Raumordnungspolitik, S. 66.

[67] Vgl. Gäfgen, G., Die Theorie der wirtschaftlichen Entscheidung, S. 137.

Die Verbindung zu dem breiten Ansatz der Theorie der Individualentscheidung wird durch den Begriff der Entscheidungsprämisse hergestellt, die die kleinste Einheit der Analyse von Entscheidungsprozessen darstellt[68]. Auch in Unternehmen werden aus Prämissen Verhaltensstrategien abgeleitet. Damit sind das Phasenschema des Entscheidungsverlaufs und die Aussagen über die Informationsnotwendigkeiten und die logische Struktur von Auswahlprozessen grundsätzlich übertragbar.

Unterschiede zu Entscheidungen, die an anderer Stelle getroffen werden, bestehen in folgendem[69]:

1. Die „Person" des Aktors ist eine soziale Organisation[70], so daß im allgemeine kollektive Entscheidungsprozesse vorliegen[71].
2. Das Zielsystem enthält außer individuellen Zielen Dimensionen, die aus dem System der Erwerbswirtschaft abzuleiten sind.
3. Das Entscheidungsfeld ist durch sachliche und funktionelle Gegebenheiten geprägt, die sich aus der Aufgabe der Unternehmen herleiten, durch Kombination von Produktionsfaktoren Güter zu produzieren und abzusetzen.

*Zu 1:* Eine realitätsnahe Analyse von Unternehmensentscheidungen muß die vom Organisationscharakter ausgehenden Einflüsse berücksichtigen[72] und damit die Grenzen der traditionellen Theorie der Unternehmung überschreiten, die die Organisation als Einflußgröße des Verhaltens durch die Annahme einheitlichen Handelns neutralisierte[73].

Ausgangspunkt ist die Tatsache, daß nicht das Abstraktum Unternehmen selbst handelt, sondern die in ihm arbeitenden Menschen[74]. In bezug auf ein konkretes Entscheidungsproblem lassen sich drei Gruppen von Mitarbeitern unterscheiden:

---

[68] Vgl. Kirsch, W., Entscheidungsprozesse, Bd. I, S. 25; Bd. III, S. 94 f.

[69] Vgl. Biasio, S., Die Entscheidung als Prozeß, S. 52, und ähnlich Rosenstock, H. A., Die Entscheidung im Unternehmensgeschehen, S. 28.

[70] „Organisationen werden jetzt als soziale Teilsysteme definiert, die zweckhaft auf die Erreichung spezifischer Ziele gerichtet sind." Mayntz, R. und R. Ziegler, Soziologie der Organisation, in: Handbuch der empirischen Sozialforschung, Bd. II, hrsg. v. R. König, Stuttgart 1969, S. 451. Vgl. auch König, R., Organisation, soziale, in: HWO, hrsg. von E. Grochla, Stuttgart 1969, Sp. 1103 ff. und Heinen, E., Das Zielsystem der Unternehmung, S. 26.

[71] Von kollektiven Entscheidungsprozessen wird gesprochen, wenn im gesamten Ablauf mehr als eine Person beteiligt ist — auch wenn der endgültige Entschluß nur von einer Person gefaßt wird. Vgl. Kirsch, W., Entscheidungsprozesse, Bd. III, S. 54.

[72] Vgl. Heinen, E., Das Zielsystem der Unternehmung, S. 187.

[73] Vgl. Gutenberg, E., Die Unternehmung als Gegenstand betriebswirtschaftlicher Theorie, Berlin und Wien 1929, S. 26 und Horváth, P., Betriebliche Entscheidungen als Teile eines Lernprozesses, Meisenheim am Glan 1971, S. 65.

[74] Vgl. McGuire, J. W., Theories of Business Behavior, Englewood Cliffs, N. J., 1967, S. 27.

— Der oder die Entscheidungsträger, die die zu realisierende Handlungsalternative auswählen und als verbindlich für das Unternehmen autorisieren. Bei einer grundsätzlichen Entscheidung wie der Standortwahl kann angenommen werden, daß sie identisch sind mit der „Kerngruppe“[75], die die Unternehmensziele setzt[76]. Die von dieser Gruppe angenommenen Entscheidungsprämissen determinieren das Entscheidungsergebnis; sie werden von den anderen Gruppen bei deren Bildung beeinflußt. Sind mehrere Entscheidungsträger vorhanden und treten zwischen diesen Konflikte auf, so müssen Kompromisse gesucht werden[77].

— Mitabeiter, die die Entscheidung vorbereiten, indem sie Informationen beschaffen, selektieren und aufbereiten. Sie werden dabei von den Unternehmenszielen in der Form geleitet, wie sie ihnen als Handlungsanweisungen bekannt und verbindlich sind[78]; sie können je nach dem ihnen gegebenen Handlungsraum bei den Informationsentscheidungen bewußt oder unbewußt aus ihren individuellen Zielen abgeleitete Kriterien verwenden und auf diesem Wege indirekt die Prämissen der Entscheidungsträger beeinflussen.

— Mitarbeiter, die am Entscheidungsprozeß nicht beteiligt, aber von seinen Ergebnissen betroffen sind.

  Die Entscheidungsträger müssen deren individuelle Ziele berücksichtigen, da diese Mitarbeiter nur dann zur Teilnahme an der Organisation und zu der geforderten Leistung bereit sind, wenn sie einen Anreiz in einer mindestens zufriedenstellenden Realisierung eigener Ziele erhalten[79].

Die Tatsache, daß ein Unternehmen eine Organisation darstellt, wirkt sich folglich in zwei Punkten auf den Entscheidungsprozeß aus. Die Informationspolitik wird — bei Delegation von Teilaufgaben — nicht unmittelbar von den Unternehmenszielen gesteuert, die von der Kerngruppe aufgestellt werden.

Die andere wichtige Erkenntnis besteht darin, daß es nicht Ziele des Unternehmens an sich gibt; die Entscheidung wird in erster Linie von den Wertvorstellungen der Entscheidungsträger bestimmt, aber auch die der übrigen Mitarbeiter gehen indirekt darin ein. Diese Faktoren

[75] Vgl. Ells, R., The Government of Corporations, Glencoe 1962, S. 71.

[76] Vgl. Horváth, P., Betriebliche Entscheidungen als Teile eines Lernprozesses, S. 69.

[77] Vgl. Heinen, E., Das Zielsystem der Unternehmung, S. 208.

[78] Vgl. Gäfgen, G., Theorie der wirtschaftlichen Entscheidung, S. 191 ff., und Heinen, E., Das Zielsystem der Unternehmung, S. 215.

[79] Vgl. Simon, H. A., On the Concept of Organizational Goal, Administrative Science Quarterly 1964/65, S. 19; Kirsch, W., Entscheidungsprozesse, Bd. III, S. 129 ff.; Heinen, E., Das Zielsystem der Unternehmung, S. 198 ff. und March, J. G. und H. A. Simon, Organizations, S. 84 f.

begrenzen den Handlungsraum des Unternehmens; so kommt beispielsweise ein Standort, der von unverzichtbaren Mitarbeitern nicht als Arbeitsort akzeptiert würde, nicht in Betracht.

*Zu 2:* Die Zielfunktion eines Unternehmens wird nicht nur von den persönlichen Zielen der Mitarbeiter geprägt; vielmehr lassen sich auch aus dem Rechts- und Wirtschaftssystem Verhaltensnormen ableiten.

Gutenberg bezeichnet das erwerbswirtschaftliche Prinzip als die Maxime, nach der sich autonome Unternehmen bei ihren Entscheidungen richten[80]. Es schließt nach seiner Meinung Verhaltensweisen wie Bedarfsdeckungsprinzip, Gemeinnützigkeitsprinzip, Angemessenheitsprinzip und ähnliche nicht aus; er bezeichnet sie jedoch als Abweichungen vom Prinzip der Gewinnmaximierung, das die eigentliche Verwirklichung des erwerbswirtschaftlichen Prinzips sei[81]. Der Gewinn wird als Mittel zum Zweck der Realisierung weitergehender Ziele wie Sicherheit, Macht, Unabhängigkeit und soziales Ansehen verstanden, so daß zwar eine multivariable Zielhierarchie angenommen wird, alles unternehmerische Verhalten jedoch über die Gewinnmaximierung zu erklären versucht wird[82].

Gegen diese Konzeption werden mehrere Einwände vorgebracht. Zunächst läßt sich aus dem bei funktionsfähigem Wettbewerb für die Unternehmen bestehenden Zwang zu bestimmtem Verhalten weder schließen, daß dieser für jeden Verhaltensakt gültig ist, noch daß er sich ausschließlich auf die Erzielung maximalen Gewinns richtet[83]. Auch bei funktionsfähigem Wettbewerb ist ein Unternehmen nur in dem Ausmaß zum Handeln nach dem ökonomischen Prinzip gezwungen, als es seine Konkurrenten tun. Weiterhin lassen sich verschiedene Gewinnbegriffe und verschiedene Ausformungen des Gewinnzieles definieren[84]. Unter Berücksichtigung der Zeit ist der Punkt des Maximalgewinns indeterminiert[85].

Darüber hinaus kann in einer konkreten Situation ein Konflikt zwischen der Gewinnerzielung und dem Sicherheitsziel oder dem der Ver-

[80] Vgl. Gutenberg, E., Grundlagen der Betriebswirtschaftslehre, 1. Bd., Die Produktion, 7. Aufl., Berlin, Göttingen, Heidelberg 1962, S. 347 ff.

[81] Vgl. Gutenberg, E., ebd., S. 350 f. Vgl. auch Eucken, W., Die Grundlagen der Nationalökonomie, 8. Aufl., Berlin, Heidelberg, New York 1965, S. 209 ff., und Bidlingmaier, J., Unternehmerziele und Unternehmerstrategien, S. 63 f.

[82] Vgl. Heinen, E., Die Zielfunktion der Unternehmung, S. 60.

[83] Vgl. Gäfgen, G., Theorie der wirtschaftlichen Entscheidung, S. 62.

[84] Vgl. Heinen, E., Die Zielfunktion der Unternehmung, S. 121 f.

[85] Vgl. Heinen, E., Betriebswirtschaftliche Kostenlehre, Bd. 1, Begriff und Theorie der Kosten, 2. Aufl., Wiesbaden 1965, S. 55 ff.; Heinen, E., Die Zielfunktion der Unternehmung, S. 61 ff.; Pack, L., Rationalprinzip und Gewinnmaximierungsprinzip, in: ZfB, 31. Jg. (1961), S. 207 ff.; Pack, L., Rationalprinzip, Gewinnprinzip und Rentabilitätsprinzip, in: ZfB, 35. Jg. (1965), S. 105 ff.

größerung des Marktanteils entstehen, so daß Gewinnerzielung nicht a priori als einziges Unternehmensziel, aus dem in einer konkreten Entscheidungssituation Kriterien für die Beurteilung der Handlungsalternativen abgeleitet werden, angenommen werden kann. Heinen führt dementsprechend Streben nach Gewinn, Umsatzausweitung, Wirtschaftlichkeit, Sicherung, Unabhängigkeit, Prestige, Macht und nach ethischer und sozialer Anerkennung als mögliche Bestandteile unternehmerischer Zielsysteme auf[86]. Die monetären und die Gewinnziele haben allerdings ein besonderes Gewicht, da sie als Mittel zur Verwirklichung anderer Ziele dienen können und da sie — wenn die Maximierungshypothese aufgegeben wird[87] — operationale und rechenhafte Beurteilungskriterien hergeben. Schließlich hängen sie eng zusammen mit der Bedingung für die Weiterexistenz eines Unternehmens, das Illiquidität und als Kapitalgesellschaft auch Überschuldung vermeiden muß, wenn es nicht in Konkurs gehen will[88].

Je besser jedoch die Gewinnsituation ist, desto größer ist der Raum für die Realisierung anderer Ziele[89]. Auch Lösch weist darauf hin: „Wer gut verdient, kann sich eine schlechte Standortwahl leisten. Er zahlt nicht mit seiner Existenz, sondern nur mit einem Teil des möglichen Gewinns dafür"[90]. Aber „der Spielraum für diese subjektive Standortwahl ist begrenzt, da sie höchstens Gewinn und Unternehmerlohn kosten darf"[91].

*Zu 3:* Das Entscheidungsfeld unternehmerischer Entscheidungen zeichnet sich durch einen hohen Grad an Strukturierung aus, der sich aus dem Zusammenhang der betrieblichen Teilbereiche ergibt[92]. Er besteht aus der Notwendigkeit von Beschaffung, Transformation und Absatz, die von parallel, aber entgegengesetzt verlaufenden Finanzbewegungen begleitet werden[93]. Diese Aktivitäten vollziehen sich nicht überall unter den gleichen Bedingungen, so daß neben den Fragen nach dem „Ob", „Was", „Wieviel" und „Womit"[94] die Frage nach dem „Wo" zu stellen ist[95].

---

[86] Heinen, E., Das Zielsystem der Unternehmung, S. 59 ff.

[87] Vgl. dazu Abschnitt 3.4.3.

[88] Dies sind die materiellen Voraussetzungen für die Eröffnung eines Konkursverfahrens. Vgl. § 207, Abs. 1 der Konkursordnung vom 18. Februar 1877, RGBl. S. 351, in der Fassung der Bekanntmachung vom 20. Mai 1898, RGBl. S. 612 und § 92, Abs. 2 des Aktiengesetzes vom 6. September 1965, BGBl. I, S. 1089.

[89] Vgl. Schmölders, G., Volkswirtschaftslehre und Psychologie, Berlin 1962, S. 21 und Schmölders, G., Psychologie des Geldes, Hamburg 1966, S. 15.

[90] Lösch, A., Die räumliche Ordnung der Wirtschaft, S. 184.

[91] Lösch, A., ebd., S. 184.

[92] Vgl. Biasio, S., Entscheidung als Prozeß, S. 54.

[93] Vgl. Grochla, E., Finanzierung, in: HdSW, Bd. 3, Stuttgart, Tübingen, Göttingen 1961, S. 604.

[94] Vgl. Schmalenbach, E., Pretiale Wirtschaftslenkung, Bd. I, Die optimale Geltungszahl, Bremen-Horn 1947, S. 16 ff.

Bei der Standortwahl ist ein großer Teil der Aktionsparameter (z. B. Leistungsprogramm, Betriebsgröße, Produktionsverfahren) noch nicht so endgültig fixiert, daß sie als Daten angesehen werden müssen und damit das Entscheidungsfeld begrenzen[96]. Es böte sich daher an, alle interdependenten Aktionsparameter simultan festzulegen[97], um damit — unter der Voraussetzung, daß eine geeignete Zielfunktion gegeben ist — ein Totaloptimum zu erreichen.

Bei dieser Betrachtung kommen als Daten, die im mathematischen Modell als Restriktionen wirksam würden, nur externe Größen in Betracht. Sie werden sowohl vom Staat, insbesondere durch die Steuer- und die Wirtschaftspolitik, gesetzt, als auch durch die räumliche Verteilung und das Verhalten der Konkurrenten und der Abnehmer. Allerdings wird das Entscheidungsproblem bei simultaner Festlegung aller Parameter sehr komplex; es müssen dann gleichzeitig Informations- und Bewertungsvorgänge nicht nur für das engere Problem Standortwahl, sondern auch für die Probleme Produktionsprogramm, Produktionsverfahren, Absatz- und Beschaffungspolitik, Finanzierung usw. bewältigt werden.

Bei sukzessiven Entscheidungsprozessen dagegen werden Teilentscheidungen zeitlich nacheinander getroffen, wobei bereits festgelegte Aktionsparameter Daten für nachgelagerte Entscheidungen bilden[98]. Der Vorteil liegt darin, daß das Entscheidungsfeld stärker strukturiert ist als bei simultaner Entscheidung; allerdings können später getroffene Entscheidungen die Revision vorgelagerter nach sich ziehen[99].

## 3.3 Der Inhalt der Standortentscheidung

### *3.3.1 Typen von Standorttheorien*

Ein weiterer wichtiger Aspekt bei der Darstellung der Entscheidungssituation der Unternehmen bei der Standortwahl ist der Inhalt des Standortproblems. Die Literatur, die sich mit Standortfragen beschäftigt, ist so umfangreich, daß Meyer-Lindemann eine Typologie der verschiedenen Theorieansätze erarbeiten konnte[100]. Er unterscheidet[101]:

---

[95] Vgl. Sandig, C., Die Führung des Betriebes, Stuttgart 1952, S. 95, und Behrens, K. Ch., Allgemeine Standortbestimmungslehre, Köln und Opladen 1961, S. 344.

[96] Heinen, E., Das Zielsystem der Unternehmung, S. 22.

[97] Ein Beispiel, wie stark alle Teilbereiche eines Unternehmens mit einem singulären Entscheidungsproblem zusammenhängen gibt Bender, K., Die Führungsentscheidung im Betrieb, Stuttgart 1957, S. 32 ff.

[98] Vgl. Heinen, E., Das Zielsystem der Unternehmung, S. 189.

[99] Vgl. Heinen, E., ebd.

[100] Meyer-Lindemann, H. U., Typologie der Theorien des Industriestandortes.

— Die Standortbestimmungslehre, die sich mit der Standortwahl für eine neu in Gang zu setzende Produktion beschäftigt.
— Die Standortwirkungslehre, die die technischen, ökonomischen und sozialen Auswirkungen vorhandener Produktionsstandorte behandelt.
— Die Standortentwicklungslehre, die die Herausbildung der Standortstruktur historisch untersucht.
— Die Standortgestaltungslehre, die das Problem der gesamtwirtschaftlich besten Raumstruktur erörtert.

Wenn die Einteilungskriterien Meyer-Lindemanns auch nicht ohne Kritik geblieben sind[102], so erlauben sie doch festzustellen, daß die Ansätze der Standortwirkungslehre und der Standortgestaltungslehre sich nicht mit der einzelwirtschaftlichen Standortentscheidung beschäftigen und daher bei der Darstellung ihres Inhaltes unberücksichtigt bleiben können. Die beiden herausragenden Vertreter der Standortentwicklungslehre, W. Roscher[103] und A. Schäffle[104], bringen im wesentlichen eine kasuistische Darstellung von Standortwahlen verschiedener Industrien. Wegen der mangelnden Geschlossenheit ihrer Aussage wird auch darauf nicht weiter eingegangen[105].

Es bleibt die Standortbestimmungslehre als der Zweig der Theorie, der das Standortproblem aus einzelwirtschaftlicher Sicht behandelt[106]. Sie greift auf zwei Tatbestände zurück: „Auf objektive (‚äußere') Gegebenheiten — die hier als ‚Standortfaktoren' erscheinen — und auf subjektive (‚innere') Tatbestände — hier die Zielsetzung der Unternehmer, die sich je nach Art der Zielsetzung und im Hinblick auf die Standortfaktoren zu Entscheidungen verdichten[107]."

Dabei werden zwei Annahmen über das Verhalten der Unternehmen bei der Standortwahl gemacht. Die eine betrifft die Zielfunktion; es wird angenommen, die Unternehmen verfolgten das Ziel der Gewinn-

---

101 Zum Folgenden vgl. ders., ebd., S. 29, und Behrens, K. Ch., Allgemeine Standortbestimmungslehre, S. 34 ff.

102 Vgl. Behrens, K. Ch., Zur Typologie und Systematik der Standortlehren, in: Festschrift für F. Bülow, hrsg. von O. Stammer und K. C. Thalheim, Berlin 1960, S. 52 f.

103 Roscher, W., Studien über die Naturgesetze, welche den zwechmäßigen Standort bestimmen, Leipzig und Heidelberg 1878, und Roscher, W., System der Volkswirtschaft, 3. Bd., Stuttgart 1881, S. 502 ff.

104 Schäffle, A., Das gesellschaftliche System der menschlichen Wirtschaft, 3. Aufl., Tübingen 1873, S. 224 ff.

105 Zur Wertung der Standortentwicklungslehre vgl. Stavenhagen, G., Industriestandortstheorien und Raumwirtschaft, in: HdRR, Bd. II, 2. Aufl., Hannover 1970, Sp. 1282 f.

106 Vgl. Meyer- Lindemann, U., Typologie der Theorien des Industriestandortes, S. 157.

107 Behrens, K. Ch., Zur Typologie und Systematik der Standortlehren, S. 55 f.

maximierung und verhielten sich dabei objektiv rational[108]; sie fragt nach dem vernünftigen Standort und nicht nach dem wirklichen[109]. Die zweite Prämisse formuliert Behrens: „Gefragt wird nach dem Standort, der die Verwertung eines vorgebenen Leistungsprogramms und seine Erstellung mit Hilfe einer ebenfalls festliegenden Methode in optimaler Weise ermöglicht[110].“ Er unterstellt, daß die bei einem Betriebsaufbau vorhandenen Aktionsparameter sukzessiv und nicht simultan festgelegt werden[111], so daß Art und Verfahren der Produktion die Standortwahl beeinflussen, der entgegengesetzte Zusammenhang aber unberücksichtigt bleibt.

Diese Argumentation anhand von Partialmodellen wird damit begründet, daß einfache, praktisch verwendbare Modelle angestrebt werden, die wie bei der Standortwahl der Realität nur einen Ausschnitt aus der Gesamtwirtschaft betrachten[112]. Durch Einbeziehung der Dimension Zeit und Berücksichtigung der gegenseitigen Abhängigkeit von Standort und Produktion werden diese Modelle durch v. Böventer erweitert, der so zum Ansatz einer dynamischen Theorie der Standortwahl kommt[113].

### *3.3.2 Der betriebswirtschaftliche Standortkalkül*

Die betriebswirtschaftliche Standorttheorie baut auf der Grundlage auf, die A. Weber durch die Einführung des Begriffs „Standortfaktor“ geschaffen hat. Er versteht „unter einem Standortfaktor einen seiner Art nach scharf abgegrenzten Vorteil, der für seine wirtschaftliche Tätigkeit dann eintritt, wenn sie sich an einem bestimmten Ort oder auch generell an Plätzen bestimmter Art vollzieht“[114]. Als Vorteil bezeichnet er eine Ersparnis an Kosten[115]. Diese Definition besitzt den Vorteil der Klarheit, schließt jedoch außerwirtschaftliche Tatbestände

---

[108] Vgl. Behrens, K. Ch., Allgemeine Standortbestimmungslehre, S. 46; Behrens, K. Ch., Zur Systematik und Typologie der Standorttheorien, S. 57; Rüschenpöhler, H., Der Standort industrieller Unternehmungen als betriebswirtschaftliches Problem, S. 36 ff.

[109] Vgl. Lösch, A., Die räumliche Ordnung der Wirtschaft, S. 1. „Die Frage nach dem besten Standort ist ungleich würdiger als die Feststellung des tatsächlichen“. (Lösch, A., ebd., S. 2).

[110] Behrens, K. Ch., Allgemeine Standortbestimmungslehre, S. 34. Vgl. dazu auch die Prämissen Webers, der Einproduktbetriebe unterstellt und die Frage unterschiedlicher Produktionsverfahren gar nicht beachtet. Weber, A., Über den Standort der Industrien, Erster Teil, Reine Theorie des Standortes, 2. Aufl., Tübingen 1922, S. 16 ff.

[111] Vgl. Rittershausen, H., Wirtschaft, Frankfurt/Main 1958, S. 18.

[112] Vgl. v. Böventer, E., Bemerkungen zur optimalen Standortpolitik der Einzelunternehmung, S. 441 f.

[113] Vgl. v. Böventer, E., ebd., S. 445 ff.

[114] Weber, A., Über den Standort der Industrien, S. 16.

[115] Weber, A., ebd.

und nicht quantifizierbare Größen als Bestimmungsgründe für die Standortwahl aus[116]. Sie vernachlässigt entsprechend Webers Prämissen[117] fester Preise und gegebener Nachfrage die Absatzseite eines Unternehmens. Schließlich ist diese Definition auf die objektive Existenz von Kostenvorteilen abgestellt; subjektive, im Verhalten eines standortsuchenden Unternehmens liegende Merkmale können Standortfaktoren demnach nicht begründen.

Im Laufe der Entwicklung der Standorttheorie wurde der Begriffsinhalt ausgeweitet, indem auch standortabhängige Absatzvorteile und Erträge berücksichtigt wurden[118].

Wird zusätzlich die Subjektivität unternehmerischen Verhaltens mit berücksichtigt, dann ist ein Standortfaktor „ein irgendwie gearteter Vorteil, der dann vorliegt oder empfunden wird, wenn sich eine wirtschaftliche Tätigkeit an einem bestimmten Ort oder an Orten bestimmter Art vollzieht“[119]. Ein solcher Vorteil tritt ein, wenn eine Gegebenheit eines Ortes, eine Standortbedingung, Anforderungen erfüllt, die ein Unternehmen an seinen Betriebsstandort stellt. Daraus folgt, daß jede Eigenschaft eines Ortes für ein Unternehmen Standortfaktor sein kann, es aber von den Standortanforderungen abhängt, ob sie es wird[120].

Der Inhalt des Standortproblems läßt sich dann auch so formulieren: Es gilt, den Standort zu finden, der die Standortanforderungen am besten erfüllt. Zunächst muß daher festgestellt werden, welche Quantitäten und Qualitäten an Arbeitsleistungen, Energie, Grundstück etc. für die Durchführung des geplanten Leistungsprozesses erforderlich sind.

Dabei zeigt sich, daß es Anforderungen gibt, deren Erfüllung durch Standortbedingungen unverzichtbare Voraussetzung für die Aufnahme einer industriellen Produktion ist[121]. Zu diesen aus technischen Gründen nicht substituierbaren Basisfaktoren gehören die Verfügbarkeit eines

---

[116] Vgl. Rüschenpöhler, H., Der Standort industrieller Unternehmungen als betriebswirtschaftliches Problem, S. 43.

[117] Zu den impliziten Prämissen von A. Webers Theorien vgl. Meyer-Lindemann, U., Typologie der Theorien des Industriestandortes, S. 48 und Behrens, K. Ch., Allgemeine Standortbestimmungslehre, S. 18.

[118] Vgl. Behrens, K. Ch., Allgemeine Standortbestimmungslehre, S. 68, und Rüschenpöhler, H., Der Standort industrieller Unternehmungen als betriebswirtschaftliches Problem, S. 69 ff.

[119] Dörpmund, H., Die Mittel der Industriestandortlenkung und die Grenzen ihrer Anwendbarkeit, Bremen-Horn 1950, S. 10 f.

[120] Vgl. Rüschenpöhler, H., Der Standort industrieller Unternehmungen als betriebswirtschaftliches Problem, S. 67.
Weber unterscheidet dementsprechend generelle Standortfaktoren, die für alle Industrien gelten, und spezielle, die nur für einen Teil von Bedeutung sind. Vgl. Weber, A., Über den Standort der Industrien, S. 18.

[121] Vgl. Rüschenpöhler, H., Der Standort industrieller Unternehmungen als betriebswirtschaftliches Problem, S. 110 f.

Grundstücks, ein Anschluß an das öffentliche Verkehrsnetz und die Möglichkeit der Anwerbung von Arbeitskräften. Neben den technisch bedingten Basisfaktoren gibt es subjektiv begründete[122]. Dazu gehören etwa der Wunsch, an einem bestimmten Ort oder in einer bestimmten Gegend zu wohnen und persönliche Bindungen nicht aufzugeben[123].

Die Auswahl der optimalen unter den möglichen Standortalternativen beginnt mit der Feststellung der Kosten, die durch den betrieblichen Leistungsverzehr an den einzelnen Orten verursacht werden, und der Erlöse, die dort zu erzielen sind. Diese Größen ergeben sich aus den Mengen und Qualitäten, in denen die Produktionsfaktoren an den möglichen Standorten zur Verfügung stehen, und den Preisen, zu denen sie erworben werden können, sowie aus den realisierbaren Absatzmengen und -preisen[124]. Diese Standortbedingungen sind allerdings zum großen Teil nicht als unveränderlich anzusehen, sondern können von dem Unternehmen beeinflußt werden. Es kann mit den Anbietern von Leistungen verhandeln; ein geeigneter Ansatzpunkt sind die Gemeinden oder andere öffentliche Stellen, die an der Ansiedlung von Betrieben interessiert sind. Das Unternehmen selbst kann Investitionen vornehmen und so beispielsweise das Absatzpotential oder den Ausbildungsstand der Arbeiter verbessern.

Die Standortwahl beinhaltet also gleichzeitig die Entscheidung über Qualität und Quantität der eingesetzten Produktionsfaktoren und über Art und Umfang der notwendigen Investitionen; die Standortalternativen unterscheiden sich durch unterschiedliche Produktionsmittelkombinationen, Investitionshöhen und Absatzerlöse. Der Prozeß der Standortwahl ist dementsprechend ein Substitutionsprozeß, da durch jede Verschiebung des Produktionsstandortes das Verhältnis zwischen den eingesetzten Boden-, Arbeits-, Kapital- und Transportleistungen geändert wird[125]. Für ein Unternehmen ist es daher wichtig zu wissen,

---

[122] Vgl. Rüschenpöhler, H., ebd., S. 32 ff. Meyer-Lindemann, H. U., Typologie der Theorien des Industriestandortes, S. 29 f., und Egner, E., Wirtschaftliche Raumordnung in der industriellen Welt, Bremen-Horn 1950, S. 59 f.

[123] Diese auf persönlichen Präferenzen beruhenden Standortanforderungen werden bei den bekannten empirischen Untersuchungen am gründlichsten von Brede untersucht. Vgl. Brede, H., Bestimmungsfaktoren industrieller Standorte, S. 143 f.

[124] Die Problematik der Preispolitik bei der Standortwahl, insbesondere der Erlösmaximierung, durch Marktsegmentierung wird eingehend untersucht von Koch, E., Die Theorien der Standortbestimmung der industriellen Produktion unter besonderer Berücksichtigung der ortspreisorientierten Bestimmung des Produktionsstandortes, Diss. Frankfurt 1961. Siehe auch v. Böventer, E., Bemerkungen zur optimalen Standortpolitik der Einzelunternehmung, S. 452.

[125] Auf diesem Gedanken baut A. Predöhl seine volkswirtschaftliche Standorttheorie auf. Vgl. Predöhl, A., Das Standortproblem in der Wirtschaftstheorie, in: Wirtschaftliches Archiv, Bd. 21 (1925). Der Gedanke wurde aufgegriffen und weitergeführt von Hoover, E. M., Location of Economic Activity, New York 1948, und Isard, W., Location and Space-Economy, New York und London 1956.

welche Faktorquantitäten und -qualitäten gegenseitig substituiert werden können und welche Grenzen dabei bestehen.

Als Auswahlkriterium für den optimalen Standort dient entsprechend dem Ziel der Gewinnmaximierung, das bei privatwirtschaftlichen Unternehmen als gegeben angenommen wird, die Kapitalrentabilität[126]. Wird als realistisch unterstellt, daß sich die Einflußgrößen bei Variation des Standortes sowohl stetig — z. B. Transportkosten in Abhängigkeit von der Entfernung zu den Bezugs- und Absatzorten — als auch unstetig verändern, so sind die Methoden der Marginalanalyse zur Ermittlung des Gewinn- bzw. Rentabilitätsmaximums nicht anwendbar; es müssen Gewinnvergleiche vorgenommen werden[127].

Diese Rechnungen sind bereits bei wenigen Standorten sehr aufwendig, wenn alle betrieblichen Kostenarten berücksichtigt werden[128]. Wenn auch grundsätzlich alle Bestandteile des Unternehmenserfolges standortabhängig sein können[129], so kann doch angenommen werden, daß im konkreten Einzelfall ein Teil an allen Standorten die gleiche Höhe hat. Für die Entscheidung relevant sind nur die Kostenarten, die Differenzen zwischen den Handlungsalternativen aufweisen — auch, wenn diese Kostenarten nur einen kleinen Teil der Gesamtkosten ausmachen und die Differenzen daher gering sind[130].

Die Menge der notwendigen Informationen wird allerdings nicht wesentlich herabgesetzt, da zunächst mittels einer Sensibilitätsanalyse ermittelt werden muß, welche Einflußgrößen der Rentabilität auf Standortvariationen gar nicht oder nur schwach reagieren[131]. Diese Vorgehensweise gewährleistet allerdings nicht die Auffindung des tatsächlich optimalen Standortes, sondern nur eine sehr weitgehende Annäherung[132].

[126] Zum Verhältnis von Gewinnmaximierung und Rentabilitätsmaximierung vgl. Pack, L., Rationalprinzip und Gewinnmaximierungsprinzip, S. 210. Vgl. auch Rüschenpöhler, H., Der Standort industrieller Unternehmungen als betriebswirtschaftliches Problem, S. 37.

[127] Vgl. Bloech, J., Optimale Industriestandorte, Würzburg - Wien 1970, S. 118 und S. 124.

[128] Wie groß die Zahl der Faktoren sein kann, zeigt der auf empirischen Untersuchungen beruhende Standortfaktorenkatalog von Schilling, der 12 Hauptfaktoren mit 29 Teilfaktoren aufführt, die für eine Standortentscheidung jeweils in den Dimensionen Quantität, Qualität und Preis untersucht werden müssen. (Vgl. Schilling, H., Standortfaktoren für die Industrieansiedlung. Veröffentlichung des Österreichischen Instituts für Raumplanung Nr. 27, Stuttgart - Berlin -- Köln - Mainz 1968, S. 8).

[129] Vgl. Rüschenpöhler, H., Der Standort industrieller Unternehmungen als betriebswirtschaftliches Problem, S. 143.

[130] Vgl. Faller, P., Die entscheidungsrelevante Kostenmasse im Standortkalkül des Unternehmers, in: Raumordnung und Landesplanung, Festschrift für W. Guthsmuths, hrsg. v. G. Stoewer, München 1971, S. 19, und Floyd, J. S., Effects of Taxation on Industrial Location, Chapel Hill 1952, S. 110.

[131] Vgl. Bloech, J., Optimale Industriestandorte, S. 124 ff.

[132] Vgl. Bloech, J., ebd., S. 125.

## 3.4 Die Verhaltensannahmen für eine empirische Analyse unternehmerischer Entscheidungen

### *3.4.1 Die Kritik an den Rationalmodellen*

Bei der Analyse von Entscheidungen ist der beobachtende Wissenschaftler nicht in der Lage, die volle Persönlichkeit des Aktors, d. h. alle in ihm gegebenen Strukturrelationen und alle Beziehungen zwischen den Daten der Umwelt und den Aktionsparametern, zu erfassen; vielmehr wird so vorgegangen, „daß man für eine zu beobachtende Entscheidung ad hoc ein Entscheidungsmodell konstruiert“[133]. Es stellt sich die Frage, welche Verhaltensannahmen einer möglichst realistischen Deskription unternehmerischer Standortentscheidungen am besten dienen. Diese Annahmen müssen sich auf den Inhalt der vier Entscheidungselemente beziehen, wenn eine Verhaltensprognose vorgenommen werden soll[134].

Probleme des Verhaltens bei Entscheidungen bildeten in den letzten Jahren einen der Schwerpunkte der wirtschafts- und sozialwissenschaftlichen Diskussion; die verschiedenen Ansätze divergieren so stark, daß bislang eine allgemein anerkannte Klassifizierung nicht existiert[135]. Eine grundlegende Zweiteilung wurde allerdings durch die Gegenüberstellung von „geschlossenen“ und „offenen“ Modellen des Entscheidungsverhaltens erreicht[136].

Bei den geschlossenen Modellen werden die Entscheidungsprämissen als gegeben und damit als unabhängige Variablen des Erklärungsmodells angenommen. Erklärungsziel ist dementsprechend, wie der Aktor aus der Menge der gegebenen Handlungsalternativen bei verschiedenen Bekanntheitsgraden der Konsequenzen mit Hilfe einer formalen Entscheidungslogik[137] die Alternative auswählt, die seine vorgegebenen Ziele am besten erfüllt. Das bekannteste Beispiel eines geschlossenen Entscheidungsmodells ist das Modell des „homo oeconomicus“, das die Verhaltensannahme für große Teile der Wirtschaftstheorie[138], wie auch der einzelwirtschaftlichen Theorie der Standortwahl[139] bildet.

---

[133] Gäfgen, G., Theorie der wirtschaftlichen Entscheidung, S. 54.

[134] Vgl. March, J. G. und H. A. Simon, Organizations, S. 150.

[135] Vgl. Kirsch, W., Entscheidungsprozesse, Bd. I, S. 25.

[136] Vgl. Alexis, M. und C. Z. Wilson, Organizational Decision Making, Englewood Cliffs, N. J., 1967, S. 148 f. und Heinen, E., Betriebswirtschaftslehre heute — Die Bedeutung der Entscheidungstheorie für Forschung und Praxis, Wiesbaden 1966, S. 8.

[137] Vgl. Kirsch, W., Gewinn und Rentabilität, Wiesbaden 1968, S. 92 f.

[138] Vgl. Gäfgen, G., Theorie der wirtschaftlichen Entscheidung, S. 41 ff. und Bidlingmaier, J., Unternehmerziele und Unternehmerstrategien, S. 32 ff.

[139] Vgl. S. 48 dieser Arbeit.

Dieses Modell und die darauf aufbauenden Weiterentwicklungen lassen sich durch drei Gruppen von Annahmen charakterisieren[140]:

1. In einer bestimmten Entscheidungssituation kennt der Aktor alle möglichen Handlungsalternativen mit ihren Ergebnissen, die nicht beeinflußbaren Daten der Umwelt und deren Entwicklung[141].

2. Das Entscheidungssubjekt kann die Menge der möglichen Ergebnisse in eine eindeutige Präferenzordnung bringen; es kann angeben, welches Ergebnis es vorzieht, oder ob es zwei oder mehreren Ergebnissen gegenüber indifferent ist. Voraussetzung dafür ist die Existenz eines Zielsystems, das den Bedingungen der Konsistenz und der Transitivität genügt[142].

3. Das Entscheidungssubjekt trifft seine Entscheidungen so, daß der Wert seiner Zielfunktion maximiert wird[143]. Bei Entscheidungen unter Sicherheit gibt es einen eindeutigen Wert der Nutzenfunktion für jede der möglichen Alternativen, unter denen diejenige ausgewählt wird, der der höchste Wert zugeordnet wurde. Im Fall der Entscheidungen unter Unsicherheit wird diese Regel problematisch. Es sind daher besondere Entscheidungsregeln entwickelt worden, die es dem Entscheidungssubjekt auch dann erlauben, die Handlungsalternativen in eine Präferenzordnung zu bringen, wenn die Eintrittswahrscheinlichkeit der Ergebnisse[144] — aufgrund entweder objektiver Erkenntnis oder subjektiver Erwartungen — bekannt ist.

Wenn mit diesen Annahmen das Verhalten der Unternehmen bei der Standortwahl tatsächlich beschrieben ist, wenn also die unter ihrer Verwendung gebildeten Verhaltensmodelle einen ausreichenden Realitätsbezug aufweisen[145], werden lediglich Informationen über den Inhalt der Zielfunktion benötigt, um ein Entscheidungsergebnis bei einer bestimmten Datenkonstellation prognostizieren zu können. Wird das Ziel der Gewinnmaximierung unterstellt, sei es als einziges einer unter-

---

[140] Zum folgenden vgl. Kirsch, W., Entscheidungsprozesse, Bd. I, S. 27 ff.

[141] Vgl. Simon, H. A., Administrative Behavior, S. 81.

[142] Vgl. Simon, H. A., Administrative Behavior, S. 63 und Kirsch, W., Entscheidungsprozesse, Bd. I, S. 30.

[143] Vgl. Edwards, W., The Theory of Decision Making, in: A. H. Rubenstein und C. J. Haberstroh (Hrsg.), Some Theories of Organization, Homewood, Ill., 1960, S. 386.

[144] Die bekanntesten dieser Entscheidungsregeln sind die Bayes-Regel, die Minimax-Regel, die Maximax-Regel und das Hurwicz-Kriterium. Vgl. dazu Albach, H., Wirtschaftlichkeitsrechnung bei unsicheren Erwartungen, Köln und Opladen 1959; Heinen, E., Das Zielsystem der Unternehmung, S. 159 ff.; Horváth, P., Betriebliche Entscheidungen als Teile eines Lernprozesses, S. 60 ff., Krelle, W., Unsicherheit und Risiko in der Preisbildung, in: Ott, A. E. (Hrsg.), Preistheorie, Köln, Berlin 1965, S. 390 ff. und Kirsch, W., Entscheidungsprozesse, Bd. I, S. 40 ff.

[145] Vgl. Albert, H., Modell-Platonismus, in: Logik der Sozialwissenschaften, hrsg. v. E. Topitsch, 2. Aufl., Köln, Berlin 1965, S. 409, Fußnote 11.

nehmerischen Zielfunktion, sei es als einziges Unterziel zur Realisierung „außerökonomischer" Oberziele, ist das Verhalten eindeutig ableitbar[146].

Die Kritik[147] an diesen Verhaltensprämissen entzündete sich an dem Umstand, daß sie die in der Realität offensichtlichen kognitiven Beschränkungen der Entscheidungsträger nicht berücksichtigen. Darüber hinaus ist der objektiv-rational handelnde Aktor in der Lage, den Zukunftswert seiner Zielfunktion zu maximieren. Voraussetzung dazu ist, daß es gelingt, die zukünftigen Werte in der Entscheidung vollständig zu antizipieren; das jedoch können Entscheidungsträger, die nicht mit hellseherischen Fähigkeiten ausgestattet sind, nur in höchst unvollkommener Weise erreichen.

Aus dieser Kritik entstanden die offenen Modelle des Entscheidungsverhaltens, in denen die Entscheidungsprämissen als zu erklärende Größen angesehen werden[148]. Dieser Ansatz entspricht der Bedingung, die Simon für die Möglichkeit der Prognose formuliert hat: „Um ... Verhalten vorherzusagen, müssen wir die Art und Weise verstehen, wie das vereinfachte Modell (aus dem das Entscheidungsergebnis abgeleitet wird, Anm. d. Verf.) gebildet wird[149]." Das Verständnis der Entstehung der Entscheidungsprämissen ist Voraussetzung der prognostischen Abschätzung der Wirksamkeit von Instrumenten der Regionalpolitik, so daß Fragestellung und bisherige Ergebnisse der offenen Modelle der Entscheidungstheorie als verhaltenstheoretische Grundlage für die Analyse unternehmerischer Standortentscheidungen besser geeignet sind als die a priori rationales Verhalten unterstellenden Modelle.

Die verhaltenstheoretische Grundlage, auf der die offenen Modelle aufbauen, kommt am deutlichsten in der Kritik zum Ausdruck, die Lindblom an den geschlossenen Modellen übt. Diese sind nach seiner Meinung nicht angepaßt:

„1. an die begrenzten intellektuellen Fähigkeiten der Menschen,
2. an sein begrenztes Wissen,
3. an die Aufwendigkeit der Analyse,
4. an das unausweichliche Scheitern des Versuchs, ein vollständig rational-deduktives System zu konstruieren ...,
5. an die Interdependenz zwischen Tatsache und Wert,
6. an die Offenheit der zu analysierenden Systeme,

---

[146] Vgl. Gäfgen, G., Theorie der wirtschaftlichen Entscheidung, S. 55.

[147] Die verhaltenstheoretische Kritik am ‚homo oeconomicus'-Modell wurde formuliert von Simon, H. A., Administrative Behavior, S. 81.

[148] Vgl. March, J. G. und H. A. Simon, Organizations, S. 139, und Kirsch, W., Entscheidungsprozesse, Bd. I, S. 27.

[149] Simon, H. A., Models of Man, New York, London 1957, S. 199.

7. an das Bedürfnis des Individuums nach Strategien, die seine Analyse und Wertung leiten,
8. an die unterschiedliche Art und Weise, wie Entscheidungsprobleme tatsächlich entstehen[150]."

Eine Folge der Berücksichtigung dieser Beschränkungen der Rationalität ist eine Veränderung der Anwendung des Begriffs Rationalität selbst[151]. Zunächst wurde von Rationalität nur gesprochen, wenn das handelnde Subjekt vorgegebene Werte maximiert (substantielle Rationalität). Diesem Begriff steht die formale Rationalität gegenüber, von der gesprochen wird, wenn eine Entscheidung sich in den Phasen Zielbildung, Informationsbeschaffung, Bewertung der Alternativen und Entschlußfassung in einem als richtig angesehenen formalen Ablauf vollzieht. Auf inhaltliche Kriterien wird dagegen bei der Abgrenzung von objektiver und subjektiver Rationalität Bezug genommen. Während ursprünglich Handlungen nur dann als rational bezeichnet wurden, die auf Informationen beruhten, die den tatsächlichen Gegebenheiten entsprechen (objektive Rationalität), wird heute bereits dann von Rationalität gesprochen, wenn die Handlungen mit der dem Aktor eigenen subjektiven Entscheidungslogik[152] aus den von ihm wahrgenommenen Informationen hergeleitet sind (subjektive Rationalität)[153].

### *3.4.2 Das „innere Modell" der Entscheidungsträger*

Die zweite für uns erhebliche Konsequenz der Kritik an den Verhaltensprämissen der geschlossenen Entscheidungsmodelle ist die Auffassung von der Bedeutung, die das innere Modell als die Gesamtheit der den Entscheidungsträgern verfügbaren faktischen und von ihnen akzeptierten wertenden Entscheidungsprämissen für die Ableitung des Entscheidungsergebnisses besitzt. Es wird angenommen, daß es nicht die objektive Realität, sondern die subjektive Sicht des Entscheidungsträgers widerspiegelt[154]; es steht somit als intervenierende Variable

---

[150] Vgl. Braybrooke, D. und C. E. Lindblom, A Strategy of Decision, Glencoe 1963, S. 113, zitiert nach Kirsch, W., Entscheidungsprozesse, Bd. I, S. 65.

[151] Zum folgenden vgl. Kirsch, W., Entscheidungsprozesse, Bd. I, S. 63 und Simon, H. A., Administrative Behavior, S. 76. An beiden Stellen werden Verwendungen des Begriffs Rationalität aufgeführt, die hier zum Teil unerheblich sind und daher unberücksichtigt bleiben.

[152] Zu der damit verbundenen Erweiterung des Begriffs der Entscheidungslogik vgl. Kirsch, W., Entscheidungsprozesse, Bd. I, S. 26 und die dort angegebene Literatur, insbesondere Fußnote 7. Kirsch weist an dieser Stelle darauf hin, daß die Entscheidungslogik der geschlossenen Modelle eine imperativische oder deontische Logik war, während der Begriff jetzt im Sinne einer subjektiven Psycho-Logik des Individuums interpretiert wird.

[153] Zur Unterscheidung von subjektiver und objektiver Rationalität vgl. March, J. G. und H. A. Simon, Organizations, S. 138.

[154] Vgl. March, J. G. und H. A. Simon, Organizations, S. 139. Sie verwenden an dieser Stelle den Begriff „Definition der Situation".

zwischen dem die Entscheidungssituation auslösenden Reiz, den Daten der Umwelt und dem sichtbaren Verhalten[155]. Diese Konzeption der deskriptiven Entscheidungstheorie entspricht dem Grundschema der psychologischen Verhaltensanalyse, die von der Annahme ausgeht, daß ein Stimulus zwar den Anlaß für Verhalten gibt, das Verhalten selbst aber nicht allein determiniert[156].

Der Terminus Modell, wie er hier verwendet wird, hat einen von der im Bereich der Wirtschaftswissenschaften üblichen Bedeutung abweichenden Inhalt[157]. Bei dem inneren Modell der Entscheidungsträger handelt es sich nicht — wie dort — um den Versuch, die Realität ausschnittsweise, aber mit allen für das Erkenntnisziel erforderlichen Strukturrelationen auf einem höheren Abstraktionsniveau abzubilden[158], sondern vielmehr um ein äußerst unvollständiges, von Zufällen geprägtes Bild, das der Entscheidungsträger in den einzelnen Phasen des Entscheidungsprozesses bis zum Auswahlakt gewinnt[159]. Entstehung und Inhalt des inneren Modells werden von Simon in der folgenden Weise beschrieben: „Das menschliche Wesen, das sich um Rationalität bemüht und auf die Grenzen seines Wissens beschränkt ist, hat einige Arbeitsweisen entwickelt, die diese Schwierigkeiten (den seine kognitive Kapazität übersteigenden Informationsbedarf und die seine intellektuellen Fähigkeiten überfordernde Komplexität vieler Entscheidungsprobleme, Anm. d. Verf.) teilweise überwinden. Diese bestehen in der Vermutung, daß er ein geschlossenes System, das nur eine begrenzte Zahl von Variablen und eine begrenzte Zahl von Konsequenzen enthält, isoliert von dem Rest der Welt betrachten kann[160].“ „Er ist zufrieden mit dieser groben Vereinfachung, da er annimmt, daß die tatsächliche Welt weitgehend leer ist, daß die meisten Fakten der Realität keine große Bedeutung für eine spezielle Situation haben, der er sich gegenübersieht, und daß die meisten bedeutenden Ursache-Wirkungs-Ketten kurz und einfach sind. Darüber hinaus ist er zufrieden, solche Aspekte der Realität unbeachtet zu lassen — und das bedeutet die meisten Aspek-

[155] Vgl. Kirsch, W., Entscheidungsprozesse, Bd. I, S. 76.

[156] Vgl. Katona, G., Das Verhalten der Verbraucher und Unternehmer, S. 37. Zu dem psychologischen und philosophischen Problem dieser Auffassung, die nicht unbestritten ist, vgl. Hofstätter, R., Psychologie, Frankfurt a. Main 1957, S. 329 ff.

[157] Vgl. v. Beckerath, E., N. Kloten und H. Kuhn, Wirtschaftswissenschaft: Methodenlehre, in: HdSW, Bd. 12, Stuttgart, Tübingen, Göttingen 1965, S. 309, Spinner, H. F., Modelle und Experimente, in: HWO, hrsg. v. E. Grochla, Stuttgart 1969, Sp. 1000 ff. und Forrester, J. W., Grundsätze einer Systemtheorie, S. 73.

[158] Die Abbildung wird dann üblicherweise mit der ceteris-paribus-Klausel gegen realitätsbezogene Prämissenkritik abgesichert. Vgl. Albert, H., Modell-Platonismus, S. 409 ff.

[159] Vgl. March, J. G. und H. A. Simon, Organizations, S. 178.

[160] Simon, H. A., Administrative Behavior, S. 82.

te — die zu einem gegebenen Zeitpunkt substantiell unbedeutend sind[161]." Die verwandten Selektionsstrategien bei der Gewinnung der Entscheidungsprämissen sind weitgehend subjektiv begründet in den Personen, die die Entscheidungsprobleme analysieren. Der Ausschluß von Informationen, der nicht immer bewußt geschieht, wird von Faktoren wie Normenvorstellungen, Tabus und Stereotypen, vermeintlich sicherem Wissen oder dem Gefühl der Inkompetenz für die Lösung bestimmter Fragen beeinflußt, so daß dieser Selektionsprozeß kaum erfaßbar und kontrollierbar wird[162].

Eine Zusammenstellung von Techniken zur Vereinfachung von Entscheidungsproblemen, deren Komplexität in nahezu jedem Fall die Kapazität der Entscheidungsträger übertrifft[163], hat Gäfgen[164] vorgenommen. Die Grenze des technologischen und wertmäßigen Wirkungsbereiches einer Entscheidung nennt er den Horizont der Entscheidung und unterscheidet dann:

— den Wert-Horizont, jenseits dessen die weiteren Konsequenzen für die Bewertung irrelevant werden,

— den Wertkonstanz-Horizont, die Zeit, innerhalb derer das Wertsystem konstant ist,

— den (objektiven) technologischen Horizont, jenseits dessen eine Alternative keine Konsequenzen mehr hat,

— den Informations-Horizont (subjektiver technologischer Horizont), jenseits dessen über weitere Konsequenzen keine Information vorhanden ist.

Der Entscheidungshorizont weist Lücken auf, wenn nicht alle möglichen Alternativen betrachtet werden, und Verengungen, wenn nicht alle entfernten Konsequenzen der Alternativen untersucht werden[165]. Schließlich können komplexe Entscheidungen zeitlich oder sachlich durch die Bildung von Entscheidungssequenzen oder -hierarchien zerlegt werden[166].

### 3.4.3 Die Suche nach zufriedenstellenden Lösungen

Die Auffassung über Struktur und Inhalt der wertenden Entscheidungsprämissen, die den offenen Modellen zugrundeliegt, hat sich gegenüber der in die geschlossenen Modelle eingegangenen ebenfalls

---

[161] Simon, H. A., ebd., S. XXVI.

[162] Vgl. Bendixen, P. und H. W. Kemmler, Planung, Organisation und Methode innovativer Entscheidungsprozesse, Berlin, New York 1972, S. 34.

[163] Vgl. Bendixen, P. und H. W. Kemmler, ebd., S. 33 und Gäfgen, G., Theorie der wirtschaftlichen Entscheidung, S. 199 ff.

[164] Gäfgen, G., ebd., S. 201.

[165] Vgl. Gäfgen, G., ebd., S. 207.

[166] Vgl. Gäfgen, G., ebd., S. 209.

erheblich geändert. Es wird nicht mehr angenommen, daß das Zielsystem der Aktoren eine integrierte, in sich völlig geschlossene Hierarchie von über- und untergeordneten Zielen darstellt; vielmehr wird anerkannt, daß das Zielsystem „ein verwirrendes Netz, oder genauer eine unverbundene Sammlung von Elementen, die nur schwach und unvollständig miteinander verknüpft sind“[167], darstellt; je höher die Ebene der Zielhierarchie ist, desto schwächer wird die Integration der einzelnen Elemente[168]. Als Folge ist die Verbindung zwischen dem Verhalten — und zwar sowohl von Individuen als auch von Organisationen — und den letzten Zielen oft undeutlich; diese selbst sind oft unvollständig formuliert, es gibt Konflikte zwischen den Zielen untereinander und zwischen diesen und den Mitteln, die zu ihrer Realisierung eingesetzt werden[169].

Schließlich wird die Vorstellung, die Entscheidungsmaxime sei die Maximierung des Wertes der Zielfunktion, was im übrigen bei ihrer gerade beschriebenen Struktur nicht mehr möglich ist, einer Korrektur unterzogen. Der Aktor der Realität sucht danach eine Lösung, die ihn zufriedenstellt, die „gut genug ist“[170], die seinem Anspruchsniveau genügt. Dieses wiederum ist keine unveränderliche Größe, sondern wird im Laufe des Entscheidungsprozesses als Folge von Lern- und Informationsprozessen verändert[171]. Der Entscheidungsträger kann dann so vorgehen, daß er zunächst einige der theoretisch möglichen Handlungsalternativen prüft und den Entscheidungsprozeß abbricht, sobald sich eine — gemessen an seinen Kriterien — als zufriedenstellend erweist[172]. Der große Fortschritt dieser Anspruchsanpassungstheorie liegt darin, daß mit ihrer Hilfe ein — gemessen an dem in den geschlossenen Modellen postulierten Informationsaufwand — vorzeitiger Abbruch des Suchprozesses erklärt werden kann. Für den Entscheider liegt der Vorteil der oben beschriebenen Strategie der Entscheidungsfindung darin, daß er seine Entscheidungen mittels relativ einfacher Regeln, die an seine Kapazität keine unmögliche Anforderungen stellen, treffen kann[173].

---

[167] Simon, H. A., Administrative Behavior, S. 63.

[168] Vgl. Simon, H. A., ebd.

[169] Vgl. Simon, H. A., ebd., S. 64.

[170] Vgl. Simon, H. A., ebd., S. XXV.

[171] Vgl. Kirsch, W., Entscheidungsprozesse, Bd. I, S. 107 ff.

[172] Vgl. Simon, H. A., ebd., S. 180 und Gäfgen, G., Theorie der wirtschaftlichen Entscheidung, S. 207.

[173] Vgl. Simon, H. A., Administrative Behavior, S. XXVI.

# 4. Die Technik einer regionalpolitischen Beeinflussung unternehmerischer Standortentscheidungen

## 4.1 Das Instrumentarium zur Förderung der Industrieansiedlung

### *4.1.1 Die instrumentellen Möglichkeiten*

Ein wirtschaftspolitisches Instrument im Sinne dieser Arbeit ist ein Aktionsparameter des Staates, durch den bestimmte Größen in der Absicht geändert werden, wirtschaftliche Wirkungen hervorzurufen[1]. Unter einer Maßnahme wird die Anwendung eines Instrumentes zu einem bestimmten Zeitpunkt, um einem oder mehreren Zielen näherzukommen, verstanden[2]. Ein Instrument bzw. eine Maßnahme wird der regionalen Wirtschaftsförderung dann zugerechnet, wenn die bei wirtschaftspolitischen Eingriffen unvermeidlichen räumlichen Wirkungen gewollt sind[3].

Die meisten wirtschaftspolitischen Instrumente sind von den Trägern der Wirtschaftspolitik von Fall zu Fall entwickelt worden. Einer systematischen Erfassung und Wirkungsanalyse stehen daher Schwierigkeiten im Wege[4, 5].

Angesichts der großen Zahl von Einteilungen ist Küng zuzustimmen, daß „keine einzelne dieser Gliederungen wird beanspruchen können, die

---

[1] Vgl. Kirschen, E. S. u. a., Instrumente der praktischen Wirtschaftspolitik und ihre Träger, in: Grundlagen der Wirtschaftspolitik, hrsg. v. G. Gäfgen, Köln - Berlin 1966, S. 274. Der Begriff „Mittel" der Wirtschaftspolitik wird synonym verwendet.

[2] Vgl. Kirschen, E. S. u. a., ebd. S. 276.

[3] Vgl. Müller, J. H. unter der Mitarbeit von B. Dietrichs und J. Klaus, Grenzen der Raumpolitik im Rahmen einer Marktwirtschaft, S. 147. Zimmermann spricht in diesem Zusammenhang von regionalpolitisch gezielten und ungezielten öffentlichen Zahlungen, vgl. Zimmermann, H., Öffentliche Ausgaben und regionale Wirtschaftsentwicklung, S. 78.

[4] Vgl. Tuchtfeldt, E., Das Instrumentarium der Wirtschaftspolitik, Ein Beitrag zu seiner Systematik, in: Grundlagen der Wirtschaftspolitik, hrsg. v. G. Gäfgen, Köln - Berlin 1966, S. 261.

[5] Vorschläge zur Systematisierung des wirtschaftspolitischen Instrumentariums finden sich außer in den oben zitierten Arbeiten von E. Tuchtfeldt und E. S. Kirschen an folgenden Stellen: Schiller, K., Wirtschaftspolitik, S. 212 ff, Seraphim, H. J., Theorie der allgemeinen Volkswirtschaftspolitik, S. 298, Pütz, Th., Theorie der Allgemeinen Wirtschaftspolitik und Wirtschaftslenkung, S. 235 ff., Tinbergen, J., On the Theory of Economic Policy, 2. Aufl., Amsterdam 1955, S. 2 f., Gäfgen, G., Allgemeine Wirtschaftspolitik, S. 157 ff.

allein richtige und fruchtbare zu sein"[6]. Die Systematik für eine Bestandsaufnahme der vorhandenen Instrumente kann daher vom Untersuchungszweck bestimmt werden.

Eine erste Klärung bringen die Einteilungen der Instrumente nach dem Umfang der zu beeinflussenden Erscheinungen in globale und partielle Eingriffe (Makro-Mikropolitik)[7] und nach dem Ansatzpunkt des Eingriffs in Ordnungs- und Ablaufspolitik[8]. Die regionale Wirtschaftsförderung ist in diesem Schema als Mikro-Ablaufspolitik zu bezeichnen, da sie das Ergebnis der sich auf dem Markt bildenden Standortverteilung der Industrie beeinflussen will. Um den Bereich der Möglichkeiten regionalpolitischer Eingriffe zu erfassen, ist es nützlich, von den Rollen auszugehen, innerhalb derer der Staat seine Ziele verfolgen kann. Je nachdem, ob er als Fiskus, als Geldschöpfer oder als Hoheitsträger mit der Befugnis zur Zwangsausübung handelt, ergeben sich die folgenden Hauptgruppen von Instrumenten[9]:

1. Finanzpolitik
2. Geld-, Kredit- und Währungspolitik
3. Direkte Kontrollen
4. Institutionelle Änderungen.

Die Instrumente der zweiten Gruppe fallen für die Regionalpolitik aus, da sie global für den gesamten Raum einer Volkswirtschaft angewendet werden; allerdings wird teilweise die Forderung vertreten, die Konjunkturpolitik und damit auch die zur Konjunktursteuerung verwendeten Instrumente zu „regionalisieren". Die verbleibenden Mittel können auch in finanzielle einerseits und gesetzliche und administrative andererseits unterteilt werden[10]. Weiterhin lassen sich die Instrumente nach der Intensität und der Unmittelbarkeit gruppieren, mit der der Eingriff in die Entscheidung der Unternehmen erfolgt. In bezug auf das erste Kriterium, den Grad und die Stärke der Bindung der privaten Wirtschaftssubjekte durch eine Maßnahme unterscheidet Pütz führende und zwingende Eingriffe[11], während Schiller eine Dreiteilung in Markt-

[6] Küng, E., Interventionismus, in: HdSW, Bd. 5, Stuttgart - Tübingen - Göttingen 1956, S. 325.

[7] Vgl. Gäfgen, G., Allgemeine Wirtschaftspolitik, S. 158.

[8] Tuchtfeldt, E., Das Instrumentarium der Wirtschaftspolitik, S. 264.

[9] Vgl. Gäfgen, G., Allgemeine Wirtschaftspolitik, S. 158. Eine ähnliche Systematik, die infolge der Trennung von Geld- und Währungspolitik fünf Gruppen enthält, verwendet Kirschen, E. S., Instrumente der praktischen Wirtschaftspolitik und ihre Träger, S. 274.

[10] Vgl. Schmölders, G., Finanzpolitik, S. 233 und Hansmeyer, K.-H., Finanzielle Staatshilfen für die Landwirtschaft. Zur Theorie einer sektoralen Finanzpolitik, Tübingen 1963, S. 8.

[11] Vgl. Pütz, Th., Theorie der allgemeinen Wirtschaftspolitik und Wirtschaftslenkung, S. 235 ff.

beeinflussung, -intervention und -regulierung vornimmt[12]. Wichtiger ist hier das zweite Kriterium, das als „die Unterschiedlichkeit der Beziehungsnähe des anzuwendenden Mittels zu den zu beeinflussenden Wirtschaftssubjekten“[13] bezeichnet werden kann, nach dem sich die Mittel der Wirtschaftspolitik in direkte und indirekte einteilen lassen[14]. Direkte Instrumente sind „an die Adresse des Betriebs- oder Haushaltsleiters gerichtet“[15], bei indirekten dagegen werden „die wirtschaftlichen Umweltverhältnisse der Einzelwirtschaftler beeinflußt, mit der Absicht, den Einzelwirtschaftler zu bestimmten Reaktionen zu reizen“[16].

Unter Berücksichtigung der beiden Merkmale Rolle des Staates und Unmittelbarkeit des Eingriffs läßt sich folgender — sicherlich nicht vollständiger — Katalog von Instrumenten zur Beeinflussung der unternehmerischen Standortwahl aufstellen[17]:

1. Finanzpolitik

    1.1 Einnahmen

        1.11 Direkte Instrumente

        Ermäßigung und Erlaß von Steuern
        — auf den Gewinn
        — auf Produktionsfaktoren
        — auf den Umsatz
        — im Privatbereich des Unternehmers
          (z. B. Erbschafts-, Vermögenssteuer)

        Stundung von Steuern

        Zeitliche Verschiebung des Eintretens steuerpflichtiger Tatbestände (z. B. Sonderabschreibungen)

        Ermäßigung, Stundung und Erlaß öffentlicher Gebühren und Beiträge

        Teilweiser oder vollständiger Verzicht auf Zinszahlungen für öffentliche Kredite an Unternehmen.

---

[12] Vgl. Schiller, K., Wirtschaftspolitik, S. 213.

[13] Seraphim, H.-J., Theorie der allgemeinen Volkswirtschaftspolitik, S. 307.

[14] Vgl. Pütz, Th., ebd., S. 238.
Zimmermann spricht von mittelbaren und unmittelbaren Maßnahmen, vgl. Zimmermann, H., Öffentliche Ausgaben und regionale Wirtschaftsentwicklung, S. 78.

[15] Pütz, Th., ebd.

[16] Pütz, Th., ebd.

[17] Dieser Katalog ist eine Weiterentwicklung der Übersicht von Kirschen u. a., in der für die wirtschaftspolitischen Ziele „Protektionismus und Priorität bestimmter Wirtschaftszweige oder -gebiete“ eine Zahl von 28 Instrumenten, darunter 3 bedeutende aufgeführt werden.
Vgl. Kirschen, E. S. u. a., Instrumente der praktischen Wirtschaftspolitik und ihre Träger, in: Grundlagen der Wirtschaftspolitik, hrsg. v. G. Gäfgen, Köln - Berlin 1966, zwischen S. 304 und S. 305.
Eine anders gegliederte Zusammenstellung regionalpolitischer Instrumente findet sich bei Funck, R., Instrumente der Regionalpolitik, in: Beiträge zur Regionalpolitik, hrsg. v. H. K. Schneider, Schriften des Vereins für Socialpolitik, N.F. Bd. 41, Berlin 1968, S. 124 f.

1.12 Indirekte Instrumente
regional begrenzte Steuervergünstigungen für private Haushalte zur Verbesserung ihrer Kaufkraft

1.2 Ausgaben

1.21 Direkte Instrumente
Transferzahlungen an Unternehmen
— Investitionsprämien
— Investitionszulagen
— Zinssubventionen
— Transportkostensubventionen
— Subventionen des Energieverbrauchs
Subvention des Grundstückspreises
Käufe von Gütern und Dienstleistungen

1.22 Indirekte Instrumente
Öffentliche Investitionen
in: Verkehrswege
Ausbildungsstätten
Ausbildung und Weiterbildung
Kulturelle Einrichtungen
Versorgungseinrichtungen
Subventionen der Energieerzeugung und -versorgung
Transfers an private Haushalte
Erschließung von Industriegelände

1.3 Staatsvermögen

1.31 Direkte Instrumente
Bereitstellung von Krediten
Verbilligte oder kostenlose Überlassung von Grundstücken und Gebäuden
Übernahme von Eventualverbindlichkeiten (Bürgschaften)

1.32 Indirekte Instrumente
Aufbau oder Schließung staatlicher Komplementär- bzw. Konkurrenzbetriebe
Ausbau von Bundesbahn und Bundespost

2. Direkte Kontrollen
Bauvorschriften
Landschaftsschutzvorschriften
Ansiedlungsverbote
Umweltschutzvorschriften

3. Institutionelle Änderungen

3.1 Direkte Instrumente
Einrichtung von Informations- und Beratungsinstitutionen

3.2 Indirekte Instrumente
a) Änderung der Marktverfassung der Faktormärkte
Bodenmarkt
Arbeitsmarkt
b) Standortverlagerung öffentlicher Behörden
c) Änderung der Kompetenzverteilung im föderativen Staatsaufbau.

Gemessen an der Zahl der Instrumente liegt der Schwerpunkt bei der Finanzpolitik und hier bei den direkten Instrumenten, die als Subventionen mit Empfangsauflagen zu typisieren sind, da eine bestimmte Verhaltensweise — Ansiedlung an einem regionalpolitisch erwünschten Standort — Vorbedingung für den Empfang ist[18]. Welche der aufgeführten Instrumente in einer konkreten Situation am besten geeignet sind, die regionalpolitischen Ziele zu erreichen, läßt sich anhand dieses Kataloges nicht entscheiden[19]. Die Frage der technischen Ausgestaltung wirtschaftspolitischer Maßnahmen hat in der Literatur lange Zeit nur eine untergeordnete Rolle gespielt. Da der Erfolg der Wirtschaftspolitik letzten Endes von dem Einsatz richtiger und zweckmäßig konstruierter Mittel abhängt, ist der Auffassung von Töpfer zuzustimmen, daß der Nebel der Ungewißheit über dem Feld der Handlungsalternativen durch systematische Suche, untermauert von empirisch gehaltvollen Hypothesen, gelichtet werden muß[20].

### *4.1.2 Regionalpolitisch bedeutsame Wirkungsarten der Instrumente*

Art und Mechanismus der Wirkungen, die regionalpolitische Instrumente auf das zu beeinflussende Verhalten ausüben, werden in der Literatur stiefmütterlich behandelt[21], obwohl ihr Erfolg letzten Endes von einer treffsicheren Wirkungsprognose abhängt[22]. Zunächst ist zu klären, welche für die Regionalpolitik bedeutsame Arten von Wirkungen auftreten können.

Es ist sinnvoll, zu diesem Zweck das Phasenschema zu verwenden, das Schmölders für die Analyse der Steuerwirkungen entwickelt hat[23, 24].

---

[18] Vgl. Hansmeyer, K.-H., Subventionen als wirtschaftspolitisches Instrument, in: Subventionen in der Bundesrepublik Deutschland, hrsg. v. K.-H. Hansmeyer, Finanzwissenschaftliche Forschungsarbeiten, N.F. H. 25, Berlin 1963, S. 14.

[19] Kirschen u. a. geben als Kriterium für die von ihnen als „bedeutend" bezeichneten Instrumente (vgl. Fußnote 17, S. 62) lediglich Übereinstimmung zwischen den Verfassern des Artikels an. Vgl. Kirschen E. S. u. a., Instrumente der praktischen Wirtschaftspolitik und ihre Träger, S. 304.

[20] Töpfer, K., Regionalpolitik und Standortentscheidungen, S. 71 f.

[21] Vgl. Töpfer, K., Regionalpolitik und Standortentscheidung, S. 73; Storbeck, D., Regionale Wirtschaftspolitik, Sp. 2627.

[22] Vgl. Padtberg, U., Regionale Wirtschaftspolitik durch Subventionen?, S. 168 und Seraphim H.-J., Theorie der Allgemeinen Volkswirtschaftspolitik, S. 309.

[23] Schmölders, G., Allgemeine Steuerlehre, 4. Aufl., Berlin 1965, S. 99 ff. und Schmölders, G., Finanzpolitik, S. 363 ff.

[24] Die Wirkungsarten werden von Kloten in mittelbare und unmittelbare unterteilt. Als Kriterium dient das Vorhandensein bzw. Fehlen kausaler Zwischenglieder zwischen der staatlichen Maßnahme und der Wirkung (Kloten bezieht sich allerdings lediglich auf Steuersatzdifferenzierungen). Vgl. Kloten, N., Standortwirkungen kommunaler Besteuerungsformen, in: Kommunale

Gemessen an dem Freiheitsgrad, den das Wirtschaftssubjekt zur Variation seines Verhaltens besitzt, unterscheidet er:

— die Informations- oder Wahrnehmungsphase, in der die sogenannten Signalwirkungen auftreten, wenn durch Konfrontation mit der Tatsache der Besteuerung Ausweichreaktionen ausgelöst werden; der Steuerpflichtige versucht, den besteuerten Tatbestand ganz oder teilweise zu vermeiden.

— die Zahlungsphase, die eintritt, wenn der steuerpflichtige Tatbestand erfüllt ist. Es entstehen Markt- und Preiswirkungen, wenn der Besteuerte versucht, die Steuerlast durch geändertes Marktverhalten zu überwälzen.

— die Inzidenzphase, in der die Einkommenswirkungen auftreten. Der Besteuerte muß die Steuerlast tragen; er kann entweder die Einkommensschmälerung hinnehmen oder versuchen, die Steuer einzuholen.

Dieselben Wirkungsarten lassen sich bei Maßnahmen zur Industrieansiedlung unterscheiden; allerdings treten sie mit umgekehrtem Vorzeichen auf, da durch die Maßnahmen nicht — wie bei der Besteuerung — eine Schlechterstellung, sondern eine Besserstellung der Unternehmen bewirkt wird. Ein weiterer grundsätzlicher Unterschied besteht darin, daß Steuern Zwangscharakter haben, während die Inanspruchnahme der meisten Instrumente der Regionalpolitik freiwillig geschieht.

Die Markt- und Preiswirkungen entscheiden darüber, ob die öffentlichen Hilfen — soweit sie den Unternehmen einen geldlichen oder geldwerten Vorteil bieten, also Subventionen darstellen[25] — über höhere Löhne zu einer Einkommensverbesserung, über niedrigere Preise zu einer Verbesserung der „Exportchancen“ oder zu einer erhöhten Nachfrage auf den Faktorenmärkten der Region beitragen. Die Unternehmen werden allerdings anstreben, solche Überwälzungsvorgänge nicht eintreten zu lassen, sondern die „Last“ der Subvention selbst zu tragen. Wie weit diese Absicht zum Erfolg führt, hängt — ähnlich wie bei den Steuern — von einer Reihe von Faktoren ab[26]. Deren wichtigster ist aus der Sicht der Regionalpolitik die Differenz der standortabhängigen Kosten, um die Betriebe in den Fördergebieten schlechter gestellt sind als in anderen Regionen. Von der Höhe der Einkommenswirkungen in der Inzidenzphase schließlich hängt die Persistenzerwartung neuange-

Finanzen und Finanzausgleich, hrsg. v. H. Timm und H. Jecht, Schriften des Vereins für Socialpolitik, N.F. Bd. 32, Berlin 1964, S. 135.

Padtberg unterteilt in Primärwirkungen (= Eintrittseffekt der staatlichen Maßnahme) und Sekundärwirkungen (= Reaktionseffekt des zu beeinflussenden Systems); vgl. Padtberg, U., Regionale Wirtschaftspolitik durch Subventionen?, S. 60.

25 Vgl. Schmölders, G., Finanzpolitik, S. 232.

26 Vgl. Schmölders, G., Finanzpolitik, S. 366 f. und Schmölders, G., Allgemeine Steuerlehre, S. 130 ff.

siedelter Betriebe ab. Reichen sie nicht aus, um die Standortnachteile in den Fördergebieten auszugleichen, werden die Betriebe früher oder später wieder vom Markt verdrängt werden.

Das Ausmaß der Veränderung der regionalpolitischen Zielgrößen wird entscheidend von der Stärke der Markt- und Preis- sowie der Einkommenswirkungen bestimmt. Für deren Eintreten ist das Auftreten von Signalwirkungen in den meisten Fällen Voraussetzung. Dies gilt nur dann nicht, wenn eine regionalpolitische Maßnahme, beispielsweise eine Infrastrukturinvestition oder eine regional begrenzte Steuersenkung, auch Unternehmen begünstigt, die bereits in der geförderten Region ansässig sind, oder wenn ein Betriebsstandort in einem Fördergebiet gewählt wird, ohne daß die Entscheidungsträger von der Existenz regionalpolitischer Maßnahmen wissen, sie aber beim Aufbau des Betriebes in Anspruch nehmen. Aus dem Gesagten geht hervor, daß die Regionalpolitik die weitergehenden Wirkungen ihrer Maßnahmen keinesfalls aus den Augen verlieren kann[27].

Die regionalpolitisch gewollten Prozesse des Wachstums und der Änderung der Industriestruktur in den Problemgebieten können in ausreichender Stärke jedoch nur eintreten, wenn es gelingt, Betriebe zur Neuansiedlung in diesen Regionen zu bewegen. Daher ist es eine — wenn nicht sogar die wichtigste — Aufgabe regionalpolitischer Maßnahmen, einen entsprechenden Anreiz zu bieten und so (verhaltensändernde) Signalwirkungen bei der Standortwahl der Betriebe auszulösen[28]. Im Gegensatz zur Besteuerung, wo Signalwirkungen den fiskalischen Zweck mehr oder weniger vereiteln können[29], ist es geradezu die Absicht der Regionalpolitik, sie hervorzurufen.

Voraussetzung für ihr Eintreten ist die „Merklichkeit“[30] der Maßnahme im Standortkalkül. Mit diesem Begriff sind zwei Funktionen bezeichnet, die den regionalpolitischen Maßnahmen zukommen[31]. Einmal

---

[27] Vgl. Kümin, G. K., Öffentliche Ausgaben und Standort privater Unternehmen, Diss. Zürich 1966, S. 94.

[28] Vgl. Mehrländer, H., Verbesserung der regionalen Wirtschaftsstruktur. Gesetz über die Gemeinschaftsaufgabe vom 6. Oktober 1969, in: Handbuch der regionalen Wirtschaftsförderung, hrsg. v. H. H. Eberstein, Köln 1971, 2. Lieferung 1972, AV, S. 12 und Isenberg, G., Maßnahmen und Diagnoseprobleme der Raumordnung, S. 17. Kloten spricht von Entscheidungseffekten, die „der Niederschlag steuerpolitisch bedingter Reaktionen privater Wirtschaftseinheiten“ sind. Kloten, N., Steuerpolitik als regionale Strukturpolitik, in: Archiv für Kommunalwissenschaften, 3. Jg., Bd. 39, Stuttgart, Köln und Opladen 1964, S. 46.

[29] Vgl. Schmölders, G., Finanzpolitik, S. 363, und Schmölders, G., Allgemeine Steuerlehre, S. 104.

[30] Hansmeyer, K.-H., Subventionen als wirtschaftspolitisches Instrument, S. 24.

[31] Vgl. Padtberg, U., Regionale Wirtschaftspolitik durch Subventionen?, S. 30 .f

handelt es sich darum, die regionalpolitisch gewünschten Standorte besserzustellen, so daß sie von den Unternehmen anderen möglichen Standorten präferiert werden; dieser Effekt läßt sich als der quantitativ-kalkulierbare bezeichnen. Die zweite Wirkung ist dann gegeben, wenn die Unternehmen durch die Tatsache der Förderung bestimmter Gebiete auf diese als mögliche Standorte aufmerksam gemacht werden und sie infolgedessen unter den Kreis der möglichen Handlungsalternativen aufnehmen; dieser Effekt der Informationsvermittlung kann auch bei Unternehmen eintreten, für die die regionalpolitischen Maßnahmen keinen Vorteil bieten.

Die Merklichkeit einer Maßnahme ist auch dann gegeben, wenn ein Unternehmen die regionalpolitisch beeinflußte Größe in seinen Kalkül einbezieht, ohne sich der Maßnahme selbst bewußt zu werden. Dieser Fall kann bei indirekten Eingriffen vorliegen — z. B. einer Subvention der Energiepreise —, bei denen Empfänger und Destinatar eines öffentlichen Transfers nicht übereinstimmen[32].

Es sind drei Faktoren, die die Merklichkeit einer Maßnahme beeinflussen:

— die relative Höhe,

— die technische Ausgestaltung,

— die Dauer und der Rhythmus des Eingriffsprozesses[33].

Diese Fragen der quantitativen und der qualitativen Bemessung der Maßnahmen, die sich dem Wirtschaftspolitiker bei der Lösung seines Kernproblems, der Auswahl der vergleichsweise am besten geeigneten Mittel zur Verwirklichung seiner Ziele[34] stellen, sind nur zu beantworten, wenn bekannt ist, welches Verhalten von den zu beeinflussenden Wirtschaftssubjekten zu erwarten ist.

## 4.2 Die Wirkungen der regionalpolitischen Instrumente auf die unternehmerische Standortentscheidung

### *4.2.1 Ansatzpunkte der Verhaltensbeeinflussung*

Es wurde gezeigt, daß regionalpolitische Maßnahmen nur dann Signalwirkungen bei der Standortwahl von Unternehmen hervorrufen können, wenn diese das Ergebnis einer echten Entscheidung und nicht habituellen Verhaltens ist[35]. Nach der Darstellung der Entscheidungssituation

[32] Vgl. Hansmeyer, K.-H., ebd., S. 25 f.

[33] Vgl. Hansmeyer, K.-H., Subventionen als wirtschaftspolitisches Instrument, S. 24.

[34] Vgl. Pütz, Th., Die wirtschaftspolitische Konzeption, S. 9.

[35] Vgl. S. 36.

der Unternehmen bei der Wahl von Betriebsstandorten läßt sich diese Bedingung weiter eingrenzen:

Eine wirtschaftspolitische Maßnahme muß mindestens eine der Prämissen verändern, aus denen das das Verhalten bestimmende Ergebnis der Entscheidung abgeleitet wird.

Die Regionalpolitik kann das Verhalten der Unternehmen daher beeinflussen durch[36]:

— Veränderung von Zahl und Art der Handlungsalternativen,
— Veränderung der Ergebnisse der Handlungsalternativen,
— Einwirkung auf die Ziele der Entscheidungsträger,
— Einwirkung auf die Entscheidungsmaxime.

Die Regionalpolitik kann gleichzeitig an mehreren dieser Elemente ansetzen und wird es in der Regel tun, da zur Erreichung ihrer Ziele nicht einzelne Maßnahmen isoliert, sondern Bündel von Maßnahmen eingesetzt werden[37].

Eine systematische Wirkungsanalyse muß aufzeigen, wie eines oder mehrere Entscheidungselemente so beeinflußt werden können, daß die Standortwahl der Unternehmen gemessen an den Zielen der Regionalpolitik „richtig" wird.

### *4.2.2 Veränderung von Zahl und Art der Handlungsalternativen*

Die Bedeutung des Entscheidungselementes „Zahl und Art der Handlungsalternativen" für eine Regionalpolitik, die die Standortwahl von Unternehmen beeinflussen will, liegt auf der Hand: Ein Ort, der in keiner Phase des Entscheidungsprozesses als möglicher Standort angesehen wird, kann nicht als Betriebsstandort gewählt werden.

Für die Regionalpolitik kommt es allerdings weniger darauf an, die Zahl der im Entscheidungsprozeß betrachteten Standortalternativen zu

[36] Zum folgenden vgl. Abschnitt 3.2.1. Vgl. auch Töpfer, K., Regionalpolitik und Standortentscheidung, S. 80 ff. Auch Töpfer baut seine Gliederung auf der Struktur von Entscheidungen auf. Da er die Elemente „Zahl und Art der Handlungsalternativen" und „Ergebnisse der Handlungsalternativen" zusammengefaßt als „Umwelt und ihre Entwicklung" bezeichnet, führt er drei mögliche Ansatzpunkte und die Kombinationen dieser Ansatzpunkte, insgesamt also sieben Felder des regionalpolitischen Aktionsraumes auf.

Vgl. auch Giersch, H., Allgemeine Wirtschaftspolitik, S. 313 ff. Er zählt dagegen vier Ansatzpunkte für eine Verhaltensbeeinflussung auf: Veränderung der Lage durch Manipulation von Marktdaten oder von institutionellen Rahmenbedingungen, Veränderung des Bewußtseins durch Aufklärung über die Lage oder über die Zukunft und Beeinflussung der Zielvorstellungen.

[37] Vgl. Landesregierung Nordrhein-Westfalen, Nordrhein-Westfalen-Programm 1975, S. 86 und BMWI (Hrsg.), Regionale Aktionsprogramme 1970, Bonn o. J., S. 37 ff.

ändern; sie muß vielmehr darauf hinwirken, daß ihre Art geändert wird, indem Fördergebiete in den „Standortsuchraum“[38] aufgenommen werden. Um dies zu erreichen, müssen zunächst die Standortbedingungen der Orte, an denen eine Ansiedlung neuer Betriebe angestrebt wird, so beschaffen sein, daß die Aufnahme einer industriellen Produktion möglich ist (Standortangebot). Bei den Industriegruppen, die für die Entwicklung zurückgebliebener oder strukturschwacher Regionen in Betracht kommen[39], bestehen die technisch nicht substituierbaren, örtlich gebundenen Produktionsfaktoren im wesentlichen in der Notwendigkeit, über ein Grundstück zu verfügen und Arbeitskräfte anzuwerben. Der Engpaß liegt vor allem auf dem Grundstücksmarkt; durch rechtliche Maßnahmen und Bereitstellung von Grundstücken aus öffentlichem Eigentum kann das Angebot erhöht werden[40].

Darüber hinaus muß ein Ort mit einem Mindestmaß an Infrastruktureinrichtungen, z. B. Verkehrswegen, Nachrichtenverbindungen, Ver- und Entsorgungseinrichtungen, ausgestattet sein, damit er nicht von vornherein als Industriestandort disqualifiziert ist[41]. Die zur Herstellung dieser Bedingungen geeigneten Instrumente sind öffentliche Investitionen[42]. Eine genaue Abgrenzung gegenüber Maßnahmen, die die Ergebnisse der Handlungsalternativen verändern sollen, fällt schwer; sie werden deshalb mit diesen gemeinsam behandelt.

Unter den Prämissen der betriebswirtschaftlichen Standorttheorien reichen diese Instrumente zur Erhöhung des Angebotes an möglichen Industriestandorten aus; dort wird nämlich implizit unterstellt, der wirtschaftlich optimale Standort werde unter Berücksichtigung aller technisch möglichen ausgewählt. Die Untersuchung der Entscheidungssituation der Unternehmen bei der Standortwahl zeigte jedoch, daß die Nachfrage nach möglichen Standortalternativen nicht nur von ökonomischen Faktoren bestimmt wird. Eine Begrenzung bildet das Informationsproblem. Jede zusätzliche Standortalternative verursacht erhöhten Informationsaufwand, der sich in Kosten und Zeit ausdrückt, und beansprucht zusätzliche Informationsverarbeitungskapazität. Besonders bei

---

[38] Schneider, H. K., Plankoordinierung in der Regionalpolitik, in: Rationale Wirtschaftspolitik und Planung in der Wirtschaft von heute, hrsg. v. E. Schneider, Schriften des Vereins für Socialpolitik, N.F. Bd. 45, Berlin 1967, S. 263.

[39] Siehe Abschnitt 2.2.

[40] Als Beispiele seien folgende Regelungen aufgeführt: §§ 33 ff. des Gesetzes zur Anpassung und Gesundung des deutschen Steinkohlenbergbaus und der deutschen Steinkohlenbergbaugebiete vom 15. Mai 1968 (BGBl. I, S. 365) und das Gesetz über die verbilligte Veräußerung, Vermietung und Verpachtung von bundeseigenen Grundstücken vom 16. Juli 1971 (BGBl. I, S. 1005).

[41] Zur Grundlagen-Funktion der Infrastruktur vgl. Jochimsen, R., Theorie der Infrastruktur, Grundlagen der marktwirtschaftlichen Entwicklung, Tübingen 1966, S. 105.

[42] Vgl. Funck, R., Instrumente der Regionalpolitik, S. 118 f.

kleineren und mittleren Unternehmen ist das aus diesen Größen resultierende Informationsoptimum schnell erreicht[43]. Diese Barriere können öffentliche Stellen durch Vermittlung von Informationen über konkrete Ansiedlungsmöglichkeiten überwinden und so durch die qualitative und quantitative Veränderung des Informationspotentials den Kreis der geprüften Standortalternativen in einem regionalpolitisch erwünschten Sinn ändern, ohne daß Standortbedingungen verändert werden müssen[44, 45].

Eine weitere Begrenzung des Standortsuchraumes kann sich aus Faktoren ergeben, die unter dem Begriff „regionale Mobilität der Entscheidungsträger" zusammengefaßt werden können. Dazu gehören sowohl emotionale und soziale Bindungen an den bisherigen Standort[46] als auch die mit wachsender Entfernung vom bisherigen Standort zunehmende Unsicherheit, die aus einem in bezug auf entferntere Standorte niedrigeren Informationsniveau entsteht.

Diese Faktoren haben naturgemäß ein größeres Gewicht, wenn — wie bei der Gründung neuer und Verlagerung ganzer Unternehmen — die Entscheidungsträger von der Standortwahl selbst betroffen sind, als wenn über den Standort eines Zweigbetriebes entschieden wird und Konsequenzen für den Wohnort der Entscheidungsträger nicht entstehen. Zur Herabsetzung der Unsicherheit sind Informationen geeignet. Die zur Überwindung der sonstigen Faktoren, die die regionale Mobilität der Entscheidungsträger begrenzen, geeigneten Instrumente haben enge Verwandtschaft mit den Instrumenten zur Beeinflussung des Entscheidungselementes „Ziele der Entscheidungsträger"; sie werden deshalb dort behandelt.

[43] Vgl. Töpfer, K., Regionalpolitik und Standortentscheidung, S. 85.

[44] Vgl. Düren, A., Struktur- und Standortveränderung der gewerblichen Wirtschaft in ihrer regionalen Problematik, in: Regionalplanung, Beiträge und Untersuchungen, Institut für Siedlungs- und Wohnungswesen an der Universität Münster, Bd. 63, hrsg. v. H. K. Schneider, Köln 1966, S. 91.

[45] Diese Erkenntnis hat dazu geführt, daß Länder und Kommunen Wirtschaftsförderungseinrichtungen geschaffen haben, deren Hauptaufgabe in der Information standortsuchender Unternehmen liegt.

Vgl. Foerster, A. I., Dienstleistungsinstrument für Strukturverbesserung. Aufgabe und Arbeitsweise der Gesellschaft für Wirtschaftsförderung mbH. Düsseldorf, in: Strukturverbesserung in Nordrhein-Westfalen, hrsg. v. W. Golz und H. Lange, Essen 1971, S. 3 f. und Stahl, L., Kommunale Wirtschaftsförderung. Praxis und rechtliche Problematik, Köln und Berlin 1970, S. 28.

[46] Jeder Entscheidungsträger hat vor der Entscheidung über den neuen Betriebsstandort einen persönlichen Standort. Es ist anzunehmen, daß diese Standorte hauptsächlich in wachstumsstarken Regionen liegen, da hier die Impulse für Betriebsneugründungen entstehen.

### *4.2.3 Veränderung der Ergebnisse der Handlungsalternativen*

Die Aufnahme der regionalpolitisch geförderten Orte unter die möglichen Handlungsalternativen ist zwar notwendige Bedingung für die Ansiedlung neuer Betriebe; sie kann auch ausreichen. In vielen Fällen jedoch sind die Bedingungen für die Aufnahme einer industriellen Produktion so, daß diese Orte den Vergleich mit anderen nicht bestehen und daher nicht gewählt werden. Die Ursachen der Standortnachteile können quantitativ oder qualitativ in ungenügendem Ausmaß verfügbare reale Produktionsfaktoren, die Entfernung zu Beschaffungs- und Absatzmärkten und schließlich das Fehlen externer Ersparnisse sein.

Ist eine solche Situation gegeben, muß die Regionalpolitik mit der Absicht intervenieren, die Standortbedingungen in den geförderten Regionen zu verbessern. Sie kann dabei die im Vergleich zu anderen Standorten nicht vorhandenen Standortbedingungen verbessern. Wir sprechen in diesem Fall von ergänzender Wirkung der Instrumente der Regionalpolitik. Sie kann an den geförderten Orten auch neue, an vergleichbaren Orten nicht gegebene Bedingungen schaffen, durch die die Nachteile anderer Bedingungen ausgeglichen werden sollen. Bei diesem Vorgehen sprechen wir von kompensierender Wirkung der Instrumente.

Unter den Annahmen der betriebswirtschaftlichen Theorie sind beide Vorgehensweisen gleichwertig: Es genügt, wenn Standortbedingungen geschaffen werden, die für die Unternehmen eine Erhöhung der Rentabilität bedeuten. Dazu sind Instrumente geeignet, die

1. den Gewinn erhöhen,
2. die Belastung des Gewinns herabsetzen oder
3. den Kapitaleinsatz senken.

*Zu 1:* Ansatzpunkte können grundsätzlich alle betrieblichen Kostenarten sein, und zwar können die Quantitäten und Qualitäten der vorhandenen Standortbedingungen verbessert oder die Bezugspreise je Einheit des Produktionsfaktors gesenkt werden. Die geeigneten Instrumente sind entweder laufende Transfers, z. B. Energie- oder Transportkostensubventionen, oder einmalige öffentliche Investitionen, durch die vom Unternehmen in Anspruch genommene öffentliche Leistungen billiger werden. (Beispiel: Ausbau des Ver- und Entsorgungsnetzes, der Verkehrswege.) Schließlich kann die Ausbildung der Arbeitskräfte verbessert werden, so daß die Effizienz der Produktion gesteigert wird. Das gemeinsame Kennzeichen der aufgeführten Instrumente besteht in ihrer ergänzenden Wirkung.

Die besten Ansatzpunkte für kompensierende Instrumente zur Senkung des betrieblichen Kostenniveaus bilden der Nominalfaktor Finanzierung (Zinssubventionen) und die Kostensteuern, deren regional-politisches Gewicht auch daher rührt, daß einige, die Gewerbekapital-, die Lohnsummen- und die Grundsteuer, Aktionsparameter der Kommunen darstellen.

Die Beeinflussung der Gewinnhöhe kann auch an der Ertragsseite der Unternehmen ansetzen. Instrumente sind die bevorzugte Auftragsvergabe in Fördergebiete oder die Senkung von Steuern und Erhöhung von Transfers bei Privaten. Die dadurch bewirkte Stärkung der Kaufkraft bedeutet für die Unternehmen eine Verbesserung des Absatzpotentials.

*Zu 2:* Grundsätzlich kompensierend wirkt eine Entlastung bei den Gewinnabgaben (Einkommen- und Körperschaftsteuer, Gewerbeertragsteuer), die in den Formen des endgültigen Verzichts oder der zeitlichen Verschiebung der Zahlungspflicht geschehen kann[47]. Die zweite Form bedeutet für ein Unternehmen zwar keine endgültige Herabsetzung der Steuerschuld; es tritt jedoch ein Zinsgewinn und eine Verbesserung der Liquidität ein. Instrumenten dieser Art liegt die Annahme zugrunde, daß sich die Unternehmen an der Netto-Rentabilität nach Steuern orientieren.

*Zu 3:* Der Kapitaleinsatz sinkt, je höher die Vorleistungen sind, die beim Betriebsaufbau von außen erbracht werden. Der Regionalpolitik stehen hier eine Reihe von Instrumenten zur Verfügung: Subventionierung der Grundstückspreise bzw. verbilligte Überlassung von Grundstücken, Übernahme der Grundstückserschließung, Ausbau der zum Grundstück führenden Verkehrswege, Erstellung und pachtweise Überlassung fertiger Betriebsgebäude (Industrieparks) etc.

Relativ jung sind Instrumente, die den Investitionsaufwand neuerrichteter Betriebe vermindern[48]. Die Instrumente dieser Gruppe können sowohl ergänzend als auch kompensierend eingesetzt werden.

---

[47] Vgl. BMWF (Hrsg.), Gutachten der Steuerreformkommission 1971, Schriftenreihe des Bundesministeriums der Finanzen Heft 17, Bonn 1971, S. 35, Tz. 68. Dort wird darauf hingewiesen, daß „durch Steuerbegünstigungen für bestimmte Regionen ... Wettbewerbsnachteile oder besondere Risiken, die sich aus einem Standort ... ergeben, gemildert oder ausgeglichen werden (sollen)".

[48] Öffentliche Hilfen zur Herabsetzung des Investitionsaufwandes werden in zwei Formen gewährt:

— Investitionsprämie gem. § 32 des Gesetzes zur Anpassung und Gesundung des deutschen Steinkohlenbergbaus und der deutschen Steinkohlenbergbaugebiete vom 18. Mai 1968 (BGBl. I, S. 365). Die Investitionsprämie in Höhe von 10 % der Anschaffungs- und Herstellungskosten von Wirtschaftsgütern des Anlagevermögens wird von der Einkommen- oder Körperschaftsteuerschuld des relevanten Zeitraumes abgezogen. Wenn eine solche Steuerschuld nicht entsteht, kann auch keine Investitionsprämie erlangt werden.

— Investitionszulagen gem. § 1 des Gesetzes über die Gewährung von Investitionszulagen im Zonenrandgebiet und in anderen förderungsbedürftigen Gebieten sowie für Forschungs- und Entwicklungsinvestitionen (Investitionszulagengesetz vom 18. August 1969 — BGBl. I, S. 1211) und gem. § 19 des Gesetzes

Die Annahme, die Unternehmen leiteten die Kriterien zur Beurteilung der Handlungsalternativen lediglich aus dem Rentabilitätsziel ab, ist nicht sehr realitätsnah[49]; wahrscheinlich ist dieses Ziel nur eine — wenn auch wichtige — Dimension eines komplexen und in sich keineswegs widerspruchsfreien Zielsystems[50]. Im Extremfall läßt sich sogar der Fall denken, daß die Entscheidungsträger einen Konflikt etwa zwischen dem Rentabilitätsstreben und Anforderungen an den persönlichen Wohnort durch Teilung der Aktionsparameter lösen. Mit der Standortwahl würden dann ausschließlich persönliche, außerökonomische Ziele verfolgt, während die Gestaltung der Teilbereiche Finanzierung, Beschaffung, Produktion und Absatz den ökonomischen Zielen unterworfen sind. Ein solches Verhalten wird um so eher möglich, je weniger die Existenz eines Unternehmens von der Wahl des richtigen Standortes abhängt[51]. Ein relativ großer Freiheitsraum bei der Standortwahl aber ist Merkmal der „footloose industries", die die Zielgruppe der Regionalpolitik darstellen[52].

Die Regionalpolitik muß daher die Bedingungen an den geförderten Orten so ändern, daß deren Stellung auch verbessert wird, wenn sie an Kriterien gemessen werden, die aus anderen als dem Rentabilitätsziel abgeleitet werden. Teilweise wirken die aufgeführten Instrumente bereits in dieser Weise. Die Verminderung des Investitionsaufwandes durch Investitionszulagen berührt außer der Rentabilität auch das Ziel der Unabhängigkeit und der Sicherheit, da — unter der Annahme konstanter Höhe des Eigenkapitals — die Höhe des benötigten Fremdkapitals sinkt; dadurch wiederum verringern sich Abhängigkeit von Kapitalgebern und unternehmerisches Risiko[53]. In gleicher Weise wirkt das Angebot staatlicher Kredite und Kreditbürgschaften, das die gerade für kleine und mittlere Unternehmen bestehende Finanzierungsklemme[54] beseitigt.

Werden auf Seiten der Unternehmen zur Beurteilung der Handlungsalternativen auch Kriterien verwendet, die aus außerökonomischen Zielen abgeleitet werden, so kann die Regionalpolitik auch hier eingreifen. Anforderungen an den Wohnort können Maßnahmen erfordern, die den Wohnwert der geförderten Orte erhöhen.

---

zur Förderung der Berliner Wirtschaft in der Fassung vom 29. Oktober 1970 (BGBl. I, S. 1482). Investitionszulagen werden, sofern die Vorausetzungen gegeben sind, von den Finanzämtern ausgezahlt. Für sie gilt also nicht die Einschränkung, daß gleichzeitig Gewinne erzielt werden müssen.

[49] Vgl. Bidlingmaier, J., Unternehmerziele und Unternehmerstrategien S. 35.

[50] Vgl. Abschnitt 3.2.5.

[51] Vgl. Lösch, A., Die räumliche Ordnung der Wirtschaft, S. 184.

[52] Vgl. S. 23.

[53] Vgl. Albach, H., Investition und Liquidität, Wiesbaden 1962, S. 145 und Schwantag, K., Eigenkapital als Risikoträger, in: ZfhF, N.F. 15. Jg., (1963), S. 218 ff.

[54] Vgl. Lipfert, H., Optimale Unternehmensfinanzierung, Frankfurt/Main 1967, S. 68.

Eine Wirkung aller Maßnahmen zur Beeinflussung des Entscheidungselementes „Ergebnis der Handlungsalternativen“ kann naturgemäß nur dann eintreten, wenn die standortsuchenden Unternehmen das geänderte Datum der Umwelt wahrnehmen und in ihrem Auswahlkalkül berücksichtigen; daher muß jede Maßnahme mit Publizität ausgestattet werden[55].

### 4.2.4 *Einwirkung auf Ziele und Entscheidungsmaxime*

Eine weitere Bedingung für die Wirksamkeit regionalpolitischer Maßnahmen besteht — wie gezeigt wurde — darin, daß sie den Kriterien entsprechen, die die Unternehmen bei der Beurteilung der Standortalternativen anlegen. Die notwendige Affinität zwischen dem Zielsystem, aus dem die Bewertungskriterien hergeleitet werden, und den Maßnahmen kann durch bloße Anpassung hergestellt werden, wenn das Zielsystem als konstant angesehen wird. Die Psychologie hat jedoch gezeigt, daß auch dieses Entscheidungselement veränderlich und von außen gezielt beeinflußbar ist[56]. Die Wirksamkeit entsprechender Strategien zur Beeinflussung anderer Gruppen von Wirtschaftssubjekten, der Konsumenten, konnte nachgewiesen werden[57].

Das Zielsystem kann sowohl in Richtung auf Verstärkung als auch auf Zurückdrängen seiner ökonomischen Komponenten beeinflußt werden. Beide Wirkungsrichtungen können sinnvoll sein, je nachdem, ob Orte gefördert werden sollen, die ökonomisch vorteilhafte Standorte darstellen, aufgrund der Bewertungs- und Kalkulationsmethoden der Unternehmen jedoch nicht akzeptiert werden, oder ob Orte gefördert werden sollen, deren Stärken eher im außerökonomischen Bereich liegen.

Geeignete Instrumente wurden bisher weniger für den Bereich der Regionalpolitik als vielmehr für die Konjunkturpolitik diskutiert und eingesetzt. Gemeint ist die unter dem Begriff „moral suasion“ bekanntgewordene Konzeption des „gütlichen Zuredens“ und des Appells an die Einsicht der Wirtschaftssubjekte, die zu einer freiwilligen Änderung der bestehenden Motivationsstruktur führen soll[58]. Voraussetzung für den Erfolg dieses Instrumentes ist die Existenz eines „psychologischen Resonanzbodens“ und ausreichender Kommunikation[59].

---

[55] Vgl. Katona, G., Das Verhalten der Verbraucher und Unternehmer, S. 372.

[56] Vgl. Töpfer, K., Regionalpolitik und Standortentscheidung, S. 122.

[57] Vgl. Packard, V., The Hidden Persuaders, New York 1957.

[58] Vgl. Schmölders, G., Die Konjunkturpolitik der „Moral Suasion“, in: Wirtschaftsfragen der freien Welt, Festschrift für L. Erhard, Frankfurt a. M. 1957, S. 282 ff.

[59] Vgl. Schmölders, G., Willensbildung und wirtschaftspolitische Führung in der Marktwirtschaft, II. Teil: Die Überwindung von Widerständen der Wirtschaftssubjekte, in: Probleme der Willensbildung und der wirtschaftspolitischen Führung, hrsg. v. H.-J. Seraphim, Schriften des Vereins für Socialpolitik, N.F. Bd. 19, Berlin 1959, S. 117.

Besonderes Gewicht haben in diesem Zusammenhang die Instrumente der Information und der Beratung, die die Möglichkeit bieten, die Entscheidungsträger auf Normen und Verhaltensweisen, die allgemein einsichtig sind — etwa Orientierung der Standortwahl ausschließlich an den Kosten — festzulegen. Die Beratung muß sowohl das Wertsystem als auch die Entscheidungsmaxime betreffen[60].

### *4.2.5 Das Wirkungsschema der regionalpolitischen Instrumente*

Eine Zusammenfassung[61] der Wirkungen der regionalpolitischen Instrumente auf die Elemente der Entscheidung gibt einen deutlichen Einblick in die Konzeption der Regionalpolitik. Das „Fach" des „Instrumentenschrankes"[62], das die Beeinflussung der Ergebnisse der Handlungsalternativen zum Inhalt hat, ist weitaus am stärksten besetzt. Hier sind es vor allem finanzielle Instrumente, die kompensierend die Rentabilität der standortsuchenden Unternehmen verbessern sollen, teilweise aber auch andere ökonomische Ziele ansprechen.

Die Mittel, die nicht oder ungenügend vorhandene Standortbedingungen ergänzend verbessern, haben mit zwei Ausnahmen keine große Bedeutung erlangt.

Das erste sind Transportkostensubventionen bzw. die Eisenbahntarifpolitik, da es lange Zeit als unbestritten galt, daß der Faktor Transportkosten entscheidenden Einfluß auf die Standortverteilung der Industrie habe[63].

Das zweite, das besonders in den letzten Jahren immer wichtiger geworden ist, sind Infrastrukturinvestitionen. Dieses Instrument, das eine Spanne öffentlicher Aktivitäten auf heterogenen Gebieten wie Verkehr, Erziehung, Energie etc.[64] umfaßt, hat von allen finanzpolitischen Instrumenten die größte Wirkungsbreite, da es nicht nur auf alle zur Bewertung von Standortalternativen möglichen Kriterien wirkt, sondern auch die Voraussetzungen der Industrieansiedlung verbessert. Über diese Erhöhung des Standortangebotes wirkt es auf das Entscheidungselement „Zahl und Art der Handlungsalternativen".

---

[60] Vgl. Gäfgen, G., Theorie der wirtschaftlichen Entscheidung, S. 86 ff.

[61] Siehe S. 76.

[62] Töpfer, K., Regionalpolitik und Standortenscheidung, S. 82.

[63] Vgl. Scheele, E., Tarifpolitik und Standortstruktur, Forschungen aus dem Institut für Verkehrswissenschaft an der Universität Münster, Bd. 13, Göttingen 1959, S. 51.

[64] Vgl. dazu die Abgrenzung des Begriffs Infrastruktur durch Jochimsen, R., Theorie der Infrastruktur, S. 103; und ähnlich durch Frey, B., eine politische Theorie des wirtschaftlichen Wachstums, in: Kyklos, Internationale Zeitschrift für Sozialwissenschaften, Vol. XXI (1968), S. 77.

**Wirkungen der Instrumente der Regionalpolitik auf die Entscheidungselemente**[a)]

| Ansatzpunkt / Wirkung auf: | Zahl und Art der Handlungsalternativen | | Ergebnis der Handlungsalternativen | | | | Ziele und Entscheidungsmaxime |
|---|---|---|---|---|---|---|---|
| | Standort-angebot | Standort-nachfrage | Rentabilität ergänzend | Rentabilität kompensier. | andere ökonomisch. Ziele | außer-ökonomisch. Ziele | |
| Ermäßigung und Erlaß von Steuern | | | | x | x | | |
| Stundung von Steuern | | | | x | x | | |
| Verzicht auf Zinseinnahmen | | | x | x | | | |
| Steuervergünstigungen und Transfers für private Haushalte | | | x | | | | |
| Investitionsprämie, -zulage | | | | x | x | | |
| Subventionen auf den Bezug von Produktionsfaktoren, Transportkostensubvention | | | | x | | | |
| Käufe von Gütern und Dienstleistungen | | | x | | | | |
| Subvention des Grundstückspreises | | | | x | | | |
| Preispolitik öffentlicher Unternehmen | | | x | x | | | |
| Infrastrukturinvestitionen | x | | x | | x | x | |
| Qualitätsverbesserung der Produktionsfaktoren | | | x | | | | |
| Bereitstellung von Krediten / Übernahme von Bürgschaften | | | | x | x | | |
| Überlassung von Grundstücken | x | | x | | | | |
| Direkte Kontrollen | x | | | | | | |
| Information, Beratung | | x | x | x | x | x | x |
| Marktverfassung der Faktormärkte | x | | x | | x | x | |

a) Vgl. S. 62 ff. Gleichartige Instrumente des dort aufgeführten aus führlichen Kataloges wurden aus Gründen der Übersichtlichkeit zusammengefaßt.

Eine noch größere Wirkungsbreite besitzen die Instrumente der Informationspolitik und der Beratung. Sie wirken auf alle drei Entscheidungselemente, als einzige also auch auf das Element „Ziele und Entscheidungsmaxime". Wenn Informationen entsprechend ausgewählt und dargestellt werden, kann ihre Bedeutung eher in einem mit dem Angebot an „objektiven" Daten und „wissenschaftlicher Argumentation verbundenen Appell an Gefühlswerte"[65] und damit in einer unmerklichen Manipulation des Zielsystems liegen als in einer Erhöhung des Informationsniveaus. Es läßt sich also feststellen, „daß die informierenden Interventionen als das geeignete Instrument der Regionalpolitik im Rahmen einer marktwirtschaftlichen Grundordnung angesehen"[66] werden.

Information über die Maßnahmen ist unverzichtbarer Teil jeder Regionalpolitik. Allerdings erfordert nicht jede Maßnahme eine aktive Informationspolitik; vielmehr tragen manche Maßnahmen ihren Informationswert in sich und üben auf diesem Weg Sekundärwirkungen auf andere als die angegebenen Entscheidungselemente aus. Der Informationswert einer Maßnahme kann sogar wichtiger sein als ihre quantitativ-kalkulierbare Wirkung.

## 4.3 Erste Beurteilung der Instrumente der Regionalpolitik

### *4.3.1 System- und Zielkonformität*

Im Anschluß an die Analyse der Wirkungen der regionalpolitischen Instrumente im unternehmerischen Entscheidungsprozeß kann in einer ersten Beurteilung geprüft werden, ob sie den Anforderungen der Ziel- und Systemkonformität und der Effizienz[67] genügen.

Als grundlegendes Merkmal systemkonformer Maßnahmen ist die Forderung genannt worden, den einzelnen Wirtschaftssubjekten, in unserem Fall den standortsuchenden Unternehmen, bei ihren Entscheidungen einen möglichst großen Freiheitsraum zu belassen[68]. Die Instrumente, die an dem Element „Zahl und Art der Handlungsalternativen" ansetzen, vergrößeren diesen Entscheidungsraum; sie wirken also systemfördernd.

Diese Aussage läßt sich so generell für die Instrumente mit Wirkung auf das Entscheidungselement „Ergebnisse der Handlungsalternativen" nicht machen. Zwar wird auch hier der Entscheidungsraum der Unter-

[65] Vgl. Schmölders, G., Willensbildung und wirtschaftspolitische Führung in der Marktwirtschaft, S. 111.

[66] Töpfer, K., Regionalpolitik und Standortentscheidung, S. 96.

[67] Vgl. dazu Abschnitt 2.3.2.

[68] Vgl. Röpke, W., Die Gesellschaftskrisis der Gegenwart, S. 259, und Pütz, Th., Theorie der Allgemeinen Wirtschaftspolitik und Wirtschaftslenkung, S. 235.

nehmen formal nicht eingeengt[69]. Von dem Ausmaß der Ergebnisverbesserung hängt es ab, ob die Unternehmen es sich tatsächlich leisten können, andere als die regionalpolitisch geförderten Standorte zu wählen. Die Systemkonformität dieser Maßnahmen ist nicht nur an ihren Wirkungen auf die einzelwirtschaftliche Autonomie zu beurteilen, sondern auch daran, ob sie die Lenkungsfunktion des Marktes beeinträchtigen[70]. Als Anhaltspunkt für die Auslösung von Fehlallokationen durch wirtschaftspolitische Maßnahmen dient die tatsächliche Dauer des Eingriffs[71].

Die Gefahr, staatliche Eingriffe über einen längeren Zeitraum nach sich zu ziehen, entsteht bei kompensierenden Maßnahmen, die an Symptomen der Standortungunst ansetzen, aber nicht deren Ursachen beseitigen, wenn diese Maßnahmen nicht Entwicklungen auslösen, die die Standortgunst langfristig bessern. Eine solche Verbesserung tritt ein, wenn erreicht wird, daß an einem Ort mehrere Betriebe errichtet werden und so für den einzelnen Betrieb externe Ersparnisse oder andere Agglomerationsvorteile entstehen[72]. Diese symptomorientierten Instrumente, zu denen die Steuerpolitik, Zinssubventionen und Investitionsprämien ebenso gehören wie die Subventionierung des Bezuges von Produktionsfaktoren, sind daher nur zu rechtfertigen, wenn sie subsidiär zu den Instrumenten mit ergänzender Wirkung eingesetzt werden[73]. Bei dieser zweiten Gruppe von Instrumenten, die an den Ursachen dafür ansetzen, daß Orte oder Regionen von Unternehmen ungünstig beurteilt werden, ist die Wahrscheinlichkeit geringer, daß sie die Notwendigkeit langandauernder Staatseingriffe begründen.

An der Grenze der Aufhebung der Autonomie der Unternehmen liegen staatliche Maßnahmen, durch die eine Veränderung des Entscheidungselementes „Zielsystem“ erreicht werden soll. Sie richten sich nämlich auf den innersten Gehalt der Autonomie, die unbeeinflußte Festlegung von Zielen und Werten.

Eine generelle Beurteilung derartiger Maßnahmen ist allerdings nicht möglich, da die Skala der Möglichkeiten vom „gütlichen Zureden“ der „moral suasion“ bis zur Ausübung stärksten Druckes oder raffinierten, dem Zielobjekt unbewußt bleibenden Techniken der Manipulation reichen kann[74].

[69] Vgl. Dörpmund, H., Die Mittel der Industriestandortlenkung und die Grenzen ihrer Anwendbarkeit, S. 104.

[70] Vgl. Müller, J. H., unter Mitarbeit von B. Dietrichs und J. Klaus, Grenzen der Raumpolitik im Rahmen einer Marktwirtschaft, S. 172.

[71] Vgl. Müller, J. H. unter Mitarbeit von B. Dietrichs und J. Klaus, ebd., S. 178.

[72] Vgl. v. Böventer, E., Allgemeine Wirtschaftstheorie und Räumliche Wirtschaftsbeziehungen, in: Zeitschrift für die gesamte Staatswissenschaft, Bd. 121 (1965), S. 642 f.

[73] Vgl. dazu die Erörterung der Steuerpolitik als regionalpolitisches Instrument bei Kloten, N., Steuerpolitik als regionale Strukturpolitik, S. 55.

[74] Vgl. dazu Kirsch, W., Entscheidungsprozesse, Bd. III, S. 217 ff.

Systeminkonform sind direkte Kontrollen, die dem einzelnen Unternehmen keinen Entscheidungsraum belassen. In der Regionalpolitik der Bundesrepublik werden sie in der Form von Ansiedlungsgeboten nicht angewandt; relevant sind lediglich Ansiedlungsverbote, die den Zielen des Umweltschutzes oder des Naturschutzes dienen. Sie kommen jedoch nicht so häufig vor, daß das Standortangebot wesentlich verringert wird.

Als Ergebnis der Untersuchung der Systemkonformität der regionalpolitischen Instrumente zeigt sich, daß neben der reinen Information und Beratung den Maßnahmen mit ergänzender Wirkung der Vorzug zu geben ist. Das Wirkungsschema[75] läßt ebenfalls erkennen, daß alle Instrumente geeignet sind, die Standortwahl von Unternehmen entsprechend den Zielen der Regionalpolitik zu beeinflussen; die Zielkonformität ist also gegeben.

### *4.3.2 Bedingungen für die Wirksamkeit der Instrumente*

Für den zur Beachtung des ökonomischen Prinzips verpflichteten Regionalpolitiker entscheidend ist die Frage, über welchen Wirkungsgrad die als geeignet erkannten Instrumente verfügen. Die Effizienz eines Instrumentes — definiert als das Verhältnis zwischen Mitteleinsatz und Erfolg — steigt bei konstantem Mitteleinsatz mit der Zahl der Unternehmen, bei denen Signalwirkungen eintreten[76]. Die Voraussetzungen für das Eintreten von Signalwirkungen lassen sich in folgender Weise formulieren:

1. Die Wahl des Standortes für neue Produktionsanlagen wird als Entscheidungsproblem betrachtet.
2. Mindestens ein regionalpolitisch geförderter Ort ist ein möglicher Standort.
3. Mindestens ein regionalpolitisch geförderter Ort wird im Entscheidungsprozeß als möglicher Standort betrachtet.
4. Die von der Regionalpolitik geschaffenen oder beeinflußten Standortbedingungen werden unter die Entscheidungsprämissen aufgenommen.
5. Bei der Auswahl wird ein regionalpolitisch geförderter Ort akzeptiert; sei es, daß er im Vergleich einem nicht geförderten vorgezogen

[75] Siehe S. 76.

[76] Als Zielgröße der Regionalpolitik dient oft die Zahl der neu zu schaffenden Arbeitsplätze (vgl. BMWF (Hrsg.), Durch 460 000 neue Arbeitsplätze mehr Wohlstand für unsere Fördergebiete, S. 3); dabei soll gleichzeitig „eine größere Vielseitigkeit der regionalen Arbeitsmärkte erreicht" werden (Raumordnungsbericht 1972 der Bundesregierung, S. 95). Dies und die Forderung, eine Industriestruktur zu schaffen, deren Konjunktur- und Branchenrisiken möglichst gering sind, bedeuten, daß die neuen Arbeitsplätze sich auf viele, also auch kleine und mittlere, und nicht nur wenige große Unternehmen, verteilen sollen.

wird, sei es, daß er bei der Festlegung des Verhaltens der einzige zur Diskussion stehende Standort ist.

Bedingung 2 bezieht sich auf die objektiv erforderlichen Mindestvoraussetzungen für die Aufnahme industrieller Produktion. Sie stellen einen Aktionsparameter der Regionalpolitik zur Verbesserung des Standortangebotes dar. Die im konkreten Fall notwendigen Maßnahmen lassen sich durch betriebswirtschaftliche Überlegungen, deren Grundlage Standortfaktorenkataloge bilden[77], ermitteln. Wird die erste Bedingung als Datum angesehen[78], so läßt sich aus den Bedingungen 3 und 4 ableiten, daß die Effizienz einer Maßnahmen mit der Wahrscheinlichkeit steigt, daß durch die Maßnahme die Prämissen des unternehmerischen Entscheidungsprozesses geändert werden.

Daraus entstehen zwei Fragen:

1. Wie ist die räumliche Dimension des der Entscheidung zugrundeliegenden inneren Modells der Entscheidungsträger determiniert?
2. Von welchen Faktoren hängt es ab, ob durch eine Maßnahme die faktischen Entscheidungsprämissen berührt werden?

Aus der für den Eintritt für Signalwirkungen ebenfalls notwendigen Bedingung 5 ergibt sich zusätzlich folgende Frage:

3. Welches sind die Voraussetzungen dafür, daß eine — unter die Entscheidungsprämissen aufgenommene — Maßnahme im Auswahlakt „durchschlägt"?

### *4.3.3 Die Notwendigkeit der Untersuchung unternehmerischer Entscheidungen*

Antworten auf diese Fragen können nur auf dem Wege der empirischen Analyse unternehmerischer Standortentscheidungen gefunden werden. Allerdings lassen sich aufgrund der Erörterung der Entscheidungssituation der Unternehmen bei der Standortwahl und der Wirkungen der Instrumente im Entscheidungsprozeß bereits einige Anhaltspunkte für die Beantwortung der Fragen 2 und 3 geben.

Die Aufnahme einer Maßnahme unter die Entscheidungsprämissen ist ein Problem der Wahrnehmung, durch die aus den Signalen der Umwelt und dem Wissen die Informationen herausgefiltert werden, die für den oder die Entscheidungsträger in der jeweiligen Situation relevant erscheinen[79]. Die Instrumente lassen sich unterscheiden in solche, deren Wahrnehmung zusätzliche Informationserfassungs- und -verarbeitungs-

[77] Als Beispiel sei verwiesen auf Schilling, H., Standortfaktoren für die Industrieansiedlung.

[78] Vgl. S. 36.

[79] Vgl. Kirsch, W., Entscheidungsprozesse, Bd. I, S. 81.

prozesse erfordert, da sie — wie etwa die Instrumente mit kompensierender Wirkung — zusätzliche Standortbedingungen darstellen, und in solche, die den Informationsbedarf nicht erhöhen, weil sie — wie Maßnahmen mit ergänzender Wirkung — Standortbedingungen verändern, über die sich die Unternehmen in jedem Fall informieren. Außerdem ist anzunehmen, daß die Wahrscheinlichkeit der Aufnahme einer Maßnahme in das innere Modell davon abhängt, ob sie auf eines oder mehrere der Entscheidungselemente wirkt.

Die Zahl der Unternehmen, bei denen eine Maßnahme durchschlägt, hängt zunächst von ihrer Wirkungsbreite ab, die sich daraus ergibt, ob eine im Sinne Webers generelle oder spezielle[80] Standortbedingung geschaffen oder verbessert wird. Wichtig ist auch die Art des Auswahlkalküls und der Entscheidungsmaxime, die bei den Unternehmen angewendet werden. Für das Wirksamwerden kompensierender Maßnahmen, die am Nominalfaktor Finanzierung ansetzen, ist ein gänzlich anderer Kalkül Voraussetzung als für das Wirksamwerden ergänzender Maßnahmen, die direkt oder indirekt Realfaktoren wie Grundstücksangebot, Arbeitskräfte oder Verkehrslage beeinflussen. Im ersten Fall ist ein Vergleich erforderlich, in dem beispielsweise zwischen einer schlechten Verkehrslage einerseits und dem Erhalt einer Investitionszulage andererseits abgewogen wird. Die konsequenteste Form solcher Vergleiche ist dann gegeben, wenn ein einheitlicher Bewertungsmaßstab gebildet wird — etwa der Barwert der standortabhängigen Gewinne —, anhand dessen die möglichen Standorte in eine Präferenzordnung gebracht werden[81]. Im zweiten Fall dagegen ist die Komplexität der erforderlichen Bewertungs- und Vergleichsoperationen wesentlich geringer, so daß die Unternehmen die für sie entstehenden Vorteile mit niedrigem Aufwand ermessen können.

Die Erörterung der Einordnung der Instrumente der Regionalpolitik in den unternehmerischen Entscheidungsprozeß und die angeführten Beispiele zeigen, daß zwischen den Instrumenten Unterschiede hinsichtlich des für das Eintreten von Signalwirkungen in den Unternehmen erforderlichen Informationsaufwandes und inhaltlichen Ablaufs der Entscheidungsprozesse bestehen. Es läßt sich die Hypothese bilden, daß dadurch eine unterschiedliche Eignung der Instrumente zur Auslösung von Signalwirkungen im Unternehmensbereich begründet wird. Diese Hypothese soll im nächsten Kapitel einem empirischen Test unterzogen werden.

---

[80] Vgl. Weber, A., Über den Standort der Industrien, S. 18.

[81] Vgl. Abschnitt 3.2.4.

# 5. Die Realität unternehmerischer Standortentscheidungen unter der Einwirkung regionalpolitischer Maßnahmen

## 5.1 Die regionalwirtschaftliche Situation Nordrhein-Westfalens im Untersuchungszeitraum

Die empirische Untersuchung unternehmerischer Standortentscheidungen, die zur Beurteilung der Effizienz der regionalpolitischen Instrumente führen soll, verwendet Daten, die von der Forschungsstelle für empirische Sozialökonomik, Köln, erhoben wurden. In diesem Projekt wurden die Standortentscheidungen von 283 Unternehmen untersucht, die in den Jahren zwischen 1966 und 1971 eine industrielle Produktion an einem neugewählten Standort in Nordrhein-Westfalen aufgenommen haben. Die Ergebnisse dieser Befragung müssen vor dem Hintergrund der regionalwirtschaftlichen Situation, in der die Standortentscheidungen gefallen sind, gesehen werden.

Das Land Nordrhein-Westfalen hat an der Gesamtfläche des Bundesgebietes einen Anteil von 13,7 %[1], in ihm wohnten im Durchschnitt des Jahres 1968[2] rd. 28 % der Bevölkerung der BRD[3], die Einwohnerzahl je km² war mit 496 doppelt so hoch wie der Durchschnitt des Bundesgebietes von 242[4]. In diesem Land wurden 29,0 %[5] des gesamten Bruttoinlandsproduktes[6] (BIP) der Bundesrepublik erzeugt; bezogen auf die Wohnbevölkerung lag die Produktivität in NRW also leicht über dem Bundesdurchschnitt.

Diese Durchschnittsbetrachtung verdeckt jedoch erhebliche Unterschiede im Industriebesatz, in der Pro-Kopf-Erzeugung und in der konjunkturellen und strukturellen Sicherheit von Teilregionen. Daher kann nur eine stärkere Regionalisierung der Indikatoren für die Wirt-

---

[1] Quelle: Statistisches Jahrbuch für die Bundesrepublik Deutschland 1972, Wiesbaden 1972, S. 27 und S. 30.

[2] Es werden die Zahlen des Jahres 1968 verwandt, da dieses Jahr im relevanten Beobachtungszeitraum 1967 - 1970 als konjunkturelles „Normaljahr" zwischen der Rezession der Jahre 1966/67 und der Ende 1969 beginnenden Periode der Überbeschäftigung anzusehen ist.

[3] Quelle: Statistisches Jahrbuch für die Bundesrepublik Deutschland, S. 25.

[4] Quelle: Statistisches Jahrbuch für die Bundesrepublik Deutschland, S. 25.

[5] Quelle: ebd., S. 519.

[6] Zur Definition und Ermittlung des Bruttoinlandsprodukts siehe Statistisches Jahrbuch für die Bundesrepublik Deutschland 1972, S. 501 f.

schaftskraft die Existenz von Problemgebieten, die aus verschiedenen Gründen als Standorte nicht oder nicht mehr akzeptiert werden[7], aufdecken. Bei diesem Vorgehen lassen sich vier Regionen[8] erkennen, die bei den Größen: BIP je Einwohner[9] und wirtschaftliches Wachstum[10] als Indikatoren der Wirtschaftskraft, Industriebeschäftigte je 1 000 Einwohner[10] als Indikator für den Entwicklungsstand und die Erwerbschancen so erhebliche Abweichungen vom Landesdurchschnitt aufweisen, daß von regional gleichmäßiger Einkommensverteilung und Gleichartigkeit der Lebensverhältnisse im Jahr 1968 nicht gesprochen werden kann; eine Gegenüberstellung mit den entsprechenden Daten zweier wirtschaftsstarken Regionen unterstreicht diesen Befund. Es zeigt sich, daß in den Jahren zwischen 1957 und 1968 keine Tendenz bestand, die Unterschiede im BIP je Einwohner abzubauen; gegenüber dem Bundesdurchschnitt sind in dieser Zeit das Land NRW insgesamt und sogar seine wirtschaftsstarken Regionen zurückgefallen.

Bei den Problemgebieten[11] handelt es sich um folgende:

1. Nördliches Ruhrgebiet
2. Westmünsterland
3. Süd-Ost-Westfalen
4. Westeifel.

Zusammengefaßt haben diese vier Regionen einen Anteil von rd. einem Fünftel an der Fläche des Landes NRW; nahezu jeder achte Bürger dieses Landes lebte 1968 in einem strukturschwachen Gebiet[12].

Die Probleme in diesen Regionen sind allerdings kaum vergleichbar. Das nördliche Ruhrgebiet — ein industrielles Ballungsgebiet mit hoher Einwohnerdichte — leidet unter der Schrumpfung des Kohlenbergbaus, der durch Substitutionskonkurrenz verdrängt wird, in diesem jedoch noch immer den ausschlaggebenden Wirtschaftszweig darstellt.

[7] Vgl. Dittrich, E., Problemgebiete, in: HdRR, Bd. II, 2. Aufl., Hannover 1970, Sp. 2410.

[8] Zur Frage der Abgrenzung von Regionen vgl. Schneider, H. K., Modelle für die Regionalpolitik, S. 65 f. und die dort angegebene Literatur. Vgl. auch Starbatty, J., Regionale Strukturpolitik in der sozialen Marktwirtschaft, S. 66 ff.

[9] Siehe Tabelle 1 im Anhang II.

[10] Siehe Tabelle 2 im Anhang II.

[11] Zur Abgrenzung der Gebiete, s. Übersicht 1 im Anhang II; vgl. auch Muske, G., Die Wirtschaftsstruktur der Regionen Nordrhein-Westfalens, in: Ifo-Schnelldienst, Wochenbericht des Ifo-Instituts für Wirtschaftsforschung München Nr. 27/1972, S. 11 ff. Zur Ermittlung und Aussagefähigkeit der regionalen Kennziffern vgl. Der Minister für Wirtschaft, Mittelstand und Verkehr (Hrsg.), Notwendige Maßnahmen zur Verbesserung der Landesstruktur in Nordrhein-Westfalen, Denkschrift, Erster Teil: Analyse und Vorschläge zur Regionalen Strukturverbesserung, Düsseldorf 1964, Anlage 15.

[12] Siehe Tabelle 1 im Anhang II.

Am 30. 9. 1968 arbeiteten noch rd. 48 % aller Industriebeschäftigten der Region im Bergbau[13]. In dem Zeitraum seit 1957, in dem sich das BIP in NRW mehr als verdoppelte, wuchs es hier nur um 59,2 %[14]. Auch im Westmünsterland sind die regionalen Probleme das Resultat einer sektoralen Strukturkrise. Nur ist hier die Textilindustrie der vorherrschende Industriezweig, der 66,9 % aller industriellen Arbeitsplätze bietet. Dazu kommt noch, daß der Maschinenbau, mit 9,5 % der Industriebeschäftigten der zweitwichtigste Gewerbezweig, als Zulieferindustrie zu einem großen Teil von der Entwicklung des Textilsektors abhängig ist. Mit den beiden anderen Problemgebieten hat das Westmünsterland gemeinsam, daß es mit einer weit unter dem Landesdurchschnitt liegenden Bevölkerungsdichte keine Agglomerationen aufweist; allerdings grenzt es im Süden an das Ruhrgebiet.

Die niedrigen Zahlen der Industriebeschäftigten[15] weisen darauf hin, daß Süd-Ost-Westfalen und die Westeifel wirtschaftlich noch schwach entwickelt sind. Dementsprechend hat der primäre Sektor, der eine niedrige Wertschöpfung aufweist, mit 12,9 % bzw. 9,6 %[16] einen Anteil an der Entstehung des BIP dieser Regionen, der weit über dem Landesdurchschnitt von 2,5 %[16] liegt.

Zusammenfassend ergibt sich also ein sehr differenziertes Bild von den regionalwirtschaftlichen Erfordernissen in NRW. Im nördlichen Ruhrgebiet und im Westmünsterland beruhen die regionalen Probleme auf sektoralen Umstellungsprozessen. Das erste dieser beiden Gebiete, das zu den stärksten Ballungszonen der Welt zu rechnen ist, besitzt infolge seiner industriellen Tradition eine ausgebaute Infrastruktur, ein Potential an ausgebildeten Arbeitskräften und eine günstige Verkehrslage, nah zu kaufkräftigen Märkten und zu den wirtschaftlichen Schwerpunkten des entstehenden europäischen Wirtschaftsraumes. Es bietet damit für die Ansiedlung neuer Industriebetriebe wesentlich andere Voraussetzungen als die industriefernen und relativ dünn besiedelten Räume Süd-Ost-Westfalens und der Westeifel, die industriell neu erschlossen werden müssen.

Die gesamtwirtschaftliche Voraussetzung für eine erfolgreiche regionale Wirtschaftspolitik besteht darin, daß durch den Verlauf des Wirtschaftsprozesses eine ausreichende Anzahl von Betriebsgründungen induziert wird. Dies zeigte sich deutlich daran, daß in der Rezession der Jahre 1966/67 die Zahl der Ansiedlungen in Fördergebieten weit stärker sank

[13] Quelle zum folgenden: Gesellschaft für Wirtschaftsförderung des Landes Nordrhein-Westfalen, Kreisübersichten, 2. Aufl., Die Zusammenfassung der Zahlen wurde vom Verfasser vorgenommen.

[14] s. Tabelle 2 im Anhang II.

[15] s. Tabelle 1 im Anhang II.

[16] Quelle: Gesellschaft für Wirtschaftsförderung des Landes Nordrhein-Westfalen, Kreisübersichten.

als die Gesamtzahl der Betriebsgründungen[17]. Aus einzelwirtschaftlicher Sicht kommen nur solche Betriebe als Zielgruppe der Regionalpolitik infrage, die nicht von vornherein aus technischen oder wirtschaftlichen Gründen so stark auf die Wahl konkreter Standorte angewiesen sind, daß ein Abweichen von diesem vorgegebenen Standort ein Ausscheiden aus dem Markt zur Folge hat[18].

Diese Betriebe, die in der traditionellen Standorttheorie als weitgehend standortunabhängig und in der angelsächsischen Literatur als „footloose industries" bezeichnet werden[19], bilden die Zielgruppe der Regionalpolitik. Die Chancen der Regionalpolitik wachsen daher mit der Zunahme des Anteils der „foootloose industries", die aus der im Verhältnis zu den anderen Produktionskosten im Laufe der Zeit sinkenden Bedeutung der Transportkosten resultiert[20]. Das steigende Gewicht dieser Industriezweige läßt sich daran ablesen, daß ihr Anteil an der Gesamtzahl der Industriebeschäftigten der Bundesrepublik zwischen 1967 und 1970 von 66,9 % auf 69,5 % stieg. In Nordrhein-Westfalen war in demselben Zeitraum ein Anwachsen von 75,5 % auf 77,5 % zu verzeichnen[21].

Es gibt also ein ausreichendes Wachstum in den Bereichen der Industrie, deren Standortunabhängigkeit es erlaubt, sich — auch durch staatliche Eingriffe — wechselnden Standortbedingungen anzupassen[22].

---

[17] Vgl. Bundesministerium für Arbeit und Sozialordnung (Hrsg.), Die Standortwahl der Industriebetriebe in der Bundesrepublik Deutschland, Verlagerte, neuerrichtete und stillgelegte Industriebetriebe in den Jahren 1966 und 1967, bearbeitet im Institut für Raumordnung, Bonn 1968, S. 13 und S. 33.

[18] Lösch spricht in diesem Zusammenhang von Grenzlage der Erzeugung, wenn diese an einen bestimmten Punkt gezogen wird, vgl. Lösch, A., Die räumliche Ordnung der Wirtschaft, S. 13.

[19] Vgl. Schneider, H. K., Über die Notwendigkeit regionaler Wirtschaftspolitik, S. 12.

[20] Vgl. Schmölders, G. und W. Vogel, Wirtschaft und Raum, Hamburg 1937, S. 58 ff.; Brede, H., Bestimmungsfaktoren industrieller Standorte, S. 18 und Lefeber, L., Location and Regional Planning, Athens 1966, S. 26.

[21] Quelle: Statistisches Bundesamt (Hrsg.), Bevölkerungsstruktur und Wirtschaftskraft der Bundesländer, Heft 1967, Stuttgart und Mainz 1967, S. 101 f.; Heft 1968, Stuttgart und Mainz 1969, S. 108 f.; Heft 1969, Stuttgart und Mainz 1970, S. 116 f.; Heft 1970, Stuttgart und Mainz 1971, S. 116 f.
Zu den „footloose industries" wurden folgende Industriegruppen gezählt: Eisen-, Stahl- und Tempergießerei, Chemische Industrie (ohne Kohlenwertstoffindustrie), Gummi- und Asbestverarbeitende Industrie, Stahl- und Leichtmetallbau, Maschinenbau, Straßenfahrzeugbau, elektrotechnische Industrie, Feinmechanische und optische sowie Uhrenindustrie, Stahlverformung, EBM-Industrie, Holzverarbeitende Industrie, Papier- und Pappeverarbeitende Industrie, Kunststoffverarbeitende Industrie, Schuhindustrie, Textil- und Bekleidungsindustrie, Nahrungs- und Genußmittelindustrie.

[22] Vgl. Boustedt, O., Die Verhaltensweise der Bevölkerung als ein Faktor der Standortbestimmung, in: Beiträge zur Raumforschung, Festschrift für H. Bobek, Schriftenreihe der Österreichischen Gesellschaft zur Förderung von Landesforschung und Landesplanung, Bd. 2, Wien 1964, S. 10.

Diese Bedingungen, ausreichendes Wirtschaftswachstum und Vorhandensein eines „Ansiedlungspotentials" sind lediglich notwendige Voraussetzungen für den Erfolg regionaler Wirtschaftsförderungsmaßnahmen.

## 5.2 Die Bewältigung der komplexen Entscheidungssituation „Standortwahl" durch die Unternehmen

### *5.2.1 Das vereinfachte Entscheidungsmodell der Unternehmen*

Die Erörterung der Verhaltensannahmen, auf die eine empirische Analyse der unternehmerischen Standortwahl zurückgreifen kann, hat ergeben, daß bei den subjektiven Entscheidungsmodellen, aus denen die Unternehmen ihr Verhalten ableiten, mit erheblichen Lücken und Verengungen gegenüber dem Zustand, der von der mit der Annahme rationalen Verhaltens arbeitenden Theorie postuliert wird, zu rechnen ist.

Die räumliche Ausdehnung der Standortsuche und die Zahl der Standortalternativen, die überhaupt im Laufe des Entscheidungsprozesses geprüft werden, ergibt sich aus Tabelle 1.

*Tabelle 1*

**Zahl und Entfernung der geprüften Standorte**

| Zahl der geprüften Standorte | Zahl der Unternehmen absolut | relativ | durchschnittliche Suchentfernung in km[a] |
|---|---|---|---|
| 1 | 131 | 46,3 | 0 |
| 2 | 63 | 22,3 | 23,3 |
| 3 | 48 | 17,0 | 42,0 |
| 4 | 22 | 7,8 | 42,7 |
| 5 | 10 | 3,5 | 55,8 |
| 6 | 9 | 3,2 | 116,2 |
| | 283 | 100,0 | 39,5[b] |

a) Die Ausdehnung des Standortsuchraumes eines Unternehmens ist die Entfernung in km (Luftlinie) zwischen den zwei am weitesten voneinander entfernten Gemeinden, die als mögliche Standorte in Betracht gezogen wurden.

b) Durchschnittliche Suchentfernung der Unternehmen (152; 53,7 v.H.), die mehr als einen Ort in Betracht zogen.

Es läßt sich errechnen, daß von den 283 befragten Unternehmen insgesamt 593 Standortalternativen geprüft wurden; im Durchschnitt waren es 2,1 je Ansiedlungsfall. Allerdings beschränkt sich beinahe die Hälfte der Unternehmen auf die Prüfung eines einzigen Ortes und akzeptiert diesen; von keinem Unternehmen wurden mehr als sechs Alternativen in Betracht gezogen.

Die Standortnachfrage der Unternehmen, die mehr als einen Ort prüfen, erstreckt sich auf einen eng begrenzten Raum. Mit steigender Zahl der Alternativen wächst die durchschnittliche Ausdehnung des Standortsuchraumes, ist aber nur größer als 100 km, wenn sechs Alternativen vorhanden sind.

Dieses Ergebnis ist nicht erstaunlich, wenn sich zeigt, daß nur ein Drittel der Unternehmen bei dem Entschluß zur Betriebsgründung in bezug auf den Standort noch völlig frei ist, während je ein Drittel bereits in dieser Phase auf eine bestimmte Gegend[23] oder sogar einen bestimmten Ort fixiert ist[24].

Dieses Bild von der Standortnachfrage, die die Unternehmen im Ablauf der Entscheidungsprozesse entwickeln, wird durch Kovarianzen zwischen einigen Unternehmenskennziffern und der Zahl der geprüften Alternativen differenzierter[25]. Es sind vor allem die Neugründer ganzer Unternehmen, die wenige Alternativen prüfen; 57,1 % beschränken sich auf einen Ort, und rd. 94 % prüfen nicht mehr als drei Alternativen. Die zahlenmäßig größte Standortnachfrage weisen Neugründer von Zweigbetrieben auf, aber auch die anderen Unternehmen, die nicht einen ersten Betriebsstandort suchen, prüfen im Durchschnitt mehr Alternativen als die Unternehmensneugründer.

Sehr deutlich ist der Zusammenhang zwischen Betriebsgröße und Zahl der Standortalternativen. Während für die Errichtung von Betrieben der kleinsten Größenklasse (12 - 49 Beschäftigte) von 52,8 % nur ein Ort, aber nur von 8,4 % mehr als vier Orte in Betracht gezogen werden, sind es bei den Betrieben der Größenklasse 200 - 499 Beschäftigte[26] nur 10,5 %, die lediglich einen Ort, dagegen 31,6 %, die mehr als vier Orte prüfen. Es liegt nahe, dies auf die in größeren Unternehmen mit dem wachsenden Personalbestand zunehmende Informationsverarbeitungskapazität zurückzuführen.

Die Erklärung der Zahl der Standortalternativen durch betriebliche Strukturkennziffern gibt ein klares Bild bei der regionalen Verflechtung[27]. Betriebe mit starker Verflechtung — beim Input und noch deutlicher beim Output — beschränken sich auf die Prüfung einer geringeren Zahl von Standortalternativen als solche, deren regionale Verflechtung vergleichsweise gering ist. Diese marktorientierte Stand-

---

[23] Unter Gegend ist in Anbetracht der geringen Ausdehnung des Standortsuchraumes ein eng umgrenzter Raum, etwa das Umland um einen Ort mit Zentralfunktionen, zu verstehen.

[24] Vgl. Tabelle 1 im Anhang III.

[25] Zum folgenden vgl. Tabellen 2 - 11 im Anhang III.

[26] Die Größenklasse „500 Beschäftigte und mehr“ kann wegen ihrer geringen Besetzung nicht berücksichtigt werden.

[27] Vgl. Tabellen 5 und 9 im Anhang III.

ortfixierung hat aber — anders als Teile der betriebswirtschaftlichen Standortforschung, aufbauend auf A. Weber, annehmen[28] — andere Gründe als die Transportkostenbelastung. Zwischen der Transportkostenempfindlichkeit und der Zahl der geprüften Standorte besteht nämlich kein eindeutiger Zusammenhang[29].

Ein deutlicher Zusammenhang besteht dagegen zwischen der Finanzierungssstruktur und der Zahl der Standortalternativen[30]. Bei niedrigerem Eigenkapitalanteil wird durchschnittlich eine größere Zahl möglicher Standorte in Betracht gezogen als bei hoher Eigenkapitalfinanzierung. Dies deutet darauf hin, daß eine schlechtere Kapitalstruktur die Unternehmen zu größerer Sorgfalt bei ihren Standortentscheidungen veranlaßt.

Die Tatsache, daß die Gruppen von Unternehmen, die eine größere Zahl von Standorten prüfen, ihren Standortsuchraum auch weiter ausdehnen[31], weist auf den engen Zusammenhang zwischen diesen beiden Merkmalen des Entscheidungsverhaltens hin. Sie zeigt aber auch, daß Unternehmen mit gleichen Strukturmerkmalen konforme Verhaltensformen an den Tag legen. Damit ist eine Voraussetzung gegeben, eine auf empirisch getesteten Verhaltensannahmen aufbauende prognosefähige Theorie zu formulieren.

Einen weiteren Anhaltspunkt für die Lücken, die das innere Modell der Unternehmen bei Standortentscheidungen aufweist, geben die Kriterien, anhand derer die Unternehmen die Gunst oder Ungunst der geprüften Alternativen beurteilen. Die entsprechenden Daten wurden wegen ihrer zentralen Bedeutung in der Untersuchung der Forschungsstelle mit zwei verschiedenen Methoden erhoben. Zunächst wurden die Gesprächspartner in offenen Fragen gebeten, die Vor- und Nachteile jeder geprüften Standortalternative anzugeben. In einem späteren Abschnitt sollten die Befragten dann die Bedeutung von 26 Vorgaben[32], die häufig als standortbeeinflussende Faktoren genannt werden, für ihre Entscheidung auf einer Rangordnungsskala mit fünf Stufen festlegen[33].

Diese doppelte Vorgehensweise wurde gewählt, um die Vorteile offener Fragen — Vermeidung eines Bias, Möglichkeit überraschender Einsichten und dadurch ein besseres Bild vom Befragten — mit denen

[28] Vgl. Rüschenpöhler, H., Der Standort industrieller Unternehmungen als betriebswirtschaftliches Problem, S. 45 ff.

[29] Vgl. Tabelle 6 im Anhang III.

[30] Vgl. Tabelle 7 im Anhang III.

[31] Vgl. Tabellen 8 - 11 im Anhang III.

[32] Die Vorgaben wurden dem Befragten in Form eines Kartensatzes überreicht.

[33] Vgl. Scheuch, E. K., Skalierungsverfahren in der Sozialforschung, in: Handbuch der empirischen Sozialforschung, Bd. I, hrsg. v. R. König, Stuttgart 1962, S. 354.

geschlossener Fragen — Überwindung von Gedächtnislücken beim Befragten — zu verbinden[34]. Außerdem besteht die Möglichkeit, durch den Vergleich der Ergebnisse der beiden Frageformen festzustellen, ob sie von Fehlern und Verzerrungen beeinflußt werden. Dieser Vergleich zeigt, daß die Antworten der Befragten konsistent sind; es kann daher angenommen werden, daß sie ein sehr genaues Bild der Realität geben[35].

Zunächst ist die Frage zu stellen, wieviel voneinander verschiedene Beurteilungskriterien die Unternehmen anwenden. Es zeigt sich, daß diese Zahl nicht sehr hoch ist. Auf die offene Frage[36] werden am häufigsten zwei bis vier unterschiedliche Faktoren genannt; die Spannweite reicht von einem bis höchstens acht unterschiedlichen Beurteilungskriterien. Im Durchschnitt werden je Unternehmen 3,3 Beurteilungskriterien genannt.

Dieses Ergebnis wird bestätigt durch die Tabelle 14 (Anhang III)[37], in der die Vorgaben der geschlossenen Frage in der Reihenfolge der Häufigkeit aufgeführt sind, mit der sie von den Unternehmen als „sehr wichtig“ oder „wichtig“ für ihre Standortentscheidung bezeichnet wurden.

Es sind nur sieben Faktoren, denen von mehr als einem Drittel eine große Bedeutung für das Ergebnis der Entscheidung zugebilligt werden; von diesen sind zudem noch drei verschiedene Dimensionen ein und desselben Faktors „Grundstück“. Ein weiteres dieser sieben wichtigen Kriterien, die Hilfe beim Erwerb der Grundstücke, ist zwar ein mögliches Instrument der Industrieansiedlung, bildet aber aus der Sicht der Unternehmen ebenfalls eine Dimension des Faktors „Grundstück“. Es läßt sich also sagen, daß die Zahl der wichtigen Beurteilungskriterien in den Ergebnissen beider Frageformen übereinstimmt.

Die Frage nach den Faktoren, die bei den einzelnen geprüften Standorten als günstig oder ungünstig beurteilt werden, läßt im Ergebnis

[34] Vgl. Scheuch, E. K., Das Interview in der Sozialforschung, in: Handbuch der empirischen Sozialforschung, Bd. I, hrsg. v. R. König, Stuttgart 1962, S. 144 f.

[35] Vgl. auch Tabelle 12, Anhang III, nach der über drei Viertel der Befragten ausdrücklich angaben, zusätzliche Informationen nicht eingeholt zu haben.

[36] Vgl. Tabelle 13 im Anhang III.

[37] In dieser Tabelle zeigt sich der Einfluß der unterschiedlichen Frageformen daran, daß die Antworthäufigkeit mit durchschnittlich 5,5 Faktoren je Unternehmen, die als sehr wichtig oder wichtig eingestuft werden, deutlich über der bei der offenen Frage liegt. Diese Feststellung ist methodologisch interessant und bestätigt die Richtigkeit der Anlage der Untersuchung. Für die inhaltliche Klärung des Problems, unter Beachtung welcher Faktoren Standorte gewählt werden, und welches Gewicht den einzelnen Faktoren dabei zukommt, ist die unterschiedliche Antworthäufigkeit dann unerheblich, wenn die Antworten auf beide Frageformen inhaltlich einander entsprechen. Diese Bedingung ist — wie die Ergebnisse zeigen — gegeben.

den Schluß auf die Standortansprüche der Unternehmen zu[38] und ebenfalls auf die Arten von Standortbedingungen, über die sich die Unternehmen informieren, da weitere Informationen nur in seltenen Fällen eingeholt werden[39].

Es zeigt sich, daß Grundstücke und Gebäude, Verkehr, Arbeitskräfte und örtliche Kontakte die Faktoren sind, die für die Standortwahl der Unternehmen die größte Bedeutung besitzen; sie können als Basisfaktoren bezeichnet werden. Allen anderen denkbaren Faktoren kommt in der Realität lediglich eine untergeordnete Rolle zu.

Das größte Gewicht unter den Basisfaktoren hat offensichtlich alles, was mit Grundstücken und Gebäuden zusammenhängt. In der offenen Fragen entfallen darauf mit 34,6 % aller Nennungen weit mehr als auf jeden anderen Faktor; unter den zehn Vorgaben, die durch die Beantwortung der geschlossenen Frage das höchste Gewicht erhalten,

*Tabelle 2*

**Kriterien zur Beurteilung der Standortalternativen[a)]**

| Art des Kriteriums[b)] | Zahl der Nennungen[c)] | |
|---|---|---|
| | absolut | relativ |
| Arbeitskräfte | 242 | 14,4 |
| Grundstücke und Gebäude | 579 | 34,6 |
| Maschinelle Anlagen | 89 | 5,3 |
| Finanzierung und Kostensituation | 44 | 2,6 |
| Öffentliche Förderung | 65 | 3,9 |
| Energie | 19 | 1,1 |
| Fühlungsvorteile und „Industrieklima“ | 154 | 9,2 |
| Verkehr | 342 | 20,4 |
| Störfaktoren | 4 | 0,2 |
| Absatz | 24 | 0,8 |
| Persönliche Präferenzen | 113 | 6,8 |
| | 1 675 | 100,0 % |

a) Vgl. Tabelle 15 im Anhang III.

b) Es handelt sich um Sammelkategorien, zu denen die Antworten auf die offenen Fragen 11 und 12 (siehe Anhang I) zusammengefaßt wurden.

c) Die Zahl der Nennungen ergibt sich daraus, daß von jedem Befragten zu jeder geprüften Standortalternative bis zu 12 Beurteilungskriterien (je sechs positiv und negativ) genannt werden konnten. Sie enthält Doppelzählungen, da ein Kriterium, das von einem Befragten bei mehreren Alternativen mehrfach genannt wurde, auch mehrfach gezählt wurde. (Im Unterschied dazu wurde in der Tabelle 13 im Anhang III **jedes Kriterium pro befragtem Unternehmen nur einmal gezählt.) Diese Zählweise** wurde gewählt, um die unterschiedliche Intensität der Standortansprüche, die den Informationsstand widerspiegelt, zu erfassen.

[38] Voraussetzung dafür, daß etwas als günstig oder ungünstig empfunden wird, ist ja, daß ein darauf gerichteter Anspruch besteht.

[39] Wo solche Informationen eingeholt werden, betreffen sie weniger allgemeine raumrelevante Faktoren als vielmehr sehr detaillierte Spezialprobleme.

befinden sich nicht weniger als sechs, die verschiedene Dimensionen des Faktors „Grundstück" bezeichnen[40].

Die Reihenfolge des Gewichtes der Faktoren „Arbeitskräfte" und „Verkehr" wird nicht ganz klar, da die Vorgabe „verfügbare Arbeitskräfte" deutlich an erster Stelle bei den Antworten auf die geschlossene Frage steht, während in Tabelle 2 Arbeitskräfte hinter Verkehr erst den dritten Platz einnehmen. Es liegt nahe, diese Abweichung auf Einflüsse der verschiedenen Frageformen zurückzuführen. Dies ändert jedoch nichts an der Tatsache, daß die befragten Unternehmen bei ihren Standortentscheidungen nur eine sehr geringe Zahl von Faktoren berücksichtigen.

Nur 35 % der befragten Unternehmen gaben an, daß während des Ablaufs des Entscheidungsprozesses bereits finanzielle Überlegungen eine Rolle spielten[41]. Daran zeigt sich, daß in den meisten Fällen Interdependenzen zwischen Teilbereichen des Unternehmens, die wie der Nominalfaktor „Finanzierung" nicht ex definitione räumlich bedingt sind, bei der Standortwahl unbeachtet bleiben[42].

Zusammenfassend läßt sich sagen, daß die faktischen Entscheidungsprämissen der befragten Unternehmen nur eine sehr kleine Zahl von Handlungsalternativen enthalten. Diese werden mit einer ebenfalls sehr kleinen Zahl von Kriterien beurteilt, die aus Basisfaktoren jeder industriellen Produktion — Arbeitskräfte und Grundstücke — und dem Faktor „Verkehr" in ihren verschiedenen Dimensionen abgeleitet werden. Daraus folgt, daß im Standortentscheidungsprozeß nur eine geringe Menge von Informationen verarbeitet werden, die sich im wesentlichen auf die genannten Basisfaktoren beziehen.

Ferner gibt es einen Anhaltspunkt dafür, daß der größte Teil der theoretisch ableitbaren Interdependenzen, ohne deren Berücksichtigung ein Totaloptimum nicht zu erreichen ist, unbeachtet bleibt. Die Unternehmen verhalten sich also so, daß sie — bewußt oder unbewußt — die Aktionsparameter der einzelnen betrieblichen Teilbereiche getrennt voneinander festlegen.

---

[40] Vgl. Tabelle 15 im Anhang III.

[41] Vgl. Tabelle 16 im Anhang III.

[42] Lösch bemerkt dazu: „Es werden bei der Standortwahl meist nur wenige, in die Augen springende und leicht übersehbare Faktoren in Betracht gezogen, ja oft genug werden alle bis auf einen einzigen einfach deshalb bagatellisiert, weil ein wirklicher Vergleich viel zu schwierig wäre" (Lösch, A., Die räumliche Ordnung der Wirtschaft, S. 22).

### *5.2.2 Die Lösung des Entscheidungsproblems: Der zufriedenstellende Standort*

Im Anschluß an die Untersuchung der faktischen Entscheidungsprämissen erhebt sich die Frage, ob die Unternehmen entsprechend der Maximierungshypothese den besten aller möglichen Standorte suchen oder ob zufriedenstellende Lösungen angestrebt werden.

Die Lücken und Verengungen bei den faktischen Entscheidungsprämissen, die nachgewiesen werden konnten, haben schon allein zur Folge, daß ein Unternehmen seinen „besten" Standort im Sinne der Maximierung einer Zielfunktion in der Realität allenfalls zufällig trifft. Für die Regionalpolitik ist es darüber hinaus aber wichtig zu wissen, ob der beste Standort überhaupt gesucht wird, d. h., ob sich im Entscheidungsverhalten der Unternehmen die neben den Informationserfordernissen für die Realisierung eines Maximums notwendigen Voraussetzungen nachweisen lassen. Wenn auch der Informationsprozeß unzureichend ist, kann doch der eigentliche Auswahlakt so angelegt sein, daß der bei gegebenem Informationsniveau beste Standort gewählt wird.

Von einem auf Maximierung gerichteten Auswahlakt kann gesprochen werden, wenn die verschiedenen Standortansprüche in einem einheitlichen Bewertungsmaßstab zusammengefaßt werden. Außerdem ist ein Vergleichskalkül erforderlich, in dem unter den vorhandenen Standortalternativen diejenige mit dem höchsten Wert ermittelt wird.

Zumindest bei den Unternehmen, die eine solche Standortrechnung durchführen, kann die Bildung eines einheitlichen Bewertungsmaßstabes angenommen werden, dessen objektive Richtigkeit von der Vollständigkeit der faktischen Entscheidungsprämissen und den dort beachteten technologischen Interdependenzen bestimmt wird. Eine Standortrechnung nehmen insgesamt nur 28,3 % der Unternehmen vor[43]. Darunter befinden sich allerdings die Unternehmen, die lediglich einen Standort prüfen und zu 87,8 % auf eine rechnerische Beurteilung der Standortgunst verzichten. Wenn zwei oder mehr Alternativen gegeben sind, wird bedeutend häufiger ein Vergleichskalkül durchgeführt (44,1 %). Diese Häufigkeit nimmt zwar mit der Zahl der geprüften Standorte zu, aber auch bei vier oder mehr Alternativen rechnen lediglich 51,2 % der Unternehmungen.

Die wichtigste Einflußgröße für die Durchführung einer Standortrechnung ist die Betriebsgröße[44]; während in der niedrigsten Größenklasse (12 - 49 Beschäftigte) nur 20,4 % die Standortgunst rechnerisch

[43] Vgl. Tabelle 17 im Anhang III.
[44] Vgl. Tabelle 18 im Anhang III.

bestimmen, sind es bei den Betrieben mit mehr als 200 Beschäftigten immerhin 61,5 %.

Mindestens ebenso wichtig wie die in Zahlen erfaßbaren Dimensionen (Kosten, Ertrag, Investitionsaufwand) der Standorteigenschaften sind ihre nominal nur schwer meßbaren Eigenschaften. Von den insgesamt 242 Nennungen der Standortbedingung „Arbeitskräfte“[45] bezogen sich lediglich 40 auf die unmittelbaren Kosteneinflußgrößen Qualifikation und Lohnkosten, der Rest betraf die Verfügbarkeit. Ähnlich ist die Situation bei dem Faktor Verkehr, der beinahe ausschließlich unter dem Gesichtspunkt der Qualität der Verkehrsverbindungen, nur selten aber unter dem Gesichtspunkt der Transportkosten gesehen wird. Anders ist die Situation bei den Grundstücken, wo der Preis und die Größe ungefähr das gleiche Gewicht haben.

Dies deutet daraufhin, daß die untersuchten Unternehmen in Realgrößen (qm Grundstücksfläche, Zahl verfügbarer Arbeitskräfte, Leistungsfähigkeit der Verkehrswege etc.) definierte Standortansprüche besitzen, die sie erfüllt wissen wollen. Der Entscheidungsprozeß wird dann abgebrochen, wenn eine Gemeinde gefunden ist, wo dies in zufriedenstellender Weise gegeben ist.

Ein weiterer Anhaltspunkt für diesen Verlauf der Entscheidungsprozesse liegt in der Tatsache, daß in der weitaus überwiegenden Zahl von Unternehmen (82,5 %) bei der eigentlichen Auswahl nur noch ein Standort zur Debatte steht[46]. Andere Alternativen, die im Verlauf des Entscheidungsprozesses geprüft worden waren, sind zu diesem Zeitpunkt bereits ausgeschieden worden. Unter den Gründen für diese vorzeitige Aussonderung haben mit Ausnahme des Grundstückspreises rechnerisch in Geld- und Kostengrößen gemessene Argumente ein geringes Gewicht (11,4 % der Nennungen ohne Grundstückspreis, 31,0 % unter Einbeziehung des Grundstückspreises)[47].

Die Entscheidung für einen bestimmten Standort ist daher in den meisten Fällen nicht eine Auswahl zwischen Alternativen, von denen die beste gewählt wird, sondern eine Entscheidung darüber, ob der Entscheidungsprozeß abgebrochen werden soll, weil der gerade zur Debatte stehende Ort die Ansprüche der Entscheidungsträger an den Betriebsstandort zufriedenstellt. Diese Ansprüche sind weitgehend real und nicht nominal definiert[48]; der größere Teil der Unternehmen vollzieht daher nur den ersten Teil des Auswahlaktes, die mengenmäßige Ermittlung der für relevant erachteten Standortbedingungen, und ver-

---

[45] Vgl. Tabelle 2, S. 90.
[46] Vgl. Tabelle 19 im Anhang III.
[47] Vgl. Tabelle 20 im Anhang III.
[48] Vgl. Behrens, K. Ch., Allgemeine Standortbestimmungslehre, S. 17.

nachlässigt den zweiten Teil, die Bewertung der unterschiedlichen Qualitäten und Quantitäten und die Durchführung eines vergleichenden Kalküls.

## 5.3 Die Maßnahmen der Regionalpolitik als Prämissen der unternehmerischen Standortentscheidungen

### *5.3.1 Das Vorgehen bei der Wirkungsanalyse*

Nach der Darstellung von Ablauf und Inhalt der Standortentscheidungsprozesse in den Unternehmen stellt sich die Frage, welches Gewicht in diesem Rahmen die Maßnahmen der Regionalpolitik besitzen. Voraussetzung dafür, daß sie einen Einfluß auf das Ergebnis der Entscheidung, den gewählten Standort, ausüben, ist eine von ihnen ausgehende Veränderung der Entscheidungsprämissen. Dies ist gegeben,

1. wenn eine regionalpolitische Intervention die Standortnachfrage eines Unternehmens auf einen geförderten Ort lenkt,
2. wenn die von der Regionalpolitik verbesserten oder gesetzten Standortbedingungen bei der Beurteilung der möglichen Standorte berücksichtigt werden oder
3. wenn die Bedingungen 1 und 2 gleichzeitig erfüllt sind.

Eine Lenkung der Standortnachfrage durch eine regionalpolitische Maßnahme wird eine Berücksichtigung der Maßnahme bei der Beurteilung des Standortes in jedem Fall nach sich ziehen. Es kann deshalb angenommen werden, daß bei Nichterfüllung von Bedingung 2 auch Bedingung 1 nicht gegeben ist. Aus diesem Grund wird zunächst dargestellt, welche Wirkungen die Maßnahmen der Regionalpolitik auf die Beurteilung der geprüften Standorte durch die Unternehmen ausüben.

Lassen sich dabei Wirkungen nachweisen, kann allerdings noch nicht geschlossen werden, daß auch die Standortnachfrage beeinflußt wird. Bei Erfüllung von Bedingung 2 muß also die Bedingung 1 gesondert untersucht werden.

Ziel der Wirkungsanalyse ist es, nicht nur die Art der Wirkungen regionalpolitischer Maßnahmen zu zeigen, sondern auch diese zu erklären, d. h. die Determinanten unterschiedlicher Wirkungen herauszufinden. Dabei kann es sich auf der einen Seite um qualitative Eigenschaften der eingesetzten Instrumente handeln, die eine unterschiedliche Eignung zur Lenkung unternehmerischer Standortentscheidungen begründen. Auf der anderen Seite weisen die standortsuchenden Unternehmen unterschiedliche Strukturmerkmale auf, die bewirken können, daß die Bereitschaft zur Reaktion auf den Einsatz standortlenkender Instrumente unterschiedlich hoch ist. Die Wirkungsanalyse erfolgt unter Berücksichtigung beider Aspekte.

### 5.3.2 *Die Berücksichtigung regionalpolitischer Maßnahmen bei der Beurteilung der möglichen Standorte*

#### 5.3.2.1 Die Art der Maßnahme als Determinante ihrer Wirksamkeit

Die zur Standortlenkung der Industrie bereitstehenden Instrumente sind je nachdem, ob durch sie an geförderten Orten bestehende reale Standortnachteile beseitigt oder deren Auswirkungen auf die Ergebnisrechnung von Betrieben ausgeglichen werden, in solche mit ergänzender und solche mit kompensierender Wirkung eingeteilt worden[49].

Die Untersuchung, wie sich diese Instrumentengruppen in den Entscheidungsprozeß einordnen, hat ergeben, daß die Wahrnehmung der Vorteile kompensierender Instrumente von den Unternehmen weitaus komplexere Informationsprozesse und Entscheidungskalküle verlangt, als dies bei ergänzenden Instrumenten der Fall ist. Daraus ist die Hypothese abgeleitet worden, dieser qualitative Unterschied zwischen den Instrumenten begründe eine unterschiedliche Eignung zur Lenkung unternehmerischer Standortentscheidungen[50].

Die Hilfe bei Erwerb und Erschließung des Grundstücks, also ergänzende Instrumente, stehen in der Bewertung durch die Unternehmen mit durchschnittlichen Rangziffern von 3,41 und 3,61 auf den Plätzen 7 und 9 unter 26 vorgegebenen Faktoren[51]. Das Gewicht von Kreditprogrammen und Bürgschaften sowie Investitionsbeihilfen für die Standortentscheidungen wird wesentlich niedriger angesetzt. Mit durchschnittlichen Rangziffern von 3,99 und 4,12 erreichen diese Instrumente lediglich die Plätze 14 und 16[51]. Diese niedrige Einschätzung kompensierender Instrumente wird bestätigt durch die Häufigkeit, mit der der Faktor „öffentliche Förderung" als Kriterium zur Beurteilung der Standorte genannt wird. Er findet nur 65mal (3,9 % der Nennungen) Verwendung[52]; lediglich 31 dieser Nennungen beziehen sich auf finanzielle Förderung, wobei ein Fehlen achtmal als Nachteil, das Vorhandensein 23mal als Vorteil angesehen wird. Von einigen Unternehmen wurde öffentliche Förderung mehrfach genannt, so daß lediglich 53 Unternehmen dieses Beurteilungskriterium verwendeten[53]. Dem steht die Tatsache gegenüber, daß allein im Haushalt des Landes Nordrhein-Westfalen für die Verbesserung der regionalen Wirtschaftsstruktur durch direkte Finanzhilfen an Unternehmen in den Jahren 1967, 1968 und 1969 je 59 Mill. DM und im Jahr 1970 sogar 71 Mill. DM bereitgestellt waren[54].

---

[49] Vgl. S. 71.
[50] Vgl. S. 81.
[51] Vgl. Tabelle 15 im Anhang III.
[52] Vgl. Tabelle 2, S. 90.
[53] Vgl. Tabelle 25 im Anhang III.
[54] Vgl. Haushalte des Landes Nordrhein-Westfalen für die Jahre 1967, 1968 und 1969, Kap. 0803, Titel 955 und 960, für das Jahr 1970 Titelgruppen 64 und

Dieses Angebot an öffentlicher Förderung führte aber offensichtlich bei dem weitaus überwiegenden Teil der Unternehmen nicht dazu, die möglichen Standorte auch unter dem Gesichtspunkt zu beurteilen, ob dort öffentliche finanzielle Hilfe für den Betriebsaufbau verfügbar ist. Der Grund dafür liegt nicht in einem ungenügenden Informationsstand der Unternehmen über die Aktivitäten der Regionalpolitik. Eine entsprechende Frage wird nur von 28,6 % der befragten Unternehmen nicht beantwortet, während über 70 % mindestens eine Maßnahme oder ein regionales Aktionsprogramm kennen[55]. Am häufigsten werden Kredithilfen genannt (von 47,7 % der Unternehmen) gefolgt von einzelnen regionalen Aktionsprogrammen (31,1 %) und Steuererleichterungen (27,9 %).

Allerdings zeigt sich, daß der Informationsstand[56] der Unternehmen, die öffentliche Förderung als ein Kriterium zur Beurteilung der Standorte heranziehen, mit durchschnittlich 2,2 Nennungen je Unternehmen wesentlich besser ist als bei dem Rest der Befragten, die im Durchschnitt nur 1,3 Maßnahmen kennen. Information ist eine notwendige Voraussetzung dafür, daß von kompensierenden Maßnahmen Signalwirkungen ausgelöst werden; sie führt aber nicht automatisch dazu, daß diese Maßnahmen unter die Prämissen konkreter Standortentscheidungen aufgenommen werden. Die Träger der Entscheidungen verarbeiten zur Verfügung stehende Informationen nicht vollständig, sondern wählen entsprechend ihrem subjektiven technologischen Modell die ihnen relevant erscheinenden aus[57].

Die in diesem technologischen Modell enthaltenen Ansprüche sind darauf gerichtet, an einem Standort über bestimmte Quantitäten und Qualitäten an realen Produktionsfaktoren zu verfügen. Sind die Ansprüche an einem Ort ungenügend erfüllt, ist es schwer, ein Unternehmen durch den Einsatz irgendeines Instrumentes doch zur Entscheidung für einen solchen Ort zu gewinnen; 45,5 % der abgelehnten Orte wären nach den Angaben der Unternehmen auf jeden Fall nicht gewählt worden[58].

---

65. Dazu kommen noch Mittel aus dem Bundeshaushalt und ERP-Mittel; vgl. dazu Dittes, E. (Bearb.), Die Finanzierungshilfen des Bundes und der Länder an die gewerbliche Wirtschaft, Sonderausgabe der Zeitschrift für das gesamte Kreditwesen, Frankfurt a. M. 1969, S. 6, 9, 12, 17, 23 und S. 52 ff.

[55] Vgl. Tabelle 21 im Anhang III, Spalte „Gesamt".

[56] Gemessen an dem Anteil der Unternehmen, die die Frage nach bekannten Maßnahmen beantworten, und der durchschnittlichen Zahl der Nennungen je Unternehmen (Zeile Nennungen gesamt in v. H. der Basis) in Tabelle 25 im Anhang III.

[57] Vgl. Simon, H. A., Administrative Behavior, S. 82; Kirsch, W., Entscheidungsprozesse, Bd. II, S. 97 ff.

[58] Vgl. Tabelle 26 im Anhang III.

*Tabelle 3*

**Instrumente der Regionalpolitik als Ausgleich für ungünstige Bedingungen an angelehnten Orten**

| Art der ungünstigen Standortbedingungen<br>Art des Instrumentes | Arbeits-kräfte | Grund-stück | Gebäude und Anlagen | Verkehr | Finanzierung und öffentl. Hilfe | Sonst. |
|---|---|---|---|---|---|---|
| Investitionsprämie von 15 % | 2,2 | 6,2 | 4,4 | 9,8 | 30,8 | 10,0 |
| Kredithilfen | 2,2 | 13,4 | 11,1 | 11,5 | 30,8 | 10,0 |
| Bereitstellung von Grundstück und Gebäuden (Industrieparks) | 17,4 | 47,4 | 42,2 | 26,2 | 25,4 | 35,0 |
| Steuerfreiheit von 20 % des Gewinns der ersten 5 Jahre | 0,0 | 4,1 | 6,7 | 1,6 | 7,7 | 5,0 |
| Steuerfreiheit von 50 % des Gewinns der ersten 5 Jahre | 10,9 | 11,3 | 8,9 | 22,9 | 15,4 | 15,0 |
| Bereitstellung qualifizierter Arbeitskräfte | 56,5 | 15,5 | 17,8 | 13,1 | 0,0 | 20,0 |
| Sonstiges (Tarifsubvention, Energiesubvention) | 10,9 | 2,1 | 8,9 | 14,8 | 0,0 | 5,0 |
| Basis | 46 | 97 | 45 | 61 | 13 | 20 |

In dem Rest der Fälle wirken die Instrumente am besten, die die jeweils ungünstig beurteilten Basisfaktoren ergänzend verbessern. Ein Mangel des Faktors „Grundstück" kann nur in 6,2 % der Fälle durch eine Investitionsprämie, in 13,4 % durch Kredithilfen, in 11,3 % durch Steuerfreiheit von 50 % des Gewinns der ersten fünf Jahre und in 15,5 % durch Bereitstellung qualifizierter Arbeitskräfte kompensiert werden[59]. In 47,4 % der Fälle dagegen hätte die Bereitstellung von Grundstücken und Gebäuden, eine Maßnahme, die den Mangel selbst beseitigt, gewirkt. Derselbe Zusammenhang besteht in der Tabelle 3 zwischen allen Arten von Standortbedingungen, die die Unternehmen an den nicht akzeptierten Orten als ungünstig empfinden und dem auf Ergänzung dieser Standortbedingungen gerichteten Instrument.

Aus diesem Ergebnis läßt sich folgendes ableiten: Die Wirksamkeit ergänzender Instrumente ist höher als die der kompensierenden Instrumente. Welche Instrumente außer finanzieller Hilfe kompensierend und welche ergänzend wirken, ergibt sich aus den Standortansprüchen der Unternehmen, aus den sie die Kriterien zur Beurteilung möglicher Standorte ableiten. Diese richten sich der Art nach auf die Basisfaktoren Arbeitskräfte, Grundstück und Verkehr und sind in realen Dimensionen definiert. Ein ergänzendes Instrument wirkt umso besser, je genauer durch es die Basisansprüche der Unternehmen getroffen werden.

### 5.3.2.2 Die Reaktionsbereitschaft der Unternehmen

Die zweite Gruppe von Determinanten für die Wirksamkeit regionalpolitischer Maßnahmen liegt in den Unternehmen, wenn sich zeigt, daß Unternehmen mit voneinander abweichenden Strukturmerkmalen regionalpolitische Maßnahmen in unterschiedlicher Weise bei der Beurteilung der Standorte berücksichtigen. Ein solcher Einfluß kann sich bemerkbar machen:

1. in einer unterschiedlich hohen Reaktionsbereitschaft, d. h. es gibt Gruppen von Unternehmen, die regionalpolitische Maßnahmen mit unterschiedlicher Häufigkeit als Beurteilungskriterium verwenden;
2. in einer unterschiedlichen Präferenz für die Arten regionalpolitischer Maßnahmen;
3. in einem gleichzeitigen Auftreten beider Effekte.

Zunächst wird untersucht, ob es Gruppen von Unternehmen gibt, in denen eine unterschiedlich hohe Reaktionsbereitschaft besteht. Zu diesem Zweck werden die Unternehmen, die öffentliche Hilfe überhaupt als Kriterium bei der Beurteilung des Standortes verwenden (53 Unter-

---

[59] Vgl. Tabelle 3, S. 97.

nehmen, 18,7 %), mit denen verglichen, die diesen Faktor vernachlässigen (230 Unternehmen, 51,3 %).

Der Vergleich hat das Ergebnis, daß größere Ansiedlungsfälle[60] und Unternehmen mit schlechterer[61] Finanzierungsstruktur unter den Unternehmen, die den Faktor „öffentliche Hilfe" beachten, häufiger repräsentiert sind als in der Restgruppe. In den an erster Stelle genannten Gruppen wird häufiger eine Standortrechnung[62] durchgeführt, um eine im Durchschnitt größere Zahl von Standortalternativen[63] zu beurteilen. Die „klassischen" Einflußgrößen der Standorttheorie, die Transportkostenempfindlichkeit und die regionale Verflechtung[64] scheinen nur in bezug auf die Absatzseite von Bedeutung zu sein. Unter den Unternehmen der ersten Gruppe, die öffentliche Förderung berücksichtigen, sind Unternehmen mit schwacher regionaler Verflechtung und niedriger Transportkostenempfindlichkeit auf der Absatzseite häufiger als in der Restgruppe.

Die aufgeführten Einflußgrößen stehen allerdings nicht isoliert nebeneinander; es gilt vielmehr die Interdependenz der Determinanten herauszufinden mit dem Ziel, die Strukturmerkmale der Unternehmen nach dem Grad ihrer Bedeutung für die Bereitschaft zur Reaktion auf regionalpolitische Maßnahmen zu ordnen. Als geeignetes Analyseverfahren steht die aus der Varianzanalyse abgeleitete AUSPIK-Analyse zur Verfügung, mit deren Hilfe die Variabilität einer abhängigen Variablen und deren Untergruppen optimal erklärt werden kann[65].

---

[60] Vgl. Tabelle 28 im Anhang III.

[61] Vgl. Tabelle 29 im Anhang III.

[62] Vgl. Tabelle 30 im Anhang III.

[63] Vgl. Tabelle 31 im Anhang III.

[64] Vgl. Tabellen 32 und 33 im Anhang III.

[65] Vgl. die Beschreibung des AUSPIK-Verfahrens bei: Biervert, B., M. Dierkes und A. Walzel, Automatischer Split zur optimalen Kombination erklärender Faktoren, ein Vorschlag zur Analyse sozialwissenschaftlicher Daten, in: Kölner Zeitschrift für Soziologie und Sozialpsychologie, Heft 2, Jg. 1969, S. 304 ff.

Das AUSPIK-Verfahren ermöglicht die Ordnung der Einflußfaktoren nach zwei Kriterien:

1. nach der Höhe der Varianzen zwischen den Gruppen der abhängigen Variablen, die durch die Klassifikationsmerkmale des jeweiligen Einflußfaktors gebildet werden:

$$V_Z = \sum_{n=1}^{2} n_i (\bar{x}_i - \bar{x})^2$$

$$x_1 = -\left[ x_{11}, x_{12}, \ldots, x_{1u_1} \right]-$$

$$x_2 = -\left[ x_{21}, x_{22}, \ldots, x_{2u_2} \right]-$$

$$x_1 + x_2 = x$$

$V_Z$ = Zwischengruppenvarianz

Als abhängige Variable, deren Varianz erklärt werden soll, wurde das Gewicht, das die Unternehmen den Aktionsparametern der Regionalpolitik im Rahmen ihrer Standortentscheidungen[66] beilegen, angenommen. Es waren als typische Instrumente mit ergänzender Wirkung die Hilfe bei Erwerb und Erschließung des Grundstücks und als typische Instrumente einer kompensierenden Regionalpolitik öffentliche Kredite und Bürgschaften und Investitionshilfen bzw. Sonderabschreibungen für die Gewichtung durch die Unternehmen ausgewählt worden. Für die AUSPIK-Analyse wurde die Gewichtung der jeweils zwei Instrumente aus beiden Gruppen zu zwei neuen Variablen zusammengefaßt, die in die dichotomen Gruppen „Gewicht für die Standortentscheidung“[67] und „kein Gewicht für die Standortentscheidung“[68] aufgeteilt wurden.

Als potentielle Einflußfaktoren, die die unabhängigen Variablen der Analyse bildeten, wurden folgende Größen angesehen:

1. Größen, die die Struktur der untersuchten Unternehmen kennzeichnen
   — der monatliche Umsatz der neu angesiedelten Betriebe[69];
   — die Finanzierungsstruktur;
   — die Branchenzugehörigkeit;
   — die Transportkostenempfindlichkeit[70];
   — die regionale Verflechtung[70];

---

2. nach der Relation zwischen den Varianzen zwischen den Gruppen und den Variationen innerhalb der Gruppen (Q-Wert)

$$Q = \frac{\sum_{i=1}^{2} n_i (\bar{x}_i - \bar{x})^2}{\sum_{i=1}^{2} \sum_{j=1}^{n_j} (x_{ij} - \bar{x}_{ij})^2}$$

Als Ordnungskriterium wurden die Q-Werte gewählt, da sie als relatives Maß die Homogenität der Gruppen berücksichtigen und darüber hinaus auch nicht — wie die Zwischengruppenvarianzen — gleiche Besetzungszahlen für den Vergleich aller Einflußfaktoren voraussetzen.

66 Vgl. Tabellen 34 bis 39 im Anhang III.

67 Auf der fünfteiligen Ordinalskala Werte 1 bis 3 mit der Bedeutung: das Gewicht ist sehr groß, groß oder mittel.

68 Werte 3 und 4 auf der fünfteiligen Ordinalskala mit der Bedeutung: geringes Gewicht und kein Gewicht.

69 Aus rechentechnischen Gründen konnte als Maß für die Größe der neu angesiedelten Betriebe nicht die Beschäftigtenzahl genommen werden, die für alle anderen Korrelationen verwendet wurde, weil sie die regionalpolitisch in erster Linie bedeutsame Kennziffer ist. Statt dessen wurde der monatliche Umsatz verwendet, der mit der Beschäftigtenzahl hoch korreliert und infolgedessen eine aussagefähige Hilfsgröße darstellt.

70 Für die AUSPIK-Analyse wurden die jeweiligen Kennziffern für den Gütereinsatz und den Absatz zu einer gemeinsamen Kennziffer zusammenge-

2. Größen, die Inhalt und Ablauf des Standortentscheidungsprozesses kennzeichnen
   — die Art der Ansiedlung[71];
   — die Ausdehnung des Standortsuchraumes;
   — die Zahl der geprüften Standorte;
   — die Berücksichtigung des Faktors „Finanzierung“ bei der Standortwahl;
   — die Durchführung einer Standortrechnung.

Die Durchführung der Analyse bringt das folgende Ergebnis[72]:

1. Die Reaktionsbereitschaft der Unternehmen wird sowohl durch ihre Struktur als auch durch Charakteristika der Entscheidungsprozesse bestimmt; allerdings sind betriebliche Kennziffern als Haupteinflußgrößen anzusehen.
2. Die Haupteinflußgrößen sind bei den finanziellen Instrumenten die Finanzierungsstruktur und bei den ergänzenden Instrumenten die Betriebsgröße (Monatsumsatz).
3. Unternehmen, die der finanziellen Hilfe häufig ein Gewicht bei der Standortentscheidung zumessen, lassen sich durch die Merkmale niedriger Eigenkapitalanteil, relativ weite Ausdehnung des Standortsuchraumes und Berücksichtigung des Faktors „Finanzierung“ bei der Standortentscheidung charakterisieren.
4. Unternehmen, die der Hilfe beim Grundstückserwerb häufig ein Gewicht zuerkennen, sind größer (Monatsumsatz über 500 000 DM), ihre Güter sind transportkostenempfindlich, und sie haben ebenfalls den Faktor Finanzierung bei der Standortentscheidung berücksichtigt[73].

---

faßt, um in Anbetracht der relativ geringen Fallzahl von 283 die Zahl der unabhängigen Variablen zu begrenzen.

[71] Dieses qualitative Merkmal wurde zu den dichotomen Gruppen „Betriebsverlagerung“ und „Betriebsgründung“ zusammengefaßt, da anders eine sinnvolle Interpretation dieser Variablen in der AUSPIK-Analyse nicht möglich ist.

[72] Siehe Abbildungen 1 und 2, S. 102 und 103.

[73] Erläuterung der Bezeichnungen in den folgenden Abbildungen

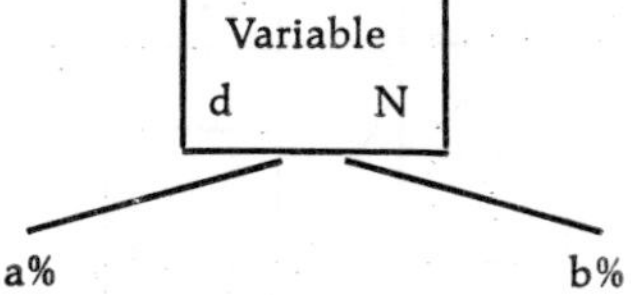


Variable = optimaler Erklärungsfaktor auf den einzelnen Stufen.
d = Durchschnitt der Unternehmen der einzelnen Gruppen, die dem regionalpolitischen Instrument ein Gewicht für die Standortentscheidung zumessen.
N = Zahl der Unternehmen in den einzelnen Gruppen
a % bzw. b % = relativer Anteil der Gesamtheit der Unternehmen.

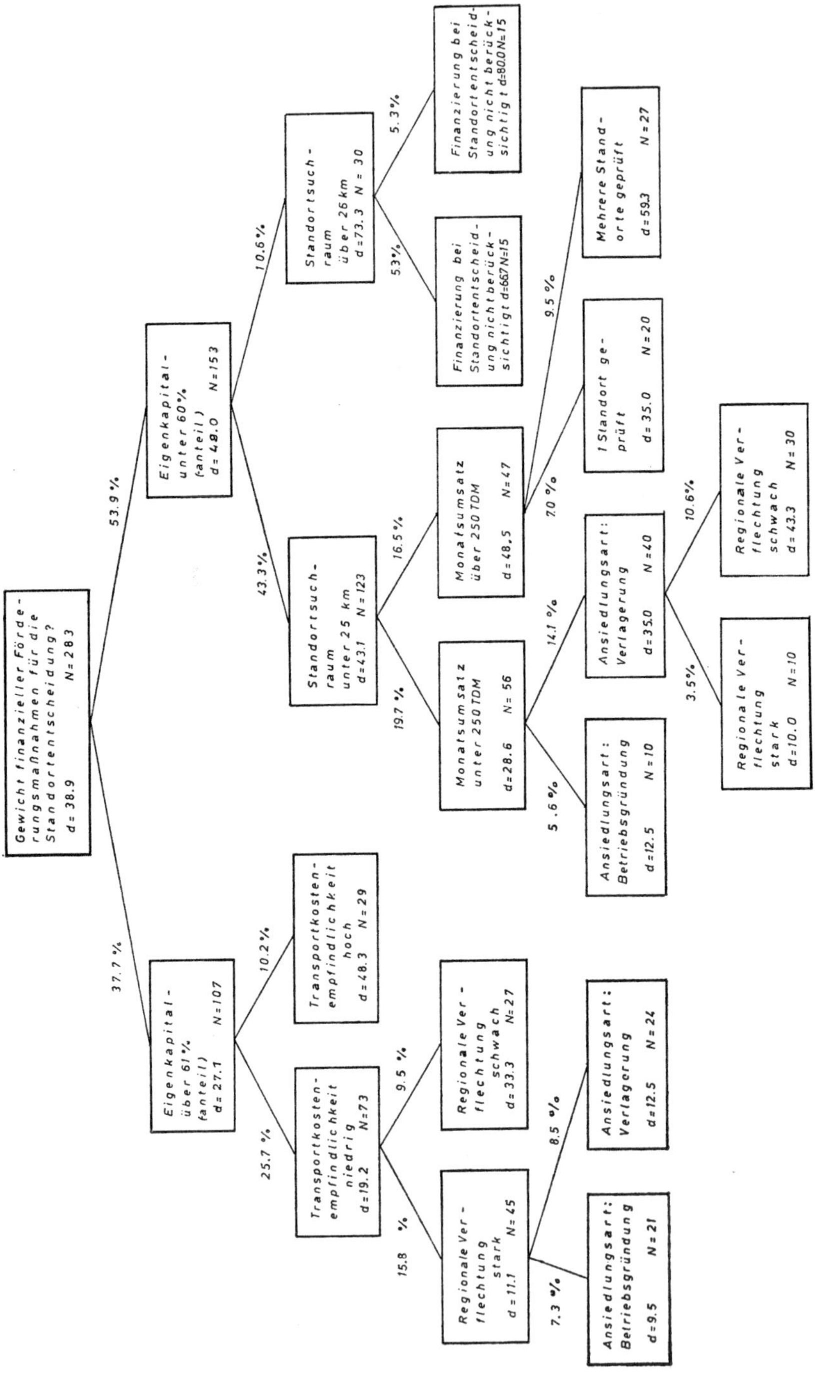
Gewicht finanzieller Förderungsmaßnahmen für die Standortentscheidung? d = 38.9 N = 283
53.9 %
Eigenkapital-unter 60% (anteil) d = 48.0 N = 153
37.7 %
Eigenkapital-über 61% (anteil) d = 27.1 N = 107
10.6 %
Standortsuchraum über 26 km d = 73.3 N = 30
43.3 %
Standortsuchraum unter 25 km d = 43.1 N = 123
5.3 %
Finanzierung bei Standortentscheidung nicht berücksichtigt d=80.0 N=15
53 %
Finanzierung bei Standortentscheidung nicht berücksichtigt d=66.7 N=15
16.5 %
Monatsumsatz über 250 TDM d = 48.5 N = 47
19.7 %
Monatsumsatz unter 250 TDM d = 28.6 N = 56
9.5 %
Mehrere Standorte geprüft d = 59.3 N = 27
7.0 %
1 Standort geprüft d = 35.0 N = 20
14.1 %
Ansiedlungsart: Verlagerung d = 35.0 N = 40
5.6 %
Ansiedlungsart: Betriebsgründung d = 12.5 N = 10
10.6 %
Regionale Verflechtung schwach d = 43.3 N = 30
3.5 %
Regionale Verflechtung stark d = 10.0 N = 10
10.2 %
Transportkostenempfindlichkeit hoch d = 48.3 N = 29
25.7 %
Transportkostenempfindlichkeit niedrig d = 19.2 N = 73
9.5 %
Regionale Verflechtung schwach d = 33.3 N = 27
15.8 %
Regionale Verflechtung stark d = 11.1 N = 45
8.5 %
Ansiedlungsart: Verlagerung d = 12.5 N = 24
7.3 %
Ansiedlungsart: Betriebsgründung d = 9.5 N = 21

**Abbildung 1**

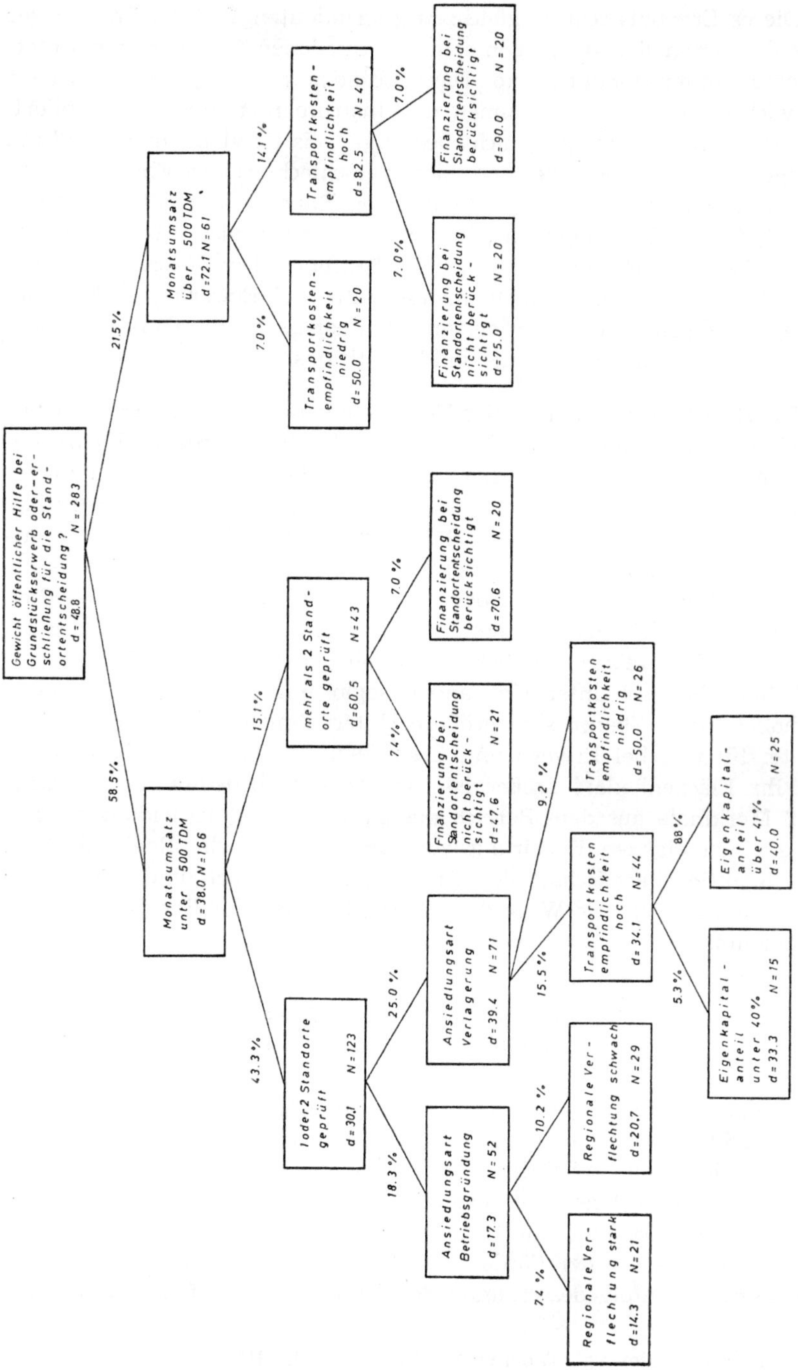
Gewicht öffentlicher Hilfe bei Grundstückserwerb oder -er-schließung für die Stand-ortentscheidung ?
d = 48.8 N = 283
21.5 %
Monatsumsatz über 500 TDM
d = 72.1 N = 61
58.5 %
Monatsumsatz unter 500 TDM
d = 38.0 N = 166
7.0 %
Transportkosten-empfindlichkeit niedrig
d = 50.0 N = 20
14.1 %
Transportkosten-empfindlichkeit hoch
d = 82.5 N = 40
7.0 %
Finanzierung bei Standortentscheidung nicht berück-sichtigt
d = 75.0 N = 20
7.0 %
Finanzierung bei Standortentscheidung berücksichtigt
d = 90.0 N = 20
15.1 %
mehr als 2 Standorte geprüft
d = 60.5 N = 43
7.4 %
Finanzierung bei Standortentscheidung nicht berück-sichtigt
d = 47.6 N = 21
7.0 %
Finanzierung bei Standortentscheidung berücksichtigt
d = 70.6 N = 20
43.3 %
1 oder 2 Standorte geprüft
d = 30.1 N = 123
25.0 %
Ansiedlungsart Verlagerung
d = 39.4 N = 71
18.3 %
Ansiedlungsart Betriebsgründung
d = 17.3 N = 52
9.2 %
Transportkosten empfindlichkeit niedrig
d = 50.0 N = 26
15.5 %
Transportkosten empfindlichkeit hoch
d = 34.1 N = 44
10.2 %
Regionale Verflechtung schwach
d = 20.7 N = 29
7.4 %
Regionale Verflechtung stark
d = 14.3 N = 21
88 %
Eigenkapital-anteil über 41 %
d = 40.0 N = 25
5.3 %
Eigenkapital-anteil unter 40 %
d = 33.3 N = 15

**Abbildung 2**

Dieses Ergebnis scheint gleichzeitig anzudeuten, daß die Präferenzen für die Arten der Instrumente in verschiedenen Gruppen von Unternehmen unterschiedlich sind. Dieser Eindruck wird jedoch durch die Gewichte, die die Unternehmen den Instrumenten für ihre Standortentscheidungen zumessen, nicht bestätigt[74]. Es ist vielmehr so, daß mit steigender Betriebsgröße und sich verschlechternder Finanzierungsstruktur alle Instrumente einen höheren Rangplatz erhalten; das Gewicht, das die Unternehmen ihnen beilegen, steigt also. Aber in keinem Falle ändert sich etwas an der Reihenfolge der Einschätzung. Die getesteten ergänzenden Instrumente, Hilfe bei Erwerb und Erschließung des Grundstücks, werden immer höher gewichtet als die kompensierenden Instrumente Kredit- und Investitionshilfen.

Die Reaktionsbereitschaft der Unternehmen auf den Einsatz regionalpolitischer Instrumente wird einerseits durch Strukturmerkmale bestimmt, die dafür stehen, daß die Unternehmen objektiv ein unterschiedliches Interesse an einer öffentlichen Unterstützung beim Aufbau eines neuen Betriebes haben. Der Nutzen eines Kredites aus öffentlichen Mitteln ist für ein kapitalschwaches Unternehmen größer als für ein gut finanziertes, da neben den in beiden Situationen gleichen Rentabilitätswirkungen im ersten Fall noch die Verminderung des bei schlechter Kapitalstruktur besonders hohen unternehmerischen Risikos erheblich ist und unter Umständen sogar eine Finanzierungsklemme behoben wird. Ebenso sind größere Unternehmen eher auf öffentliche Unterstützung bei Erwerb und Erschließung angewiesen als kleinere, da ihr Flächenbedarf größer ist. Andererseits bedeutet die Tatsache, daß Merkmale aus dem Bereich des subjektiven Entscheidungsverhaltens einen eigenen Erklärungswert besitzen, daß die Regionalpolitik die Reaktionsbereitschaft der Unternehmen erhöhen und damit ihre Wirksamkeit auf dem Wege der Information und der Beratung verbessern kann.

### *5.3.3 Der Einfluß regionalpolitischer Maßnahmen auf die Standortnachfrage*

Regionalpolitische Maßnahmen können den Entscheidungsprozeß eines Unternehmens über einen Betriebsstandort bereits in der Phase der Information über mögliche Handlungsalternativen, die der Beurteilungsphase vorgelagert ist, beeinflussen. Diese Wirkung ist gegeben, wenn ein Unternehmen durch gezielte Information und Beratung oder durch die Tatsache der Förderung auf einen Ort aufmerksam gemacht wird und ihn infolgedessen unter den Kreis der zu prüfenden Standorte

---

[74] Zum folgenden vgl. Tabellen 34 - 39 im Anhang III.

aufnimmt. Die Instrumente können unter diesem Gesichtspunkt eingeteilt werden in solche, deren Informationswert von der Natur der Sache her hoch ist — als Beispiel sei verwiesen auf den Ausbau von Fernverkehrswegen — und in solche, die spezielle Informationsmaßnahmen erfordern, damit sie Publizität erhalten. In beiden Fällen muß die Publizität überregional sein, da Unternehmen von außen in geförderte Regionen gezogen werden sollen.

Um abschätzen zu können, ob und in welchem Umfang bereits die Standortnachfrage der befragten Unternehmen durch direkte Information gelenkt wurde, ist es notwendig zu wissen, woher die Unternehmen Kenntnis von möglichen Standorten erhalten[75]. Nach der Häufigkeit der Nennungen ist die eigene Kenntnis die wichtigste Informationsquelle; bei 48,8 % der Unternehmen beruht die Aufnahme eines Ortes unter die möglichen Handlungsalternativen auf eigenem Wissen. An der zweiten Stelle stehen Informanten wie der Verkäufer des Grundstücks, persönliche Freunde und Bekannte etc.[76]. Erst danach folgten mit 23,3 % eine Gruppe öffentlicher Stellen, die im föderativen Staatsaufbau an der Basis angesiedelten Kommunen und Kommunalverbände einschließlich ihrer Wirtschaftsförderungseinrichtungen[77].

Ungefähr das gleiche Gewicht besitzen Banken und Berater (17,3 %) und Medien (14,1 %) als Informanten. Stellen des Bundes und des Landes, unter ihnen die Wirtschaftsförderungsgesellschaft des Landes Nordrhein-Westfalen, sind für die Standortnachfrage — zumindest der befragten Unternehmen — von geringer Bedeutung, da nur 6,7 % der Unternehmen aus dieser Quelle Informationen über Ansiedlungsmöglichkeiten erhalten[78].

Eine Aufgliederung dieser auf die Grundgesamtheit bezogenen Ergebnisse zeigt, daß Neugründungen von Zweigbetrieben, größere Ansiedlungsfälle und Unternehmen mit schlechterer Finanzierungsstruktur über eine größere Zahl von Informationsquellen verfügen. Im wesentlichen rührt das daher, daß die genannten Gruppen häufiger als die anderen Unternehmen Informationen von öffentlichen Stellen aller

[75] Zum folgenden vgl. Tabellen 40 - 43 im Anhang III.

[76] Diese Informationsquellen werden unter der Kategorie „Sonstige“ zusammengefaßt.

[77] Gemeinden, Gemeindeverbände, Kreise und kreisfreie Städte.

[78] Vgl. dazu den Hinweis des Geschäftsführers der Gesellschaft für Wirtschaftsförderung in Nordrhein-Westfalen mbH., Herrn A. I. Foerster, daß bis Anfang 1972 von den 100 größten Unternehmen der Welt etwa 30 die Dienste dieser Gesellschaft teilweise mehrfach in Anspruch genommen haben. A. I. Foerster, Diskussionsbeitrag, abgedruckt in: Foerster, A. I. - B. Röper, Finanzielle Anreize als Mittel der Regionalpolitik — ein Vergleich der Systeme westeuropäischer Länder, in: Schriftenreihe der Arbeitsgemeinschaft für Rationalisierung des Landes Nordrhein-Westfalen, Heft 134, Dortmund 1972, S. 31.

Ebenen erhalten, während die Bedeutung der restlichen Informationsquellen in allen Gruppen — mit einer Ausnahme — in etwa gleich ist.

Diese Ausnahme allerdings gibt einen tiefen Einblick in den Verlauf nicht nur des Such-, sondern des gesamten Entscheidungsprozesses. Unternehmen, die den ersten geprüften Standort wählen[79], haben ihn zu beinahe der Hälfte aufgrund eigener Kenntnis in Betracht gezogen; alle anderen Informationsquellen haben bei diesen Unternehmen eine im Verhältnis zum Durchschnitt der Gesamtheit wesentlich geringere Bedeutung. Daraus läßt sich schließen, daß die Standortsuche an einem Ort beginnt, der bereits bekannt ist. Genügt dieser den Standortansprüchen, wird der Entscheidungsprozeß beendet; entspricht er dagegen nicht den Vorstellungen vom geeigneten Standort, werden externe Informationsquellen eingeschaltet, um neue Alternativen zu finden. Zuerst werden Banken, Berater und sonstige Informanten aus dem geschäftlichen und persönlichen Umkreis herangezogen. Die Häufigkeit, mit der sie genannt werden, steigt an, wenn zwei Orte geprüft werden und verharrt auch bei einer größeren Zahl von Alternativen auf demselben Niveau. Erst bei drei und mehr Orten steigt die Häufigkeit der Nennung von Bundes- und Landesstellen, die somit erst an dritter Stelle, nach Ausschöpfung anderer Quellen, konsultiert werden.

Dieses Informationsverhalten bedeutet, daß die Standortnachfrage der untersuchten Unternehmen in hohem Maße vom Zufall bestimmt ist und nur in wenigen Fällen von Stellen beeinflußt wird, die ein Interesse daran haben, die Standortsuche eines Unternehmens im Sinne der Regionalpolitik zu lenken. Ein solches Interesse kann nur bei Stellen des Bundes und des Landes angenommen werden, während alle anderen unternehmensexternen Informanten daran interessiert sind, ein standortsuchendes Unternehmen zur Ansiedlung in ihrem „Zuständigkeitsbereich“ zu bewegen. Dieses Verhalten ist verständlich, da es sich bei den Unternehmen um potentielle Kunden oder Steuerzahler handelt; die jeweiligen Zuständigkeitsbereiche unterhalb der Landesebene sind jedoch so klein, daß eine Orientierung an den Zielen der Regionalpolitik nicht möglich ist.

Außer durch direkte Information kann die Standortnachfrage durch die Tatsache der Anwendung direkter oder indirekter Instrumente beeinflußt werden. Nachdem klar geworden ist, daß nur 53 Unternehmen den Faktor „öffentliche Förderung“ bei der Beurteilung der geprüften Orte berücksichtigen, muß die Attraktionskraft der direkten Instrumente gering eingeschätzt werden; die Aussicht auf öffentliche Förderung hat — wie anzunehmen ist — sicher nicht die Standortnachfrage einer größeren Zahl von Unternehmen gelenkt, als diesen Faktor bei der

[79] Zum folgenden vgl. Tabelle 43 im Anhang III.

Beurteilung der Standorte verwendeten[80]. Diese These wird gestützt durch die Gründe, die die Unternehmen für bewußte Einschränkungen des Standortsuchraumes angeben[81]. In keinem Fall wurde die Suche von vornherein auf Orte oder Gegenden beschränkt, die die Aussicht auf direkte öffentliche Hilfe bieten; ebenso wurden Orte und Gegenden, die diese Aussicht nicht bieten, nicht ausgeschlossen.

Die angeführten Gründe, die allerdings nicht ausreichen, um zu erklären, warum der Such- und Informationsprozeß gemessen an der Zahl der geprüften Orte und der Ausdehnung des Standortsuchraumes in den nachgewiesenen engen Beschränkungen verläuft, weisen darauf hin, daß auch zum Zweck der Lenkung der Standortnachfrage ergänzende Instrumente die größte Aussicht auf Erfolg haben. Die Beschränkungsgründe Arbeitskräfte, Grundstück und Gebäude sowie ungünstige Verkehrslage stellen Aktionsparameter einer Regionalpolitik dar, die darauf ausgerichtet ist, Standortnachteile nicht durch Transferzahlungen finanziell zu kompensieren, sondern zu beseitigen.

## 5.4 Die Wirksamkeit der Instrumente zur Beeinflussung unternehmerischer Standortentscheidungen

Die Untersuchung der Standortentscheidungen von 283 Unternehmen[82] hat ergeben, daß die Regionalpolitik mit einem Entscheidungsverhalten zu rechnen hat, das in wesentlichen Punkten von den Annahmen der betriebswirtschaftlichen Theorie abweicht:

1. Die Standortsuche erstreckt sich nicht über ein weites Gebiet, sondern bleibt in den meisten Fällen auf den engen Raum beschränkt, der persönlicher Erfahrung zugänglich ist. Diese Begrenzung korrespondiert mit einem Informationsverhalten, in dem der Zufall als wesentlicher Faktor angesehen werden muß.
2. Die Festlegung auf einen Standort erfolgt in der Regel nicht aufgrund eines sorgsamen Kalküls, in dem die Vor- und Nachteile verschiedener Alternativen in Kosten- und Gewinngrößen umgerechnet und gegeneinander abgewogen werden. Vielmehr fällt die Entscheidung zugunsten des Ortes, der als erster ein weitgehend vorgegebenes Anspruchsniveau am besten erfüllt.

---

[80] Vgl. Tabelle 27 im Anhang III.

[81] Vgl. Tabelle 44 im Anhang III.

[82] An dieser Stelle sei darauf hingewiesen, daß die Ergebnisse auf der Befragung kleiner und mittlerer Ansiedlungsfälle beruht. Der starke Einfluß des Faktors Betriebsgröße läßt vermuten, daß bei großen und größten Unternehmen andere Bedingungen gegeben sind. Dies stellen aber nur einen geringen Teil der tatsächlich vorkommenden Ansiedlungsfälle. Vgl. dazu Anhang I, Tabelle 4.

3. Die Ansprüche an einen akzeptablen Standort richten sich auf wenige Basisfaktoren, weisen hier aber eine Differenzierung in Dimensionen der Qualität und der Quantität auf.

Auf dieser Grundlage wurde untersucht, ob und in welchem Ausmaß die analysierten Standortentscheidungen von regionalpolitischen Maßnahmen beeinflußt wurden und welche Determinanten die Wirksamkeit fördern oder behindern. Da im Untersuchungszeitraum Instrumente sowohl mit kompensierender Wirkung als auch mit ergänzender Wirkung eingesetzt wurden, lassen sich Aussagen zur Wirksamkeit beider Gruppen von Instrumenten machen[83]:

1. Ein Instrument stellt einen möglichen Standort in der Beurteilung durch die Unternehmen mit umso größerer Wahrscheinlichkeit besser, je genauer es einen ungenügend erfüllten Standortanspruch trifft und zufriedenstellt. Die wichtigste Determinante der Wirksamkeit der Regionalpolitik ist also die Art der eingesetzten Instrumente.
2. Das Niveau der Reaktionsbereitschaft der Unternehmen steigt mit der Betriebsgröße und der Verschlechterung der Finanzierungsstruktur. Die Wirksamkeit der Regionalpolitik hängt also auch von der Struktur der standortsuchenden Unternehmen in einem Zeitraum ab.
3. Die Reaktionsbereitschaft der Unternehmen innerhalb der angegebenen Gruppen steigt mit größerer formaler Rationalität des Entscheidungsprozesses. Die Wirksamkeit der Regionalpolitik kann infolgedessen durch Einsatz der Instrumente, Information und Beratung verbessert werden.
4. Das stärkste Hindernis der Regionalpolitik, insbesondere bei der Förderung der Industrieansiedlung in relativ abgelegenen Regionen ist die enge Beschränkung des Standortsuchraumes der Unternehmen. Dadurch wird das Eintreten einer für den Erfolg der Regionalpolitik notwendigen Bedingung vereitelt, nämlich, daß geförderte Orte in größerem Umfang unter den Kreis der möglichen Handlungsalternativen aufgenommen werden. Die wirksamsten Maßnahmen zur Überwindung dieses Hindernisses sind Information und Beratung, die standortsuchende Unternehmen bereits in einer frühen Phase ihrer Entscheidungsprozesse erfassen.

Diese grundsätzlichen Aussagen müssen allerdings vor dem Hintergrund der regionalwirtschaftlichen Situation Nordrhein-Westfalens im Untersuchungszeitraum differenziert werden. Die regionalen Probleme

[83] Die Bedingungen der statistischen Repräsentanz entfallen für die ausgewertete Untersuchung, die als Totalerhebung angelegt war und 75,5 % der relevanten Ansiedlungsfälle erfaßte. Vgl. dazu Anhang I.

dieses Landes haben zwei voneinander völlig verschiedene Ursprünge. Einerseits müssen die Folgen sektoraler Strukturkrisen in industriell einseitig strukturierten Räumen (Nördliches Ruhrgebiet, Westmünsterland) überwunden werden, andererseits müssen verkehrsfern gelegene Gebiete (Süd-Ost-Westfalen, Westeifel) industriell erschlossen werden. Im ersteren Fall sind hinsichtlich Austattung mit Infrastruktur, Verkehrslage, Verkehrserschließung und als Folge der Freigabe ehemaligen Bergbaugeländes im nördlichen Ruhrgebiet auch hinsichtlich des Grundstücksmarktes alle Voraussetzungen gegeben, um die realen Standortansprüche der Unternehmen zufriedenzustellen. Außerdem liegen diese Regionen in der Nachbarschaft wachstumsstarker Gebiete und somit im „Gesichtskreis" von Unternehmen, die durch das Wachstum Impulse zur Gründung von Betrieben an neuen Standorten erhalten. In dieser Situation sind die Voraussetzungen für einen erfolgreichen Einsatz finanzieller Instrumente mit kompensierender Wirkung wesentlich besser als in den Regionen an der südöstlichen und westlichen Landesgrenze. Diese Gebiete liegen außerhalb des normalen Standortsuchraumes, wenn der Impuls für die Standortsuche in den wachstumsstarken Regionen wirksam wird. Ihnen fehlen außerdem teilweise die Voraussetzungen, um die Standortansprüche der Unternehmen zu erfüllen[84].

Eine Anwendung lediglich kompensierender Instrumente zur Förderung der Industrieansiedlung in schwach entwickelten Regionen muß daher weitgehend wirkungslos bleiben, wenn nicht gleichzeitig die Ursachen der Standortungunst dieser Regionen beseitigt werden. Dadurch aber werden kompensierende Interventionen überflüssig.

[84] Diese Situation wird allerdings durch den Ausbau der Eifel-Autobahn und der Autobahn Dortmund—Kassel geändert.

## 6. Erfolg und Mißerfolg der Regionalpolitik

Eine Wirkungsanalyse wirtschaftspolitischer Maßnahmen, die auf einer empirischen Untersuchung der zu beeinflussenden Entscheidungen aufbaut, ist unvollständig, ohne eine Erfolgskontrolle der beurteilten Instrumente vorzunehmen. Der Begriff des Erfolges kann nicht so eng definiert werden, daß ohne die wirtschaftspolitische Intervention auf jeden Fall eine andere, unerwünschte Verhaltensweise gewählt worden wäre, sondern wird auch dann angewendet, wenn die Maßnahme nachweisbar positiv zur Wahl der erwünschten Verhaltensweise beigetragen hat. Ein anderer Erfolgsbegriff ist in der Realität bei Entscheidungen, die auf mehrere Faktoren zurückzuführen sind, nicht praktikabel, da „ceteris-paribus-Situationen" in der Realität nicht gegeben sind. Auch unter Berücksichtigung der sachlichen Enge des inneren Modells der Entscheidungsträger können die untersuchten Standortentscheidungen nicht auf einen einzelnen Faktor reduziert werden.

Die Tabelle 4[1] gibt an, wie häufig das Vorhandensein öffentlicher Hilfe als Vorteil und das Nicht-Vorhandensein als Nachteil eines geprüften Ortes genannt wurden, und wie häufig die Entscheidung gegen diese Orte ausfiel.

Unter den 32 Fällen, in denen das Vorhandensein öffentlicher Hilfe als Vorteil akzeptierter Orte genannt wurde, befinden sich drei Doppelnennungen, so daß sich folgendes ergibt: Bei 11 Orten führte die Beachtung finanzieller Hilfe dazu, daß der entsprechende Ort gewählt wurde; in 15 Fällen führte die Hilfe bei Erwerb oder Erschließung des Grundstücks zu diesem Ergebnis, während bei drei Orten beide Maßnahmen gemeinsam beteiligt waren. An 15 Orten war die Hilfe nicht ausreichend; sie wurden trotz positiver Erwähnung dieses Faktors abgelehnt. Sechs Orte schließlich wurden gewählt, obwohl ein Fehlen von Hilfe als Nachteil empfunden wurde.

Dieser niedrigen Erfolgsquote steht die Tatsache gegenüber, daß nur 48,4 % der befragten Unternehmen bei dem Aufbau des Betriebes keine öffentliche Hilfe erhalten haben. Dagegen erhielten 34,3 % eine Kredithilfe und 28,6 % nahmen eine Investitionsprämie bzw. eine Steuererleichterung in Anspruch; offensichtlich wurden einige Unternehmen durch beide Maßnahmen begünstigt[1a].

---

[1] Siehe S. 111.

*Tabelle 4*

**Berücksichtigung öffentlicher Hilfen als Beurteilungskriterium und Ergebnis der Entscheidung**

| Art des genannten Instrumentes | Der geprüfte Ort wurde ... akzeptiert absolut | relativ | abgelehnt absolut | relativ | Basis |
|---|---|---|---|---|---|
| Finanzielle Hilfe vorhanden .... | 14 | 60,9 | 9 | 39,1 | 23 |
| Hilfe bei Grundstückserwerb und -erschließung vorhanden | 18 | 75,0 | 6 | 25,0 | 24 |
| Finanzielle Hilfe nicht vorhanden .................. | 3 | 37,5 | 5 | 62,5 | 8 |
| Hilfe bei Grundstückserwerb und -erschließung nicht vorhanden .................. | 3 | 30,0 | 7 | 70,0 | 10 |

Nach der Art der Ansiedlung[2] waren Unternehmen, die einen neuen Zweigbetrieb gründeten, am häufigsten Empfänger einer finanziellen Hilfe; Neugründungen von Unternehmen wurden dagegen zu beinahe zwei Dritteln ohne öffentliche Unterstützung durchgeführt. Die Gliederung nach der Betriebsgröße und Finanzierungsstruktur hat das Ergebnis, das aufgrund der Reaktionsbereitschaft der einzelnen Gruppen zu erwarten ist: Mit steigender Betriebsgröße und schlechter Finanzierungsstruktur steigt die Häufigkeit der Inanspruchnahme öffentlicher Finanzhilfe stark an, so daß bei Betriebsgründungen mit mehr als 200 Beschäftigten lediglich 11,5 % keine öffentliche Förderung erhalten[3].

*Tabelle 5*

**Inanspruchnahme finanzieller Hilfe bei Aufbau des Betriebes**

| Art der Hilfe | Unternehmen absolut | relativ |
|---|---|---|
| Investitionsprämie bzw. Steuererleichterungen ...... | 81 | 28,6 |
| Kredithilfe .......................................... | 97 | 34,3 |
| Keine öffentliche Hilfe erhalten .................... | 137 | 48,4 |
| Basis .............................................. | 283 | |

[1a] Vgl. Tabelle 5, S. 111.
[2] Vgl. Tabelle 45 im Anhang III.
[3] Vgl. Tabellen 46 und 47 im Anhang III.

Die Unternehmen waren nicht in der Lage, die Rechtsgrundlagen ihrer Inanspruchnahme öffentlicher Finanzhilfe anzugeben, so daß dieses Ergebnis nicht auf seine Ursachen zurückgeführt werden kann. Es kann nur vermutet werden, daß hier zwei Faktoren zusammenwirken. Bei einem Teil der Hilfsmaßnahmen handelt es sich um wirtschaftspolitische „Verluste", wenn sie Unternehmen zugeflossen sind, die sich ohne Berücksichtigung der öffentlichen Maßnahmen für den regionalpolitisch erwünschten Standort entschieden und die als Anreiz gedachte Hilfe in Anspruch nahmen, obwohl diese Anreizwirkung gar nicht ausgeübt wurde. Ein anderer Teil der Hilfsmaßnahmen stammt aus anderen Teilbereichen der Wirtschaftspolitik, wo dieselben Instrumente zur Erreichung der Ziele eingesetzt werden wie in der Regionalpolitik. Hier offenbart sich eine Konkurrenzsituation zwischen verschiedenen Bereichen wirtschaftspolitischen Handelns — etwa zwischen Mittelstandspolitik und regionaler Wirtschaftspolitik oder der letzteren und der sektoralen Strukturpolitik. Aus der Konkurrenz kann sogar ein Konflikt entstehen, der dadurch angedeutet wird, daß größere Unternehmen erheblich häufiger öffentliche Finanzierungshilfe erhalten als kleinere. Schließlich kann ein Konflikt der Regionalpolitik mit ihrem Ziel, sichere Arbeitsplätze zu schaffen, dadurch auftreten, daß finanzschwächere Unternehmen und Zweigbetriebe besonders häufig gefördert wurden. In beiden Fällen ist die Persistenz der neuerrichteten Betriebe mit höheren Risiken belastet.

Diese Gefahren, die typisch sind für den Einsatz finanzieller Instrumente, lassen sich in der Regionalpolitik vermeiden, wenn stärker auf den Einsatz ergänzender Instrumente abgestellt wird. Ein Teil dieser Instrumente, beispielsweise öffentliche Investitionen, bietet darüber hinaus den Vorteil, daß keine Wettbewerbsverzerrungen zwischen eingesessenen und neuangesiedelten Betrieben hervorgerufen werden und sie einen höheren Grad an Konformität mit dem Wirtschaftssystem aufweisen.

Besonders geeignet ist eine vorausschauende Politik des Angebotes an Industriegelände. Gerade auf diesem Wege, der hohe Effektivität aufweist, kann es gelingen, das notwendige industrielle Wachstum raumordnerisch zu lenken und industriellen Wildwuchs zu verhindern.

# Anhang

# ANHANG I

## Die Untersuchung der Forschungsstelle für empirische Sozialökonomik

### 1. Anlage und Durchführung der Untersuchung

Die Forschungsstelle für empirische Sozialökonomik (Prof. Dr. G. Schmölders) e. V. führte eine Untersuchung durch, durch die Anhaltspunkte für die Ermittlung der Wirksamkeit regionalpolitischer Instrumente zur Lenkung der Standortentscheidungen industrieller Unternehmen erarbeitet werden sollten. Die Untersuchung wurde regional auf Nordrhein-Westfalen beschränkt. Angestrebt war eine vollständige Befragung aller Unternehmen, die zwischen dem 1. 1. 1966 und dem Frühjahr 1971 eine industrielle Produktion an einem neuen Betriebsstandort aufnahmen.

Das Anschriftenmaterial wurde in Zusammenarbeit mit dem Statistischen Landesamt des Landes Nordrhein-Westfalen und den in diesem Lande existierenden Industrie- und Handelskammern ermittelt.

Da zur Abgrenzung der Grundgesamtheit die Definitionen der Industrieberichterstattung des Statistischen Landesamtes verwendet wurden, wurden Industrieunternehmen mit mindestens 12 Beschäftigten erfaßt.

Insgesamt erfüllten 375 Ansiedlungsfälle die Definition. Tatsächlich durchgeführt werden konnten 283 Interviews (75,5 % der Grundgesamtheit); die Verweigerungsquote betrug 24,5 % (92 Fälle).

Als Erhebungsmethode wurde das mündliche Einzelinterview gewählt. Entsprechend der Hypothese, daß Standortentscheidungen von den Mitgliedern der obersten Ebene der Organisation getroffen werden, war als Zielperson ein Mitglied der Geschäftsleitung vorgegeben.

Tabelle 1: Interviewpartner der Befragung

| | absolut | relativ |
|---|---|---|
| Inhaber, Mitinhaber | 96 | 33,9 |
| Geschäftsführer, Direktor, Vorstandsmitglied | 153 | 54,1 |
| Angestellter unterhalb der Geschäftsführungsebene | 30 | 10,6 |
| Keine Angabe | 4 | 1,4 |
| | 283 | 100,0 |

Die Tabelle 1 zeigt, daß die Zielpersonen in rd. 90 % der Fälle getroffen wurden. Wichtiger als diese formale Definition des Gesprächspartners ist für die Ergebnisse die Frage, inwiefern dieser an der Standortentscheidung beteiligt war.

Tabelle 2: Beteiligung der Interviewpartner an der untersuchten Entscheidung

| | absolut | relativ |
|---|---|---|
| Am gesamten Such- und Entscheidungsprozeß beteiligt | 207 | 73,1 |
| nur an der Standortsuche beteiligt | 11 | 3,9 |
| nur an der Standortentscheidung beteiligt | 15 | 5,3 |
| nur indirekt beteiligt | 46 | 16,3 |
| keine Angabe | 4 | 1,4 |
| | 283 | 100,0 |

Der Informationsstand der Interviewpartner reichte — wie aus Tabelle 2 hervorgeht — für die Zwecke der Befragung aus.

## 2. Die untersuchten Unternehmen

Tabelle 3: Ansiedlungsanlässe der befragten Unternehmen

| Ansiedlungsart | Zahl der Unternehmen absolut | relativ |
|---|---|---|
| Verlagerung eines Zweigbetriebes oder einer Betriebsabteilung | 25 | 8,8 |
| Verlagerung eines gesamten Betriebes | 134 | 47,3 |
| Zusammenlegung von Betrieben | 13 | 4,6 |
| Neugründung eines Zweigbetriebes | 48 | 17,0 |
| Neugründung eines gesamten Betriebes (Unternehmensgründung) | 63 | 22,3 |
| | 283 | 100,0 |

In 60,7 % der Fälle war die Neuansiedlung mit der Aufgabe eines anderen Standortes verbunden; da es außerdem noch 17,0 % Zweigbetriebsgründungen sind, bei denen dasselbe Unternehmen bereits an einem oder mehreren Standorten produziert, wurden nur bei 22,3 % Fälle erfaßt, in denen ein Unternehmen erstmalig mit dem Problem der Standortwahl konfrontiert wird.

Tabelle 4: Größenverteilung der neuangesiedelten Betriebe

| Beschäftigte | Zahl der Unternehmen absolut | relativ |
|---|---|---|
| 12 - 49 | 142 | 50,2 |
| 50 - 99 | 60 | 21,2 |
| 100 - 199 | 45 | 15,9 |
| 200 - 499 | 19 | 6,7 |
| 500 und mehr | 7 | 2,5 |
| keine Angabe | 10 | 3,5 |
| | 283 | 100,0 |

In der Untersuchung wurden im wesentlichen kleine und mittlere Ansiedlungsfälle erfaßt. Betriebe mit weniger als 12 Beschäftigten wurden nicht berücksichtigt; solche mit mehr als 500 Beschäftigten wurden nur in sieben Fällen befragt[1].

Es ist daher nicht erstaunlich, daß nach Tabelle 6 die Investitionssummen in rd. 46 % der Fälle unter 500 000 DM lagen; nur für den Aufbau von 13 der neugegründeten Betriebe wurden mehr als 10 Millionen DM investiert.

Tabelle 5: Monatlicher Umsatz der untersuchten Unternehmen aus eigener Erzeugung (ohne Mehrwertsteuer)

| Umsatz in TDM | Zahl der Nennungen absolut | relativ |
|---|---|---|
| 1 - 100 | 56 | 19,8 |
| 101 - 250 | 66 | 23,3 |
| 251 - 500 | 44 | 15,5 |
| 501 und mehr | 61 | 21,6 |
| keine Angabe | 56 | 19,8 |
| | 283 | 100,0 |

[1] Vgl. Bundesministerium für Arbeit und Sozialordnung (Hrsg.), Die Standortwahl der Industriebetriebe in der Bundesrepublik Deutschland mit Berlin (West). Bearbeitet im Institut für Raumordnung, Bonn 1971, S. 18. Dort werden für den Ansiedlungszeitraum 1968/69 lediglich 11 Neugründungen und Verlagerungen von Betrieben mit mehr als 500 Beschäftigten (davon vier in Nordrhein-Westfalen) aufgeführt.

Tabelle 6: Investitionssumme für die neuangesiedelten Betriebe

| Investitionssumme in TDM | Zahl der Fälle absolut | relativ |
|---|---|---|
| - 500 | 130 | 45,9 |
| 501 - 1 000 | 43 | 15,2 |
| 1 001 - 10 000 | 81 | 28,6 |
| 10 001 und mehr | 13 | 4,6 |
| keine Angabe | 16 | 5,7 |
| | 283 | 100,0 |

Tabelle 7: Branchenzugehörigkeit der untersuchten Unternehmen

| Branche | Zahl der Unternehmen absolut | relativ |
|---|---|---|
| Chemische Industrie | 12 | 4,2 |
| Kunststoff-, Gummi und Asbestverarbeitung | 27 | 9,5 |
| Gewinnung und Aufbereitung von Steinen und Erden, Herstellung von Zement | 9 | 3,2 |
| Grob- und Feinkeramik, Glasindustrie | 2 | 0,7 |
| Eisen- und Metallerzeugung | 33 | 11,7 |
| Stahl-, Maschinen- und Fahrzeugbau | 66 | 23,3 |
| Elektrotechnische und feinmechanische Industrie | 19 | 6,7 |
| Holz-, Papier- und Druckindustrie | 41 | 14,5 |
| Leder-, Textil- und Bekleidungsindustrie | 45 | 15,9 |
| Nahrungs- und Genußmittelindustrie | 19 | 6,7 |
| Nicht zuzuordnen und Sonstige | 10 | 3,5 |
| | 283 | 100,0 |

Tabelle 8: Anteil des Eigenkapitals am gesamten investierten Kapital (Finanzierungsstruktur)

| Eigenkapitalanteil in % des Gesamtkapitals | Zahl der Fälle absolut | relativ |
|---|---|---|
| über 61 % | 107 | 37,8 |
| 41 - 60 % | 59 | 20,8 |
| unter 40 % | 94 | 33,2 |
| keine Angabe | 23 | 8,1 |
| | 283 | 99,9 a) |

a) Abweichungen von 100,0 % in dieser und folgenden Tabellen entstehen infolge von Rundungen.

Tabelle 9: Transportkostenempfindlichkeit
der Input- und Output-Güter der befragten Unternehmen
(Selbsteinschätzung der Befragten)

| Transportkostenempfindlichkeit ist ... | Zahl der Unternehmen Input absolut | relativ | Output absolut | relativ |
|---|---|---|---|---|
| niedrig | 123 | 43,5 | 88 | 31,1 |
| mittel | 82 | 29,0 | 78 | 27,6 |
| hoch | 70 | 24,7 | 106 | 37,5 |
| keine Angabe | 8 | 2,8 | 11 | 3,9 |
| | 283 | 100,0 | 283 | 100,1 |

Die Selbsteinschätzung der Transportkostenempfindlichkeit ihrer Materialien und Vorprodukte sowie ihrer Erzeugnisse durch die Unternehmen läßt — wenn überhaupt — eher eine Orientierung zu den Orten des Absatzes als zu den Beschaffungsorten vermuten. Die im allgemeinen nach Durchlaufen einer weiteren Bearbeitungsstufe höherwertigen Fertigprodukte werden für transportkostenempfindlicher gehalten als die Einsatzgüter.

Da es sich hier um das Ergebnis einer Selbsteinschätzung handelt, kann nicht geklärt werden, ob die Angaben mit der Realität übereinstimmen. Entsprechende Daten wurden nicht ermittelt, da es im Rahmen der Untersuchung vor allem darauf ankam herauszufinden, wie die möglichen standortbeeinflussenden Faktoren perzipiert werden. Das vor dem Hintergrund der Tatsache, daß mit steigendem Wert eines Gutes das Gewicht der Transportkosten in Relation zum Preis sinkt, erstaunliche Ergebnis läßt sich vielleicht in vielen Fällen durch die Geschäftssitten erklären. Die Merklichkeit der Transportkosten bei den Erzeugnissen ist dann höher als bei den Einsatzgütern, wenn die Einkäufe frei Werk, die Verkäufe aber frei Abnehmer fakturiert werden.

Bedenkt man, daß ein Betrieb im allgemeinen eine größere Zahl von Lieferanten und Abnehmern hat, die nicht an einem Punkt konzentriert sind, ist für d ie Standortwahl vielleicht die Größe des Raumes entscheidend, auf den sich die Bezugs- und Absatzbeziehungen erstrecken. Für dieses Merkmal der räumlichen Beziehungen der untersuchten Unternehmen wurde ein Index $I_{rV}$ gebildet, der folgendes angibt: Von starker Verflechtung wird gesprochen, wenn mehr als 50 % der Einsatzgüter bzw. Erzeugnisse nicht weiter als 50 km transportiert werden[2]; geringe Verflechtung liegt dann vor, wenn mindestens 50 % der Güter weiter als 200 km transportiert werden. In den restlichen Fällen wird von mittlerer Verflechtung gesprochen.

Der Index der regionalen Verflechtung für die Einsatzgüter ($I_{rVI}$) und die Erzeugnisse ($I_{rVO}$) wurde aus Angaben der befragten Unternehmen errechnet, wie groß der Anteil der Einsatzgüter (Erzeugnisse) am Gesamtbezug (Gesamterzeugung) ist, die aus einer (in eine) Umgebung von weniger als 50 km ($A_1$), von 51 bis 200 km ($A_2$) und weiter als 200 km ($A_3$) bezogen (geliefert) werden.

[2] Für ein Unternehmen im Ruhrgebiet bedeutet das, daß der Schwerpunkt seiner wirtschaftlichen Beziehungen innerhalb der Grenzen von Nordrhein-Westfalen liegt.

Für die Werte des Index gelten folgende Bedingungen:

$$I_{rV} = 1, \text{ wenn } \sum_{n=1}^{3} \cdot A_n \leq 150 \quad \text{(starke Verflechtung)}$$

$$I_{rV} = 2, \text{ wenn } 150 \geq \sum_{n=1}^{3} \cdot A_n \geq 250 \quad \text{(mittlere Verflechtung)}$$

$$I_{rV} = 3, \text{ wenn } \sum_{n=1}^{3} \cdot A_n \geq 251 \quad \text{(geringe Verflechtung)}$$

$$I_{rV} = 9, \text{ wenn } \sum_{n=1}^{3} \cdot A_n = 100 \quad \text{(keine Angabe).}$$

Tabelle 10: Regionale Verflechtung der untersuchten Unternehmen auf der Einkaufs- und Absatzseite

| Wert des Index der regionalen Verflechtungen | Zahl der Unternehmen Input absolut | relativ | Output absolut | relativ |
|---|---|---|---|---|
| 1 = stark | 73 | 25,8 | 51 | 18,0 |
| 2 = mittel | 132 | 46,6 | 124 | 43,8 |
| 3 = gering | 72 | 25,4 | 97 | 34,3 |
| 9 = keine Angabe | 6 | 2,1 | 11 | 3,9 |
| | 283 | 99,9 | 283 | 100,0 |

Die regionale Verflechtung der neuangesiedelten Betriebe ist nur bei einem Viertel (Input) bzw. weniger als einem Fünftel (Output) stark.

Bei den Betrieben mit mittlerer oder geringer Verflechtung ist eine Voraussetzung dafür gegeben, daß ihre Standortwahl durch die Regionalpolitik zu beeinflussen ist. Es ist anzunehmen, daß mit wachsender Größe der Bezugs- und Absatzräume die wirtschaftlich begründete Standortgebundenheit sinkt.

### 3. Text der ausgewerteten Fragen

1) Handelt es sich bei Ihrem Betrieb in ... um die
   a) Verlagerung eines Zweigbetriebes?
   b) Verlagerung eines gesamten Betriebes?
   c) Zusammenlegung von Betrieben?
   d) Neugründung eines Zweigbetriebes?
   e) Neugründung eines gesamten Betriebes?

2) Wann nahm der neue Betrieb in ... die Produktion auf?

3) Denken Sie bitte einmal an den Zeitpunkt zurück, als der *Entschluß* gefaßt wurde, einen neuen Betrieb aufzumachen. War *da schon* ein ganz bestimmter Ort oder eine ganz bestimmte Gegend vorgesehen, wo der neue Betrieb errichtet werden sollte?
Ort vorgesehen,
Gegend vorgesehen,
nichts vorgesehen

4) Und wie war es zu dem Zeitpunkt, als die *Suche* nach einem Standort für den neuen Betrieb begann? Wurden die Bemühungen da auf einen ganz bestimmten Ort oder eine ganz bestimmte Gegend beschränkt?
auf einen Ort beschränkt
auf eine Gegend beschränkt
nicht beschränkt

5) Warum wurde dieser Ort (diese Orte, diese Gegend, diese Gegenden) genannt?

6) Wieviele konkrete Standortmöglichkeiten sind insgesamt geprüft worden?

7) Denken Sie jetzt bitte einmal an den Zeitpunkt, als es darum ging, den Standort endgültig festzulegen. Standen da noch sämtliche geprüften Standortmöglichkeiten zur Debatte oder waren bereits einige Möglichkeiten ausgeschieden worden?

8) Was war jeweils der Grund (die Gründe) dafür, daß diese Orte schon vor der *endgültigen Festlegung des Standortes* aus den Überlegungen ausgeschieden wurden?

9) Zu Beginn der endgültigen Entscheidung standen ... Orte zur Wahl.

Die Fragen 10 bis 15 wurden für jeden geprüften Standort einzeln gestellt.

10) Wie ist man auf (Ort) aufmerksam geworden?

11) Was war damals alles in allem günstig in ... ?

12) Und was war damals weniger günstig in ... ?

13) Wurden außer dem Genannten noch weitere Informationen eingeholt?

14) (Diese Frage nur für abgelehnte Orte)
Welche Vergünstigungen hätten für den Betrieb geboten werden müssen, damit die Entscheidung nicht gegen, sondern für diesen Ort getroffen worden wäre?

Vorgaben:

a) Investitionsprämie von 15 %
b) Zinsverbilligung bzw. Bereitstellung von Krediten
c) Industrieparks bzw. Bereitstellung von Fabrikationsräumen
d) Steuerfreiheit von 20 % des Gewinns der ersten fünf Jahre
e) Steuerfreiheit von 50 % des Gewinns der ersten fünf Jahre
f) Bereitstellung von qualifizierten Arbeitskräften
g) Sonstiges
— Transportkostenbeihilfen
— Bereitstellung von Wohnraum

h) Nichts von dieser Liste

i) weiß nicht, keine Antwort

15) (Diese Frage nur für abgelehnte Orte)
Hätte man Ihnen andere Vergünstigungen bieten müssen?

16) Wurden bei der Standortentscheidung die Vor- und Nachteile eines bzw. mehrerer Orte rechnerisch gegenübergestellt oder war das in Ihrem Fall nicht erforderlich?

17) Spielten bei der Standortentscheidung finanzielle Überlegungen eine Rolle?

18) Sie kennen sicher das in der Wirtschaftspolitik verfolgte Ziel der Verbesserung der regionalen Wirtschaftsstruktur. Sind Ihnen Maßnahmen bekannt, die zu diesem Zweck eingesetzt werden?

19) (Wenn ja auf Frage 18)
Welche Maßnahmen sind Ihnen bekannt?

20) Während der Vorbereitungsgespräche zu diesen Untersuchungen wurden von Unternehmensleitungen eine Reihe von Faktoren genannt, die eine Standortwahl beeinflussen können. Wir haben diese Faktoren in einem Kartensatz zusammengestellt und bitten Sie um eine Bewertung, welchen Einfluß jeder dieser Gesichtspunkte im Rahmen Ihrer Entscheidung über den Standort des Betriebes hatte.

Der Einfluß war

sehr groß, groß, mittel, gering, ohne Einfluß

Vorgaben (Text der Karten)

1. verfügbare Arbeitskräfte
2. Grundstücksreserven
3. Grundstückspreis
4. Verkehrslage
5. Hilfe bei Grundstückserwerb
6. vorhandene Gebäude und Anlagen
7. erschlossenes Grundstück
8. Hilfe bei Grundstückserschließung
9. Baukosten
10. Kundennähe
11. Energieversorgung
12. Nähe zu anderen Betrieben des Unternehmens
13. Erschließungskosten
14. Öffentliche Kredite und Bürgschaften
15. Investitionsbeihilfen, Sonderabschreibungen
16. Lieferantennähe
17. Standorte der Konkurrenz
18. Wohnortwünsche von leitenden Angestellten
19. Ferne von anderen Betrieben überhaupt
20. Situation auf dem Wohnungsmarkt
21. Lohnsummensteuer

22. Schulen, Ausbildungsstätten
23. Gewerbesteuerhebesätze
24. Grundsteuer
25. Freizeiteinrichtungen
26. Aussicht auf öffentliche Aufträge

21) Wie hoch war die Investitionssumme für den neuen Betrieb?

22) Eine Frage zur Finanzierung: Diese Investition wurde finanziert
aus eigenen Mitteln/Selbstfinanzierung zu %
aus zusätzlichen Einlagen zu %
durch Aufnahme neuer Teilhaber zu %
durch Aufnahme von Krediten zu %

23) Welche öffentlichen Vergünstigungen wurden bei Aufbau des Betriebes in Anspruch genommen?

24) Welche Position bekleiden Sie in Ihrem Unternehmen?

25) Inwiefern waren Sie bei der Standortwahl beteiligt?

26) Branche des Unternehmens

27) Aus welcher Entfernung werden die Vorprodukte, Materialien und Betriebsstoffe für den Betrieb geliefert?
aus der näheren Umgebung bis zu 50 km ... %
aus der weiteren Umgebung, 50 - 200 km ... %
aus Entfernungen über 200 km ... %.

28) Wenn Sie diese Vorprodukte, Materialien und Betriebsstoffe in eine Skala von 1 bis 10 einordnen, würden Sie sie eher als empfindlich oder als unempfindlich gegenüber Transportkosten einstufen?
1 2 3 4 5 6 7 8 9 10
unempfindlich empfindlich

29) In welchen Umkreis werden die Erzeugnisse dse Betriebes geliefert? (Vorgaben wie Frage 27)

30) Wenn Sie diese Erzeugnisse in eine Skala einordnen, würden Sie sie eher als transportkostenempfindlich oder eher als unempfindlich gegenüber Transportkosten einstufen? (Skala wie Frage 28)

31) Zahl der Beschäftigten in dem neuen Betrieb

32) Monatlicher Bruttoumsatz aus eigener Erzeugung des neuen Betriebes (Durchschnittswert)

# ANHANG II

## Daten zur regionalwirtschaftlichen Situation in Nordrhein-Westfalen

Tabelle 1: Ausgewählte Regionen in Nordrhein-Westfalen
Verwaltungsgrenzen nach dem Stand vom 1. 1. 1968

1) Nördliches Ruhrgebiet

Kreisfreie Städte: Bottrop, Castrop-Rauxel, Gladbeck, Lünen, Recklinghausen, Wanne-Eickel, Wattenscheid, Landkreis Recklinghausen
Fläche am 30. 6. 1968: 1 019,69 qkm
Einwohner am 30. 6. 1968: 1 102 000
Einwohner je qkm: 1 081
BIP 1968: 6 706 Mill. DM
BIP je Einwohner 1968: 6 080 DM
Industriebeschäftigte je 1 000 Einwohner 1968[a]: 135

2) Westmünsterland

Landkreise Ahaus, Borken, Steinfurt
Kreisfreie Stadt Bocholt
Fläche am 30. 6. 1968: 2 104,76 qkm
Einwohner am 30. 6. 1968: 526 000
Einwohner je qkm: 249
BIP 1968: 3 105 Mill. DM
BIP je Einwohner 1968: 6 954 DM
Industriebeschäftigte je 1 000 Einwohner 1968[a]: 140

3) Süd-Ost-Westfalen

Landkreise Brilon, Büren, Warburg, Wittgenstein
Fläche am 30. 6. 1968: 2 556,09 qkm
Einwohner am 30. 6. 1968: 270 000
Einwohner je qkm: 106
BIP 1968: 1 315 Mill. DM
BIP je Einwohner 1968: 5 668 DM
Industriebeschäftigte je 1 000 Einwohner 1968[a]: 92

4) Westeifel

Landkreise Monschau, Schleiden
Fläche am 30. 6. 1968: 1 130,68 qkm
Einwohner am 30. 6. 1968: 98 000
Einwohner je qkm: 86
BIP 1968: 448 Mill. DM
BIP je Einwohner 1968: 4 594 DM
Industriebeschäftigte je 1 000 Einwohner 1968[a]: 71

5) Ostwestfalen

Stadt- und Landkreise Bielefeld, Herford

Fläche am 30. 6. 1968: 712,77 qkm

Einwohner am 30. 6. 1968: 545 000

Einwohner je qkm: 764

BIP 1968: 5 482 Mill. DM

BIP je Einwohner 1968: 10 066 DM

Industriebeschäftigte je 1 000 Einwohner 1968[a]: 204

6) Rheinschiene

Kreisfreie Städte Düsseldorf, Neuß, Leverkusen, Köln, Landkreise Köln, Grevenbroich, Düsseldorf-Mettmann

Fläche am 30. 6. 1968: 1 744,82 qkm

Einwohner am 30. 6. 1968: 2 602 000

Einwohner je qkm: 1 491

BIP 1968: 33 390 Mill. DM

BIP je Einwohner 1968: 12 832 DM

Industriebeschäftigte je 1 000 Einwohner 1968[a]: 176

7) Land NRW

Fläche am 30. 6. 1968: 34 044,13 qkm

Einwohner am 30. 6. 1968: 16 862 000

Einwohner je qkm: 495

BIP 1968: 157 236 Mill. DM

BIP je Einwohner 1968: 9 100 DM

Industriebeschäftigte je 1 000 Einwohner 1968[a]: 155

a) Ende September.

*Quelle:* Gesellschaft für Wirtschaftsförderung des Landes Nordrhein-Westfalen (Hrsg.), Kreisübersichten, 2. Aufl., 1968 und Ergänzungen 1970.

Tabelle 2: Wirtschaftliches Wachstum in ausgewählten Regionen in Nordrhein-Westfalen

| | BIP | | BIP je Einwohner | |
|---|---|---|---|---|
| | 1957 | 1968 | 1957 | 1968 |
| Nördliches Ruhrgebiet | 100 | 159,2 | 100 | 153,0 |
| Westmünsterland | 100 | 227,9 | 100 | 194,7 |
| Süd-Ost-Westfalen | 100 | 229,9 | 100 | 210,2 |
| Westeifel | 100 | 209,3 | 100 | 186,1 |
| Ostwestfalen | 100 | 224,9 | 100 | 208,4 |
| Rheinschiene | 100 | 231,2 | 100 | 194,1 |
| Land NRW | 100 | 211,9 | 100 | 184,6 |
| Bund | 100 | 234,7 | 100 | 208,8 |

Tabelle 3: BIP je Einwohner in ausgewählten Regionen des Landes NRW in % der Werte für NRW und die Bundesrepublik

| | in % des Landes | | in % des Bundes | |
|---|---|---|---|---|
| | 1957 | 1968 | 1957 | 1968 |
| Nördliches Ruhrgebiet | 80,6 | 66,8 | 92,6 | 67,9 |
| Westmünsterland | 72,5 | 76,4 | 80,9 | 77,6 |
| Süd-Ost-Westfalen | 54,7 | 62,2 | 62,9 | 63,3 |
| Westeifel | 50,1 | 50,4 | 57,6 | 51,3 |
| Ostwestfalen | 97,6 | 110,6 | 112,6 | 112,4 |
| Rheinschiene | 134,1 | 141,0 | 154,1 | 143,2 |
| Land NRW | 100,0 | 100,0 | 114,9 | 101,6 |
| Bund | 87,0 | 98,5 | 100,0 | 100,0 |

*Quelle:* Gesellschaft für Wirtschaftsförderung des Landes Nordrhein-Westfalen (Hrsg.), Kreisübersichten, 2. Aufl., Düsseldorf 1968 und Ergänzungen 1970. Die Zusammenfassung zu Regionen wurde vom Verfasser vorgenommen.

# ANHANG III

## Tabellen zu Kapitel 5

Tabelle 1: Standortfixierung bei Gründungsentschluß

| Bei dem Entschluß zur Betriebsgründung war bereits ... | Zahl der Unternehmen absolut | relativ |
|---|---|---|
| der Ort festgelegt | 95 | 33,6 |
| die Gegend festgelegt | 93 | 32,9 |
| nichts festgelegt | 95 | 33,6 |
| | 283 | 100,1 |

Tabelle 2: Zahl der geprüften Standorte und Ansiedlungsart

| Ansiedlungsart | Zahl der geprüften Standorte (Unternehmen in % der Ansiedlungsart) | | | | |
|---|---|---|---|---|---|
| | 1 | 2 | 3 | 4 u. m. | Basis |
| Verlagerung und Zusammenlegung Zweigbetriebe | 44,4 | 13,9 | 22,2 | 19,4 | 38 |
| Verlagerung gesamter Betriebe | 42,6 | 26,5 | 18,4 | 12,5 | 134 |
| Neugründung Zweigbetrieb | 43,8 | 18,8 | 10,4 | 27,1 | 48 |
| Neugründung gesamter Betrieb (Unternehmensgründung) | 57,1 | 20,6 | 15,9 | 6,4 | 63 |
| | | | | | 283 |

Tabelle 3: Zahl der geprüften Standorte nach Betriebsgrößen

| Betriebsgröße (Zahl der Beschäftigten) | Zahl der geprüften Standorte (Unternehmen in % der Größenklasse) | | | | |
|---|---|---|---|---|---|
| | 1 | 2 | 3 | 4 u. m. | Basis |
| 12 - 49 | 52,8 | 21,8 | 16,9 | 8,4 | 142 |
| 50 - 99 | 46,7 | 23,3 | 15,0 | 15,0 | 60 |
| 100 - 199 | 33,3 | 22,2 | 20,0 | 24,5 | 45 |
| 200 - 499 | 10,5 | 31,6 | 26,3 | 31,6 | 19 |
| 500 und mehr | 42,9 | 0,0 | 14,3 | 42,9 | 7 |
| keine Angabe | 80,0 | 20,0 | 0,0 | 0,0 | 10 |
| | | | | | 283 |

Tabelle 4: Zahl der geprüften Standorte und Branchenzugehörigkeit

| Branche | Zahl der geprüften Standorte | | | | |
|---|---|---|---|---|---|
| | 1 | 2 | 3 | 4 u. m. | Basis |
| Chemische Industrie, Kunststoff-, Gummi-, Asbestverarbeitung | 41,0 | 30,8 | 17,9 | 10,3 | 39 |
| Industrie der Steine und Erden, Grob- und Feinkeramik | 54,5 | 0,0 | 36,4 | 9,1 | 11 |
| Eisen- und Metallerzeugung | 24,2 | 30,3 | 24,2 | 21,2 | 33 |
| Stahl-, Maschinen-, Fahrzeugbau | 42,4 | 25,8 | 16,7 | 15,2 | 66 |
| Elektrotechnische und feinmechanische Industrie | 57,9 | 15,8 | 5,3 | 21,1 | 19 |
| Holz-, Papier-, Druckindustrie | 48,8 | 19,5 | 17,1 | 14,6 | 41 |
| Leder-, Textil-, Bekleidungsindustrie | 57,8 | 17,8 | 13,3 | 11,1 | 45 |
| Nahrungs-, Genußmittelindustrie | 47,4 | 15,8 | 15,8 | 21,1 | 19 |
| nicht zuzuordnen und Sonstige | 70,0 | 20,0 | 10,0 | 0,0 | 10 |
| | | | | | 283 |

Tabelle 5: Zahl der geprüften Standorte und regionale Verflechtung[a)]

| Regionale Verflechtung | Zahl der geprüften Standorte 1 | 2 | 3 | 4 und mehr | Basis |
|---|---|---|---|---|---|
| INPUT | | | | | |
| stark | 56,2 | 16,4 | 15,1 | 12,4 | 73 |
| mittel | 43,2 | 24,2 | 16,7 | 15,9 | 132 |
| gering | 38,9 | 25,0 | 20,8 | 15,4 | 72 |
| keine Angabe | 83,3 | 16,7 | 0,0 | 0,0 | 6 |
| | | | | | 283 |
| OUTPUT | | | | | |
| stark | 64,7 | 13,7 | 9,8 | 11,7 | 51 |
| mittel | 41,9 | 23,4 | 19,4 | 15,3 | 124 |
| gering | 39,2 | 25,8 | 19,6 | 15,5 | 97 |
| keine Angabe | 72,7 | 18,2 | 0,0 | 9,1 | 11 |
| | | | | | 283 |

a) Vgl. Anhang I.

Tabelle 6: Zahl der geprüften Standorte und Transportkostenempfindlichkeit[a)]

| Transportkosten-empfindlichkeit | Zahl der geprüften Standorte 1 | 2 | 3 | 4 und mehr | Basis |
|---|---|---|---|---|---|
| INPUT | | | | | |
| hoch | 52,9 | 17,1 | 21,4 | 8,6 | 70 |
| mittel | 42,7 | 28,0 | 12,2 | 17,1 | 82 |
| niedrig | 43,9 | 22,0 | 17,9 | 16,3 | 123 |
| keine Angabe | 62,5 | 12,5 | 12,5 | 12,5 | 8 |
| | | | | | 283 |
| OUTPUT | | | | | |
| hoch | 41,5 | 22,6 | 25,5 | 10,3 | 106 |
| mittel | 39,7 | 25,6 | 15,4 | 19,2 | 78 |
| niedrig | 55,7 | 19,3 | 9,1 | 15,8 | 88 |
| keine Angabe | 63,6 | 18,2 | 9,1 | 9,1 | 11 |
| | | | | | 283 |

a) Vgl. Anhang I.

Tabelle 7: Zahl der geprüften Standorte und Finanzierungsstruktur

| Eigenkapitalanteil | Zahl der geprüften Standorte 1 | 2 | 3 | 4 und mehr | Basis |
|---|---|---|---|---|---|
| über 61 % ........ | 51,4 | 23,4 | 13,1 | 12,1 | 107 |
| 41 % - 60 % ...... | 44,1 | 16,9 | 18,6 | 20,4 | 59 |
| unter 40 % ........ | 37,2 | 26,6 | 22,3 | 13,8 | 94 |
| keine Angabe ...... | 65,2 | 13,0 | 8,7 | 13,0 | 23 |
| | | | | | 283 |

Tabelle 8: Ausdehnung des Standortsuchraumes und Finanzierungsstruktur

| Standort-suchraum (km Luftlinie) | Ge-samt | Finanzierungsstruktur (Eigenkapitalanteil) über 61 % | 41 - 60 % | unter 40 % | keine Angabe |
|---|---|---|---|---|---|
| 0 .......... | 47,3 | 51,4 | 44,1 | 38,3 | 3,9 |
| 1 - 10 ...... | 15,9 | 14,0 | 10,2 | 24,5 | 4,3 |
| 11 - 25 ...... | 18,4 | 16,8 | 27,1 | 17,0 | 8,7 |
| 26 - 50 ...... | 9,5 | 9,3 | 6,8 | 11,7 | 8,7 |
| über 51 .... | 8,8 | 8,4 | 11,9 | 8,5 | 4,3 |
| Basis ...... | 283 | 107 | 59 | 94 | 23 |

Tabelle 9: Ausdehnung des Standortsuchraumes und regionale Verflechtung[a)]

| Stand-ortsuch-raum | Ge-samt | Regionale Verflechtung Input stark | mittel | gering | k. A. | Output stark | mittel | gering | k. A. |
|---|---|---|---|---|---|---|---|---|---|
| 0 | 47,3 | 54,8 | 45,5 | 40,3 | 83,3 | 64,7 | 41,9 | 41,2 | 81,8 |
| 1 - 10 | 15,9 | 19,2 | 13,6 | 16,7 | 16,7 | 15,7 | 18,5 | 13,4 | 9,1 |
| 11 - 25 | 18,4 | 20,5 | 17,4 | 19,4 | 0,0 | 9,8 | 20,2 | 21,6 | 9,1 |
| 26 - 50 | 9,5 | 4,1 | 12,9 | 9,7 | 0,0 | 7,8 | 8,1 | 13,4 | 0,0 |
| über 51 | 8,8 | 1,4 | 10,6 | 13,9 | 0,0 | 2,0 | 11,3 | 10,3 | 0,0 |
| Basis | 283 | 73 | 132 | 72 | 6 | 51 | 124 | 97 | 11 |

a) Vgl. Anhang I.

Tabelle 10: Ausdehnung des Standortsuchraumes und Betriebsgröße

| Standortsuchraum (in km Luftlinie) | Gesamt | Betriebsgröße (Zahl der Beschäftigten) 12 - 49 | 50 - 99 | 100 - 199 | 200 u. m. | keine Angaben |
|---|---|---|---|---|---|---|
| 0 | 47,3 | 54,2 | 46,7 | 33,3 | 23,1 | 80,0 |
| 1 - 10 | 15,9 | 16,2 | 16,7 | 11,1 | 19,2 | 20,0 |
| 11 - 25 | 18,4 | 14,8 | 16,7 | 24,4 | 38,5 | 0,0 |
| 26 - 50 | 9,5 | 9,9 | 8,3 | 15,6 | 3,8 | 0,0 |
| über 51 | 8,8 | 4,9 | 11,7 | 15,6 | 15,4 | 0,0 |
| Basis | 283 | 142 | 60 | 45 | 26 | 10 |

Tabelle 11: Ausdehnung des Standortsuchraumes und Ansiedlungsart

| Standort-suchraum (in km Luftlinie) | Gesamt | Ansiedlungsart Verlagerung + Zusammenlegung Zweigbetriebe | Verlagerung gesamter Betrieb | Neugründung Zweigbetrieb | Neugründung gesamter Betrieb (Unternehmensgründung) |
|---|---|---|---|---|---|
| 0 | 47,3 | 47,2 | 42,6 | 47,9 | 57,1 |
| 1 - 10 | 15,9 | 16,7 | 19,9 | 8,3 | 12,7 |
| 11 - 25 | 18,4 | 22,2 | 20,6 | 14,6 | 14,3 |
| 26 - 50 | 9,5 | 2,8 | 8,1 | 14,6 | 12,7 |
| über 51 | 8,8 | 11,1 | 8,8 | 14,6 | 3,2 |
| Basis | 283 | 38 | 134 | 48 | 63 |

Tabelle 12: Wurden außer den genannten günstigen und ungünstigen Faktoren noch weitere Informationen über die geprüften Standortalternativen eingeholt?

| | Zahl der Nennungen[a)] absolut | relativ |
|---|---|---|
| Ja | 83 | 14,0 |
| Nein | 452 | 76,2 |
| keine Angabe | 58 | 9,8 |
| | 593 | 100,0 |

a) Die Zahl der Nennungen ergibt sich aus der Gesamtzahl der von den befragten Unternehmen geprüften Standortalternativen.

Tabelle 13: Zahl der von den Unternehmen verwendeten unterschiedlichen Beurteilungskriterien[a] (aus Frage Nr. 11 und 12)

| Zahl der Kriterien | Zahl der Unternehmen absolut | relativ |
|---|---|---|
| 1 | 19 | 6,7 |
| 2 | 66 | 23,3 |
| 3 | 79 | 27,9 |
| 4 | 64 | 22,6 |
| 5 | 28 | 9,9 |
| 6 | 10 | 3,5 |
| 7 | 6 | 2,1 |
| 8 | 2 | 0,7 |
| keine Angabe | 9 | 3,3 |
| | 283 | 100,0 % |

a) Zur Abgrenzung der Kriterien s. S. 90, Anmerkungen b) und c) zu Tabelle 2.

Tabelle 14: Kriterien zur Beurteilung der Standortalternativen Häufigkeit der Einstufung als „sehr wichtig" und „wichtig" (Basis = 283)

| | Unternehmen in % |
|---|---|
| 1. Verfügbare Arbeitskräfte | 63,6 |
| 2. Grundstücksreserven | 61,1 |
| 3. Grundstückspreis | 53,3 |
| 4. Verkehrslage | 48,4 |
| 5. Hilfe bei Grundstückserwerb | 46,4 |
| 6. vorhandene Gebäude und Anlagen | 45,6 |
| 7. erschlossenes Grundstück | 45,6 |
| 8. Hilfe bei Grundstückserschließung | 30,8 |
| 9. Baukosten | 30,0 |
| 10. Kundennähe | 26,5 |
| 11. Energieversorgung | 22,6 |
| 12. Nähe zu anderen Betrieben des Unternehmens | 21,6 |
| 13. Erschließungskosten | 21,5 |
| 14. Öffentliche Kredite und Bürgschaften | 20,2 |
| 15. Investitionsbeihilfen, Sonderabschreibungen | 16,2 |
| 16. Lieferantennähe | 15,9 |
| 17. Standorte der Konkurrenz | 9,2 |
| 18. Wohnortwünsche von leitenden Angestellten | 9,2 |
| 19. Ferne von anderen Betrieben überhaupt | 7,7 |
| 20. Situation auf dem Wohnungsmarkt | 7,1 |
| 21. Lohnsummensteuer | 4,9 |
| 22. Schulen, Ausbildungsstätten | 4,6 |
| 23. Gewerbesteuerhebesätze | 3,9 |
| 24. Grundsteuer | 3,2 |
| 25. Freizeiteinrichtungen | 1,8 |
| 26. Aussicht auf öffentliche Aufträge | 1,1 |

Tabelle 15: Rangziffern[a] der Faktoren zur Beurteilung der Standortalternativen

| | Durchschnittliche Rangziffer[a] |
|---|---|
| 1. Verfügbare Arbeitskräfte | 2,21 |
| 2. Grundstücksreserven | 2,52 |
| 3. Grundstückspreis | 2,66 |
| 4. Verkehrslage | 2,83 |
| 5. erschlossenes Grundstück | 3,09 |
| 6. vorhandene Gebäude und Anlagen | 3,10 |
| 7. Hilfe bei Grundstückserwerb | 3,41 |
| 8. Baukosten | 3,56 |
| 9. Hilfe bei Grundstückserschließung | 3,61 |
| 10. Kundennähe | 3,66 |
| 11. Energieversorgung | 3,76 |
| 12. Erschließungskosten | 3,83 |
| 13. Nähe zu anderen Betrieben des Unternehmens | 3,95 |
| 14. Öffentliche Kredite und Bürgschaften | 3,99 |
| 15. Lieferantennähe | 4,04 |
| 16. Investitionshilfen, Sonderabschreibungen | 4,12 |
| 17. Wohnortwünsche von leitenden Angestellten | 4,25 |
| 18. Situation auf dem Wohnungsmarkt | 4,26 |
| 19. Gewerbesteuerhebesätze | 4,34 |
| 20. Standorte der Konkurrenz | 4,36 |
| 21. Ferne von anderen Betrieben überhaupt | 4,38 |
| 22. Schulen, Ausbildungsstätten | 4,43 |
| 23. Grundsteuer | 4,46 |
| 24. Lohnsummensteuer | 4,47 |
| 25. Freizeiteinrichtungen | 4,47 |
| 26. Aussicht auf öffentliche Aufträge | 4,83 |

a) Die Rangziffern wurden auf folgende Weise ermittelt:

$$G = \frac{\sum_{r=1}^{5} r \cdot P_r}{100}$$

$r$ = Rangplatz auf der fünfstufigen Rangordnungskala

$P_r$ = Prozentsatz der Unternehmen, die einem Faktor den entsprechenden Rangplatz gaben.

Tabelle 16: Als noch verschiedene Standorte im Gespräch waren, spielten da schon finanzielle Überlegungen eine Rolle?

| | Zahl der Unternehmen absolut | relativ |
|---|---|---|
| Ja | 99 | 35,0 |
| Nein | 169 | 56,9 |
| keine Angabe | 23 | 8,1 |
| | 283 | 100,0 |

Tabelle 17: Durchführung einer Standortrechnung und Zahl der geprüften Standorte

| Zahl der geprüften Standortalternativen | Basis | Standortrechnung Ja | Nein | keine Angabe |
|---|---|---|---|---|
| 1 | 131 | 9,9 | 87,8 | 2,3 |
| 2 | 63 | 38,1 | 58,7 | 3,2 |
| 3 | 48 | 45,8 | 54,2 | 0,0 |
| 4 und mehr | 41 | 51,2 | 46,3 | 2,4 |
| Unternehmen insgesamt | 283 | 28,3 | 69,6 | 2,1 |
| Unternehmen mit 2 oder mehr Standortalternativen | 152 | 44,1 | 54,0 | 2,0 |

Tabelle 18: Durchführung einer Standortrechnung und Betriebsgröße

| Betriebsgröße (Beschäftigte) | Basis | Standortrechnung Ja | Nein | keine Angabe |
|---|---|---|---|---|
| 12 - 49 | 142 | 20,4 | 77,5 | 2,1 |
| 50 - 99 | 60 | 16,7 | 80,0 | 3,3 |
| 100 - 199 | 45 | 53,3 | 44,4 | 2,2 |
| 200 und mehr | 26 | 61,5 | 38,5 | 0,0 |
| keine Angabe | 10 | 10,0 | 30,0 | 0,0 |
| Insgesamt | 283 | 28,3 | 69,6 | 2,1 |

Tabelle 19: Zahl der zur endgültigen Entscheidung stehenden Orte

| Zahl der Orte | Zahl der Unternehmen absolut | relativ |
|---|---|---|
| 1 | 241 | 85,2 |
| 2 | 26 | 9,2 |
| 3 | 13 | 4,6 |
| 4 | 2 | 0,7 |
| 5 | 1 | 0,4 |
| 6 | 0 | 0,0 |
| | 283 | 100,0 |

Tabelle 20: Gründe für das Aussondern von Orten vor der endgültigen Entscheidung

| | Zahl der Nennungen absolut | relativ |
|---|---|---|
| Arbeitskräfte | | |
| fehlende Arbeitskräfte | 12 | 5,3 |
| Personalkosten | 0 | 0,0 |
| Grundstücke und Gebäude | | |
| Grundstück, Gebäude nicht verfügbar, zu klein, sachlich ungeeignet | 57 | 25,0 |
| Grundstück, Gebäude zu teuer | 44 | 19,3 |
| Maschinelle Anlagen | | |
| ungeeignet | 10 | 4,4 |
| zu teuer | 5 | 2,2 |
| Finanzierung ungünstig | | |
| (darunter: öffentliche Hilfe fehlt) | 13 | 5,7 |
| Verkehr | | |
| Leistungsfähigkeit der Verkehrswege ungenügend | 31 | 13,6 |
| Entfernung, Transportkosten | 8 | 3,5 |
| Sonstige | | |
| (Kontakte, persönliche Präferenzen) | 48 | 21,1 |
| Basis | 228 | 100,1 |
| davon in Geld und Kostengrößen meßbar | | |
| (ohne Grundstückspreis) | 26 | 11,4 |
| (inkl. Grundstückspreis) | 70 | 31,0 |

Tabelle 21: Bekannte Maßnahmen der Regionalpolitik und Ansiedlungsart

| | | Ansiedlungsart a) | | | |
|---|---|---|---|---|---|
| | Gesamt | Verlagerung + Zusammenlegung Zweigbetriebe | Verlagerung gesamter Betrieb | Neugründung Zweigbetrieb | Neugründung gesamter Betrieb (Unternehmensgründung) |
| Kredithilfen | 47,7 | 41,7 | 42,6 | 56,3 | 55,6 |
| Zinssubventionen | 13,4 | 11,1 | 14,0 | 14,6 | 12,7 |
| Steuererleichterungen | 27,9 | 16,7 | | 29,2 | 34,9 |
| Bereitstellung von Grundstücken | 14,1 | 11,1 | 27,2 | 8,3 | 19,0 |
| Infrastrukturinvestitionen | 3,2 | 2,8 | 2,2 | 2,1 | 6,3 |
| Sonstige Instrumente (Abnahmegarantien, verbilligte Energie) | 8,5 | 8,3 | 5,9 | 12,5 | 11,1 |
| Nennung regionaler Förderungsprogramme (z. B. Zonenrandförderung) | 31,1 | 36,1 | 30,9 | 29,2 | 30,2 |
| Nennungen gesamt | 145,9 | 127,8 | 137,5 | 152,1 | 169,8 |
| keine Angabe | 28,6 | 33,3 | 27,9 | 29,2 | 27,0 |
| Basis | 283 | 38 | 134 | 48 | 63 |

a) Unternehmen in % der Basis.

Die Tabelle enthält Mehrfachnennungen; daher können die einzelnen Prozentsätze nicht addiert werden.

Tabelle 22: Bekannte Maßnahmen der Regionalpolitik und Betriebsgröße

| | Gesamt | Betriebsgröße (Zahl der Beschäftigten)[a] 12 - 49 | 50 - 99 | 100 - 199 | 200 u. m. | keine Angaben |
|---|---|---|---|---|---|---|
| Kredithilfen ............ | 47,7 | 46,5 | 53,3 | 40,0 | 50,0 | 60,0 |
| Zinssubventionen ........ | 13,4 | 10,6 | 18,3 | 8,9 | 23,1 | 20,0 |
| Steuererleichterungen .... | 27,9 | 28,9 | 30,0 | 28,9 | 19,2 | 20,0 |
| Bereitstellung von Grundstücken .......... | 14,1 | 14,1 | 10,0 | 17,8 | 19,2 | 10,0 |
| Infrastrukturinvestitionen | 3,2 | 0,7 | 6,7 | 8,9 | 0,0 | 0,0 |
| Sonstige Instrumente (Abnahmegarantien, verbilligte Energie) .... | 8,5 | 8,5 | 6,7 | 11,1 | 11,5 | 0,0 |
| Nennung regionaler Förderungsprogramme (z. B. Zonenrand-förderung) ............ | 31,1 | 26,1 | 25,0 | 42,2 | 53,8 | 30,0 |
| Nennungen gesamt ...... | 145,9 | 135,2 | 150,0 | 160,0 | 173,1 | 140,0 |
| keine Angabe ............ | 28,6 | 35,2 | 21,7 | 22,2 | 19,2 | 30,0 |
| Basis .................... | 283 | 142 | 60 | 45 | 26 | 10 |

a) Vgl. Anmerkung zu Tabelle 21, Anhang III.

Tabelle 23: Bekannte Maßnahmen der Regionalpolitik und Finanzierungsstruktur

| | Gesamt | Finanzierungsstruktur (Eigenkapitalanteil)[a] über 61 % | 41 % - 60 % | unter 40 % | keine Angabe |
|---|---|---|---|---|---|
| Kredithilfen ............ | 47,7 | 39,3 | 47,5 | 64,9 | 17,4 |
| Zinssubventionen ........ | 13,4 | 12,1 | 18,6 | 12,8 | 8,7 |
| Steuererleichterungen .... | 27,9 | 36,4 | 30,5 | 22,3 | 4,3 |
| Bereitstellung von Grundstücken ........ | 14,1 | 17,8 | 13,6 | 12,8 | 4,3 |
| Infrastrukturinvestitionen | 3,2 | 5,6 | 0,0 | 3,2 | 0,0 |
| Sonstige Instrumente (Abnahmegarantien, verbilligte Energie) .... | 8,5 | 12,1 | 8,5 | 4,3 | 8,7 |
| Nennung regionaler Förderungsprogramme (z. B. Zonenrand-förderung) ............ | 31,1 | 34,6 | 33,9 | 30,9 | 8,7 |
| Nennungen gesamt ...... | 145,9 | 157,9 | 152,5 | 151,1 | 52,2 |
| keine Angabe .......... | 28,6 | 26,2 | 22,0 | 14,9 | 69,6 |
| Basis .................... | 283 | 107 | 59 | 94 | 23 |

a) Vgl. Anmerkung zu Tabelle 21, Anhang III.

Tabelle 24: Bekannte Maßnahmen der Regionalpolitik und Zahl der geprüften Standorte

| | Gesamt | Zahl der Standortalternativen[a)] 1 | 2 | 3 | 4 und mehr |
|---|---|---|---|---|---|
| Kredithilfen | 47,7 | 37,4 | 46,0 | 58,3 | 70,7 |
| Zinssubventionen | 13,4 | 6,9 | 17,5 | 16,7 | 24,4 |
| Steuererleichterungen | 27,9 | 29,0 | 36,5 | 20,8 | 19,5 |
| Bereitstellung von Grundstücken | 14,1 | 10,7 | 12,7 | 20,8 | 19,5 |
| Infrastrukturinvestitionen | 3,2 | 3,8 | 1,6 | 2,1 | 4,9 |
| Sonstige Instrumente (Abnahmegarantien, verbilligte Energie) | 8,5 | 6,9 | 12,7 | 4,2 | 12,2 |
| Nennung regionaler Förderungsprogramme (z. B. Zonenrandförderung) | 31,1 | 28,2 | 25,4 | 22,9 | 58,5 |
| Nennungen gesamt | 145,9 | 122,9 | 152,4 | 145,8 | 209,8 |
| keine Angabe | 28,6 | 38,9 | 20,6 | 29,2 | 7,3 |
| Basis | 283 | 131 | 63 | 48 | 41 |

a) Vgl. Anmerkung zu Tabelle 21, Anhang III.

Tabelle 25: Informationsstand über Instrumente der Regionalpolitik, Unternehmen, die öffentliche Förderung bei der Beurteilung der Standorte berücksichtigen im Vergleich zum Rest der Unternehmen

| | Öffentliche Förderung als Beurteilungskriterium[a)] genannt | | nicht genannt | |
|---|---|---|---|---|
| | absolut | relativ | absolut | relativ |
| *bekannte Instrumente* | | | | |
| Kredithilfen | 39 | 73,6 | 96 | 41,7 |
| Zinssubventionen | 15 | 28,3 | 23 | 10,0 |
| Steuererleichterungen | 16 | 30,2 | 63 | 27,4 |
| Beschaffung von Grundstücken | 13 | 24,5 | 27 | 11,7 |
| Infrastrukturinvestitionen | 5 | 9,4 | 4 | 1,7 |
| Sonstige Instrumente (z. B. Abnahmegarantien, verbilligte Energie) | 14 | 26,4 | 10 | 4,3 |
| Nennung regionaler Förderungsprogramme (z. B. Zonenrandförderung) | 16 | 30,2 | 62 | 26,9 |
| Nennungen gesamt | 118 | 222,6 | 295 | 128,2 |
| keine Angabe | 6 | 11,3 | 75 | 32,6 |
| Basis | 53 | | 230 | |

a) Die Prozentsätze können nicht addiert werden, da sie bis zu 4 Nennungen je Unternehmen enthalten.

Tabelle 26: Maßnahmen der Industrieansiedlung, die zur Wahl abgelehnter Standorte geführt hätten

| | Zahl der Nennungen | | |
|---|---|---|---|
| | absolut | in % von $N_1$ | in % von $N_2$ |
| Investitionsprämie von 15 % | 24 | 5,4 | 7,7 |
| Kredithilfen | 43 | 9,6 | 13,9 |
| Bereitstellung von Grundstücken und Gebäuden (Industrieparks) | 125 | 28,0 | 40,3 |
| Steuerfreiheit von 20 % des Gewinns der ersten 5 Jahre | 7 | 1,6 | 2,3 |
| Steuerfreiheit von 50 % des Gewinns der ersten 5 Jahre | 31 | 7,0 | 10,0 |
| Bereitstellung qualifizierter Arbeitskräfte | 44 | 9,9 | 14,2 |
| Sonstiges (Wohnraum, Tarifsubventionen, Energiesubvention) | 31 | 7,0 | 10,0 |
| Abgelehnter Ort wäre auf jeden Fall nicht gewählt worden | 141 | 31,6 | 45,5 |
| $N_1$ = Nennungen gesamt | 446 | 100,1 | |
| $N_2$ = Zahl der abgelehnten Standorte | 310 | | |

Tabelle 27: Ansiedlungsart der Unternehmen, die öffentliche Hilfe bei der Beurteilung der Standorte berücksichtigen, im Vergleich zum Rest der Unternehmen

| Ansiedlungsart | Öffentliche Hilfe als Beurteilungskriterium | | | |
|---|---|---|---|---|
| | genannt | | nicht genannt | |
| | absolut | relativ | absolut | relativ |
| Verlagerung und Zusammenlegung, Zweigbetrieb(e) | 7 | 13,2 | 31 | 13,5 |
| Verlagerung gesamter Betrieb | 22 | 41,5 | 112 | 48,7 |
| Neugründung Zweigbetrieb | 10 | 18,9 | 38 | 16,5 |
| Neugründung gesamter Betrieb (Unternehmensgründung) | 14 | 26,4 | 49 | 21,3 |
| Basis | 53 | 100,0 | 230 | 100,0 |

Tabelle 28: Größe der neuangesiedelten Betriebe,
Unternehmen, die öffentliche Hilfe bei der Beurteilung der Standorte berücksichtigen, im Vergleich zu dem Rest der Unternehmen

| Betriebsgröße (Zahl der Beschäftigten) | Öffentliche Hilfe als Beurteilungskriterium genannt | | nicht genannt | |
|---|---|---|---|---|
| | absolut | relativ | absolut | relativ |
| 12 - 49 | 16 | 30,2 | 126 | 54,8 |
| 50 - 99 | 15 | 28,3 | 45 | 19,6 |
| 100 - 199 | 11 | 20,8 | 34 | 14,8 |
| 200 und mehr | 10 | 18,9 | 16 | 7,0 |
| keine Angabe | 1 | 1,9 | 9 | 3,9 |
| Basis | 53 | 100,1 | 230 | 100,1 |

Tabelle 29: Finanzierungsstruktur der Unternehmen,
die öffentliche Hilfe bei der Beurteilung der Standorte berücksichtigen im Vergleich zur Finanzierungsstrukturen der Unternehmen, die sie nicht berücksichtigen

| Eigenkapitalanteil | Öffentliche Hilfe als Beurteilungskriterium genannt | | nicht genannt | |
|---|---|---|---|---|
| | absolut | relativ | absolut | relativ |
| über 61 % | 14 | 26,4 | 93 | 40,5 |
| 41 % - 60 % | 12 | 22,6 | 47 | 20,4 |
| unter 40 % | 21 | 39,6 | 73 | 31,7 |
| keine Angabe | 6 | 11,3 | 17 | 7,4 |
| Basis | 53 | 100,0 | 230 | 100,0 |

Tabelle 30: Durchführung einer Standortrechnung
Unternehmen, die öffentliche Hilfe bei der Beurteilung der Standorte berücksichtigen, im Vergleich zum Rest der Unternehmen

| Standortrechnung | Öffentliche Hilfe als Beurteilungskriterium genannt | | nicht genannt | |
|---|---|---|---|---|
| | absolut | relativ | absolut | relativ |
| Ja | 24 | 45,3 | 56 | 24,3 |
| Nein | 27 | 50,9 | 170 | 73,9 |
| keine Angabe | 2 | 3,8 | 4 | 1,7 |
| Basis | 53 | 99.9 | 230 | 100,0 |

Tabelle 31: Zahl der geprüften Standorte
Unternehmen, die öffentliche Hilfe bei der Beurteilung der Standorte berücksichtigen im Vergleich zum Rest der Unternehmen

| Zahl der geprüften Standorte | Öffentliche Hilfe als Beurteilungskriterium genannt absolut | genannt relativ | nicht genannt absolut | nicht genannt relativ |
|---|---|---|---|---|
| 1 | 14 | 26,4 | 117 | 50,9 |
| 2 | 12 | 22,6 | 51 | 22,2 |
| 3 | 11 | 20,8 | 37 | 16,1 |
| 4 und mehr | 16 | 30,2 | 25 | 10,9 |
| Basis | 53 | 100,0 | 230 | 100,1 |

Tabelle 32: Regionale Verflechtung der Unternehmen auf der Einsatz- und der Absatzseite
Unternehmen, die öffentliche Hilfe bei der Beurteilung der Standorte berücksichtigen im Vergleich zum Rest der Unternehmen

| Regionale Verflechtung[a)] | Öffentliche Hilfe als Beurteilungskriterium genannt absolut | genannt relativ | nicht genannt absolut | nicht genannt relativ |
|---|---|---|---|---|
| INPUT | | | | |
| stark | 10 | 18,9 | 63 | 27,4 |
| mittel | 28 | 52,8 | 104 | 45,2 |
| schwach | 14 | 26,4 | 58 | 25,2 |
| keine Angabe | 1 | 1,9 | 5 | 2,2 |
| OUTPUT | | | | |
| stark | 4 | 7,5 | 47 | 20,5 |
| mittel | 23 | 43,4 | 101 | 43,9 |
| schwach | 25 | 47,2 | 72 | 31,3 |
| keine Angabe | 1 | 1,9 | 10 | 4,3 |
| Basis | 53 | 100,0 | 230 | 100,0 |

a) Vgl. Anhang I.

Tabelle 33: Transportkostenempfindlichkeit der Einsatz- und Absatzgüter Unternehmen, die öffentliche Hilfe bei der Beurteilung der Standorte berücksichtigen im Vergleich zum Rest der Unternehmen

| Transportkostenempfindlichkeit[a] | Öffentliche Hilfe als Beurteilungskriterium genannt absolut | genannt relativ | nicht genannt absolut | nicht genannt relativ |
|---|---|---|---|---|
| INPUT | | | | |
| hoch | 19 | 35,8 | 57 | 22,2 |
| mittel | 17 | 32,1 | 65 | 28,3 |
| niedrig | 16 | 30,2 | 107 | 46,5 |
| keine Angabe | 1 | 1,9 | 7 | 3,0 |
| OUTPUT | | | | |
| hoch | 16 | 30,2 | 90 | 39,1 |
| mittel | 16 | 30,2 | 62 | 27,0 |
| niedrig | 20 | 37,7 | 68 | 29,6 |
| keine Angabe | 1 | 1,9 | 10 | 4,3 |
| Basis | 53 | 100,0 | 230 | 100,0 |

a) Vgl. Anhang I.

Tabelle 34: Gewicht[a] ausgewählter Instrumente der Regionalpolitik für Standortentscheidungen im Urteil der Unternehmen und Ansiedlungsart

| | Ansiedlungsart: Verlagerung und Zusammenlegung Zweigbetriebe | Verlagerung gesamter Betrieb | Neugründung Zweigbetrieb | Neugründung gesamter Betrieb (Unternehmensgründung) |
|---|---|---|---|---|
| Hilfe bei Grundstückserwerb | 3,58 | 3,07 | 3,43 | 4,02 |
| Hilfe bei Grundstückserschließung | 3,94 | 3,28 | 3,67 | 4,12 |
| Öffentliche Kredite und Bürgschaften | 4,32 | 3,87 | 3,92 | 4,23 |
| Investitionshilfen bzw. Sonderabschreibungen | 4,00 | 4,49 | 3,77 | 4,35 |

a) Vgl. Anmerkung zu Tabelle 15, Anhang III.

Tabelle 35: Gewicht[a] ausgewählter Instrumente der Regionalpolitik für Standortentscheidungen im Urteil der Unternehmen

| | Betriebsgröße (Zahl der Beschäftigten) 12 - 49 | 50 - 99 | 100 - 199 | 200 u. m. | keine Angabe |
|---|---|---|---|---|---|
| Hilfe bei Grundstückserwerb | 3,53 | 3,44 | 3,33 | 2,54 | 4,11 |
| Hilfe bei Grundstückserschließung ............ | 3,72 | 3,81 | 3,24 | 3,04 | 4,22 |
| Öffentliche Kredite und Bürgschaften ............ | 4,05 | 4,07 | 4,02 | 3,46 | 3,67 |
| Investitionshilfen bzw. Sonderabschreibungen .. | 4,25 | 4,09 | 4,18 | 3,33 | 4,22 |

a) Vgl. Anmerkung zu Tabelle 15, Anhang III.

Tabelle 36: Gewicht[a] ausgewählter Instrumente der Regionalpolitik für Standortentscheidungen im Urteil der Unternehmen

| | Finanzierungsstruktur (Eigenkapitalanteil) über 61 % | 41 - 60 % | unter 40 % | keine Angabe |
|---|---|---|---|---|
| Hilfe bei Grundstückserwerb | 3,77 | 3,25 | 2,99 | 3,79 |
| Hilfe bei Grundstückserschließung ............ | 3,98 | 3,53 | 3,12 | 3,82 |
| Öffentliche Kredite und Bürgschaften ............ | 4,43 | 3,89 | 3,45 | 4,27 |
| Investitionshilfen bzw. Sonderabschreibungen .... | 4,26 | 4,12 | 3,93 | 4,22 |

a) Vgl. Anmerkung zu Tabelle 15, Anhang III.

Tabelle 37: Gewicht[a] ausgewählter Instrumente der Regionalpolitik für Standortentscheidungen im Urteil der Unternehmen und Zahl der geprüften Standorte

| | Zahl der Standortalternativen 1 | 2 | 3 | 4 und mehr |
|---|---|---|---|---|
| Hilfe bei Grundstückserwerb .... | 3,92 | 3,32 | 2,71 | 2,52 |
| Hilfe bei Grundstückserschließung | 3,96 | 3,40 | 3,09 | 3,48 |
| Öffentliche Kredite und Bürgschaften .................. | 4,37 | 3,84 | 3,42 | 3,65 |
| Investitionshilfen bzw. Sonderabschreibungen ........ | 4,27 | 4,07 | 4,04 | 3,77 |

a) Vgl. Anmerkung zu Tabelle 15, Anhang III.

Tabelle 38: Gewicht[a] ausgewählter Instrumente der Regionalpolitik für Standortentscheidungen im Urteil der Unternehmen

| | Transportkostenempfindlichkeit[b] | | | | | | | |
|---|---|---|---|---|---|---|---|---|
| | Input | | | | Output | | | |
| | hoch | mittel | niedrig | k. A. | hoch | mittel | niedrig | k. A. |
| Hilfe bei Grundstückserwerb ...... | 3,57 | 3,27 | 3,47 | 2,83 | 3,86 | 3,31 | 3,14 | 3,11 |
| Hilfe bei Grundstückserschließung ........ | 3,83 | 3,45 | 3,49 | 3,33 | 3,86 | 3,64 | 3,32 | 3,66 |
| Öffentliche Kredite und Bürgschaften .. | 4,06 | 3,92 | 3,85 | 5,00 | 4,17 | 4,16 | 3,64 | 4,77 |
| Investitionshilfen bzw. Sonderabschreibungen .... | 4,18 | 4,25 | 3,86 | 4,17 | 4,33 | 4,16 | 3,90 | 4,22 |

a) Vgl. Anmerkung zu Tabelle 15, Anhang III.
b) Vgl. Anhang I.

Tabelle 39: Gewicht[a] ausgewählter Instrumente der Regionalpolitik für Standortentscheidungen im Urteil der Unternehmen

| | Regionale Verflechtung[b] | | | | | | | |
|---|---|---|---|---|---|---|---|---|
| | Input | | | | Output | | | |
| | stark | mittel | schwach | k. A. | stark | mittel | schwach | k. A. |
| Hilfe bei Grundstückserwerb ...... | 3,61 | 3,39 | 2,78 | 3,00 | 3,73 | 3,24 | 3,46 | 3,33 |
| Hilfe bei Grundstückserschließung ........ | 3,82 | 3,49 | 3,61 | 4,00 | 3,93 | 3,53 | 3,52 | 4,11 |
| Öffentliche Kredite und Bürgschaften .. | 3,95 | 4,05 | 3,85 | 5,00 | 4,34 | 3,85 | 3,91 | 4,55 |
| Investitionshilfen bzw. Sonderabschreibungen .... | 4,24 | 4,07 | 4,08 | 4,00 | 4,23 | 3,54 | 4,03 | 4,00 |

a) Vgl. Anmerkung zu Tabelle 15, Anhang III.
b) Vgl. Anhang I.

Tabelle 40: Informationsquellen über mögliche Standorte und Ansiedlungsart

| | Gesamt | Ansiedlungsart[a)] Verlagerung und Zusammenlegung Zweigbetrieb | Verlagerung gesamter Betrieb | Neugründung Zweigbetrieb | Neugründung gesamter Betrieb (Unternehmensgründung) |
|---|---|---|---|---|---|
| Bundes- und Landesstellen | 6,7 | 13,2 | 3,0 | 16,7 | 3,2 |
| Kommunen und Kommunalverbände | 23,3 | 23,7 | 31,3 | 25,0 | 4,8 |
| Wirtschaftsverbände u. IHK | 2,1 | 2,6 | 1,5 | 2,1 | 3,2 |
| Banken, Berater | 17,3 | 13,2 | 15,7 | 25,0 | 17,5 |
| Medien | 14,1 | 10,5 | 20,9 | 8,3 | 6,3 |
| eigene Kenntnis | 48,8 | 50,0 | 45,5 | 45,8 | 57,1 |
| Sonstige | 35,3 | 28,9 | 38,8 | 35,4 | 31,7 |
| Nennungen gesamt | 146,8 | 142,1 | 156,7 | 158,3 | 123,8 |
| keine Angabe | 17,0 | 31,6 | 17,2 | 10,4 | 12,7 |
| Basis | 283 | 63 | 134 | 48 | 38 |

a) Vgl. Anmerkung zu Tabelle 21, Anhang III.

Tabelle 41: Informationsquellen über mögliche Standorte und Betriebsgröße

| | Gesamt | Betriebsgröße (Zahl der Beschäftigten)[a)] 12 - 49 | 50 - 99 | 100 - 199 | 200 u. m. | keine Angabe |
|---|---|---|---|---|---|---|
| Bundes- und Landesstellen .... | 6,7 | 3,5 | 8,3 | 8,9 | 19,2 | 0,0 |
| Kommunen und Kommunalverbände ........ | 23,3 | 15,5 | 18,3 | 46,7 | 38,5 | 20,0 |
| Wirtschaftsverbände und IHK ........ | 2,1 | 1,4 | 1,7 | 2,2 | 7,7 | 0,0 |
| Banken, Berater .... | 17,3 | 16,2 | 16,7 | 22,2 | 15,4 | 20,0 |
| Medien ............ | 14,1 | 17,6 | 13,3 | 11,1 | 3,8 | 10,0 |
| eigene Kenntnis .... | 48,8 | 46,5 | 53,3 | 53,3 | 46,2 | 40,0 |
| Sonstige .......... | 35,3 | 37,3 | 30,0 | 37,8 | 42,3 | 10,0 |
| Nennungen gesamt.. | 146,8 | 138,0 | 141,7 | 182,2 | 173,1 | 100,0 |
| keine Angabe ...... | 17,0 | 16,9 | 20,0 | 8,9 | 19,2 | 30,0 |
| Basis .............. | 283 | 142 | 60 | 45 | 26 | 10 |

a) Vgl. Anmerkung zu Tabelle 21, Anhang III.

Tabelle 42: Informationsquellen über mögliche Standorte und Finanzierungsstruktur

| | | Finanzierungsstruktur (Eigenkapitalanteil)[a] | | | |
|---|---|---|---|---|---|
| | Gesamt | über 61 % | 41 - 60 % | unter 40 % | keine Angabe |
| Bundes- und Landesstellen | 6,7 | 6,5 | 11,9 | 4,3 | 4,3 |
| Kommunen- und Kommunalverbände | 23,3 | 22,4 | 32,2 | 21,3 | 13,0 |
| Wirtschaftsverbände und IHK | 2,1 | 1,9 | 0,0 | 3,2 | 4,3 |
| Banken, Berater | 17,3 | 14,0 | 18,6 | 20,2 | 17,4 |
| Medien | 14,1 | 14,0 | 13,6 | 16,0 | 8,7 |
| eigene Kenntnis | 48,8 | 55,1 | 33,9 | 47,9 | 60,9 |
| Sonstige | 35,3 | 33,6 | 30,5 | 46,8 | 8,7 |
| Nennungen gesamt | 146,8 | 147,7 | 140,7 | 159,6 | 117,4 |
| keine Angabe | 17,0 | 10,3 | 20,3 | 18,1 | 34,8 |
| Basis | 283 | 107 | 59 | 94 | 23 |

a) Vgl. Anmerkung zu Tabelle 21, Anhang III.

Tabelle 43: Informationsquellen über mögliche Standorte und Zahl der geprüften Standorte

| | | Zahl der Standortalternativen[a] | | | |
|---|---|---|---|---|---|
| | Gesamt | 1 | 2 | 3 | 4 und mehr |
| Bundes- und Landesstellen | 6,7 | 3,8 | 1,6 | 10,4 | 19,5 |
| Kommunen und Kommunalverbände | 23,3 | 9,9 | 19,0 | 39,6 | 53,7 |
| Wirtschaftsverbände und IHK | 2,1 | 0,0 | 6,3 | 0,0 | 4,9 |
| Banken, Berater | 17,3 | 13,0 | 19,0 | 20,8 | 24,4 |
| Medien | 14,1 | 4,6 | 17,5 | 27,1 | 24,4 |
| eigene Kenntnis | 48,8 | 48,1 | 49,2 | 47,9 | 51,2 |
| Sonstige | 35,3 | 13,7 | 52,4 | 56,3 | 53,7 |
| Nennungen gesamt | 146,8 | 93,1 | 165,1 | 202,1 | 231,7 |
| keine Angabe | 17,0 | 9,9 | 15,9 | 22,9 | 34,1 |
| Basis | 283 | 131 | 63 | 48 | 41 |

a) Vgl. Anmerkung zu Tabelle 21, Anhang III.

Tabelle 44: Gründe für Beschränkungen des Standortsuchraumes

| Beschränkungsgrund | Zahl der Nennungen absolut | in % der Nennungen | in % der Unternehmen[a)] |
|---|---|---|---|
| Arbeitskräfte | 55 | 15,3 | 21,5 |
| Grundstück und Gebäude | 38 | 10,6 | 14,8 |
| Anlagen | 16 | 4,4 | 6,3 |
| Verkehr, davon: | | | |
| ungünstige Verkehrslage | 97 | 26,9 | 37,9 |
| Entfernung zu Kunden, Lieferanten, eigenem Wohnsitz, verbundenen Betrieben | 81 | 22,5 | 31,7 |
| Kosten und Finanzen | 16 | 4,4 | 6,3 |
| Örtliche Kontakte | 18 | 5,0 | 15,2 |
| Basis | 360 | 360 | 256 |

a) Basis: 256 Unternehmen die angaben, den Standortsuchraum bereits bei dem ersten Entschluß zur Betriebsgründung oder in einem frühen Stadium des Suchprozesses — vor Prüfung der ersten konkreten Möglichkeit — beschränkt zu haben.

Tabelle 45: Inanspruchnahme finanzieller Förderung bei Aufbau des Betriebes und Ansiedlungsart

| | Gesamt | Ansiedlungsart[a)] Verlagerung und Zusammenlegung Zweigbetrieb | Verlagerung gesamter Betrieb | Neugründung Zweigbetriebe | Neugründung gesamter Betrieb (Unternehmensneugründung) |
|---|---|---|---|---|---|
| Investitionsprämie und Steuererleichterungen | 28,6 | 15,8 | 29,1 | 37,5 | 28,6 |
| Kredithilfen | 34,3 | 26,3 | 39,6 | 35,4 | 27,0 |
| keine öffentliche Förderung erhalten | 48,4 | 42,1 | 46,3 | 37,5 | 65,1 |
| Basis | 283 | 134 | 48 | 63 | 38 |

a) Vgl. Anmerkung zu Tabelle 21, Anhang III.

Tabelle 46: Inanspruchnahme finanzieller Förderung
bei Aufbau des Betriebes und Betriebsgröße

| | Gesamt | Betriebsgröße (Zahl der Beschäftigten)a) | | | | |
|---|---|---|---|---|---|---|
| | | 12 - 49 | 50 - 99 | 100 - 199 | 200 und mehr | keine Angabe |
| Investitionsprämie und Steuererleichterungenen | 28,6 | 19,0 | 25,0 | 42,2 | 65,4 | 30,0 |
| Kredithilfen | 34,3 | 28,9 | 30,0 | 40,0 | 65,4 | 30,0 |
| keine öffentliche Förderung erhalten | 48,4 | 56,4 | 51,7 | 42,2 | 11,5 | 40,0 |
| Basis | 283 | 142 | 60 | 45 | 26 | 10 |

a) Vgl. Anmerkung zu Tabelle 21, Anhang III.

Tabelle 47: Inanspruchnahme finanzieller Förderung
bei Aufbau des Betriebes und Finanzierungsstruktur

| | Gesamt | Finanzierungsstruktur Eigenkapitalanteila) | | | |
|---|---|---|---|---|---|
| | | über 61 % | 41 bis 60 % | unter 40 % | keine Angabe |
| Investitionsprämie und Steuererleichterungen | 28,6 | 14,0 | 30,5 | 41,5 | 39,1 |
| Kredithilfen | 34,3 | 15,0 | 42,4 | 51,1 | 34,8 |
| keine öffentliche Förderung erhalten | 48,4 | 66,4 | 40,8 | 31,9 | 52,2 |
| Basis | 283 | 59 | 94 | 23 | 107 |

a) Vgl. Anmerkung zu Tabelle 21, Anhang III.

# Literaturverzeichnis

## 1. Selbständige Veröffentlichungen


*Albach,* H.: Wirtschaftlichkeitsrechnung bei unsicheren Erwartungen, Köln und Opladen 1959

— Investition und Liquidität, Wiesbaden 1962

*Albrecht,* D. und K. *Wesseldonk:* Subventionen und Subventionspolitik, Schriftenreihe des Bundesministeriums der Finanzen, Heft 19, Bonn 1971

*Alexis,* M. und C. Z. *Wilson:* Organizational Decision Making, Englewood Cliffs, N. J., 1967

*Behrens,* K. Ch.: Allgemeine Standortbestimmungslehre, Köln und Opladen 1961

*Bender,* K.: Die Führungsentscheidung im Betrieb, Stuttgart 1957

*Bendixen,* P. und H. W. *Kemmler:* Planung, Organisation und Methode innovativer Entscheidungsprozesse, Berlin, New York 1972

*Biasio,* S.: Entscheidung als Prozeß, Bern, Stuttgart, Wien 1969

*Bidlingmaier,* J.: Unternehmerziele und Unternehmerstrategien, Wiesbaden 1964

*Bloech,* J.: Optimale Industriestandorte, Würzburg - Wien 1970

*Braybrooke,* D. und C. E. *Lindblom:* A Strategy of Decision, Glencoe 1963

*Brede,* H.: Bestimmungsfaktoren industrieller Standorte, Berlin - München 1971

*Brösse,* U.: Ziele in der Regionalpolitik und in der Raumordnungspolitik, Berlin 1972

*Brun,* jr. O. G., D. C. *Glass,* D. E. *Lavin* und N. *Goodman:* Personality and Decision Processes, Stanford, Calif., 1962

Bundesministerium für Arbeit und Sozialordnung (Hrsg.): Die Standortwahl der Industriebetriebe in der Bundesrepublik Deutschland mit Berlin (West), bearbeitet im Institut für Raumordnung, Bonn 1968

— Die Standortwahl der Industriebetriebe in der Bundesrepublik Deutschland mit Berlin (West), bearbeitet im Institut für Raumordnung, Bonn 1971

Bundesministerium für Wirtschaft (Hrsg.): Regionale Aktionsprogramme 1970, Bonn o. J.

Bundesministerium für Wirtschaft und Finanzen (Hrsg.): Durch 460 000 neue Arbeitsplätze mehr Wohlstand für unsere Fördergebiete, Bonn o. J.

*Dittes,* E. (Bearb.): Die Finanzierungshilfen des Bundes und der Länder an die gewerbliche Wirtschaft, Sonderausgabe der Zeitschrift für das gesamte Kreditwesen, Frankfurt/Main 1969

*Dörpmund*, H.: Die Mittel der Industriestandortlenkung und die Grenzen ihrer Anwendbarkeit, Bremen-Horn 1950

*Egner*, E.: Wirtschaftliche Raumordnung in der industriellen Welt, Bremen-Horn 1950

*Ells*, R.: The Government of Corporations, Glencoe 1962

*Engels*, W.: Betriebswirtschaftliche Bewertungslehre im Licht der Entscheidungstheorie, Köln und Opladen 1962

*Eucken*, W.: Grundsätze der Wirtschaftspolitik, 3. unveränd. Aufl., hrsg. v. E. Eucken und K. P. Hensel, Tübingen - Zürich 1960

— Die Grundlagen der Nationalökonomie, 8. Aufl., Berlin - Heidelberg - New York 1965

*Forrester*, J. W.: Grundsätze einer Systemtheorie, Wiesbaden 1972

*Gäfgen*, G.: Theorie der wirtschaftlichen Entscheidung, Tübingen 1963

Gesellschaft für Wirtschaftsförderung des Landes Nordrhein-Westfalen: Kreisübersichten, 2. Aufl., Düsseldorf 1970

*Giersch*, H.: Allgemeine Wirtschaftspolitik, 1. Bd., Grundlagen, Wiesbaden 1960

*Gutenberg*, E.: Die Unternehmung als Gegenstand betriebswirtschaftlicher Theorie, Berlin und Wien 1929

— Grundlagen der Betriebswirtschaftslehre, 1. Bd., Die Produktion, 7. Aufl., Berlin, Göttingen, Heidelberg 1962

*Hansmeyer*, K. H.: Finanzielle Staatshilfen für die Landwirtschaft. Zur Theorie einer sektoralen Finanzpolitik, Tübingen 1963

*Heinen*, E.: Das Zielsystem der Unternehmung, Grundlagen betrieblicher Entscheidungen, Wiesbaden 1962

— Betriebswirtschaftliche Kostenlehre, Bd. 1, Begriff und Theorie der Kosten, 2. Aufl., Wiesbaden 1965

— Betriebswirtschaftslehre heute — Die Bedeutung der Entscheidungstheorie für Forschung und Praxis, Wiesbaden 1966

*Hofstätter*, R.: Psychologie, Frankfurt a. M. 1957

*Hoover*, E. M.: Location of Economic Activity, New York 1946

*Horváth*, P.: Betriebliche Entscheidungen als Teile eines Lernprozesses, Meisenheim a. Glan 1971

*Irle*, M.: Macht und Entscheidungen in Organisationen, Frankfurt/Main 1971

*Isard*, W.: Location and Space-Economy, New York und London 1956

*Jochimsen*, R.: Theorie der Infrastruktur, Grundlagen der marktwirtschaftlichen Entwicklung, Tübingen 1966

*Kapp*, K. W.: Volkswirtschaftliche Kosten der Privatwirtschaft, Tübingen - Zürich 1958

*Katona*, G.: Das Verhalten der Verbraucher und Unternehmer, Tübingen 1960

*Kerth*, A.: Grundfragen der Industrieansiedlung, Diss. Mannheim 1960

*Kirsch*, W.: Gewinn und Rentabilität, Wiesbaden 1968

— Entscheidungsprozesse, Bd. I: Verhaltenswissenschaftliche Ansätze der Entscheidungstheorie, Wiesbaden 1970

*Kirsch,* W.: Entscheidungsprozesse, Bd. II: Informationsverarbeitungstheorie des Entscheidungsverhaltens, Wiesbaden 1971

— Entscheidungsprozesse, Bd. III: Entscheidungen in Organisationen, Wiesbaden 1971

*Koch,* E.: Die Theorien der Standortbestimmung der industriellen Produktion unter besonderer Berücksichtigung der ortspreisorientierten Bestimmung des Produktionsstandortes, Diss. Frankfurt/Main 1961

*Krelle,* W.: Präferenz- und Entscheidungstheorie, Tübingen 1968

*Kümin,* G. K.: Öffentliche Ausgaben und Standort privater Unternehmen, Diss. Zürich 1966

Landesregierung Nordrhein-Westfalen: Nordrhein-Westfalen Programm 1975, Düsseldorf 1970

*Lauschmann,* E.: Grundlagen einer Theorie der Regionalpolitik, Hannover 1970

*Lefeber,* L.: Location and Regional Planning, Athens 1966

*Lipfert,* H.: Optimale Unternehmensfinanzierung, Frankfurt/Main 1967

*Lösch,* A.: Die räumliche Ordnung der Wirtschaft, 3. unveränd. Auflage, Stuttgart 1962

*March,* J. G. und H. A. *Simon:* Organizations, 9. Aufl., New York, London, Sidney 1967

*McGuire,* J. W.: Theories of Business Behavior, Englewood Cliffs, N. J., 1967

*McLaughlin,* G. E. und St. *Robock:* Why Industry Moves South. A Study of Factors Influencing the Recent Location of Manufacturing Plants in the South, Kingsport, Tenn. 1949

*Meyer-Lindemann,* H. U.: Typologie der Theorien des Industriestandortes, Bremen-Horn 1951

Minister für Wirtschaft, Mittelstand und Verkehr des Landes Nordrhein-Westfalen (Hrsg.): Notwendige Maßnahmen zur Verbesserung der Landesstruktur in Nordrhein-Westfalen, Denkschrift, erster Teil: Analyse und Vorschläge zur Regionalen Strukturverbesserung, Düsseldorf 1964

*Müller-Armack,* A.: Wirtschaftslenkung und Marktwirtschaft, Hamburg 1947

*Packard,* V.: The Hidden Persuaders, New York 1957

*Padtberg,* U.: Regionale Wirtschaftspolitik durch Subventionen?, Diss. Köln 1970

*Pütz,* Th.: Theorie der allgemeinen Wirtschaftspolitik und Wirtschaftslenkung, Wien 1948

Raumordnungsbericht 1972 der Bundesregierung, Bundestagsdrucksache VI/3793

*Recktenwald,* H. C.: Steuerinzidenzlehre, Grundlagen und Probleme, Berlin 1958

*Rittershausen,* H.: Wirtschaft, Frankfurt/Main 1958

*Röpke,* W.: Die Gesellschaftskrisis der Gegenwart, 5. Aufl., Erlenbach - Zürich 1948

*Roscher*, W.: Studien über die Naturgesetze, welche den zweckmäßigen Standort bestimmen, Leipzig und Heidelberg 1878

— System der Volkswirtschaft, 3. Bd., Stuttgart 1881

*Rosenstock*, H. A.: Die Entscheidung im Unternehmensgeschehen, Bern 1963

*Rüschenpöhler*, H.: Der Standort industrieller Unternehmungen als betriebswirtschaftliches Problem, Berlin 1958

*Sandig*, C.: Die Führung des Betriebes, Betriebswirtschaftspolitik, Stuttgart 1953

*Senn*, B.: Standort und Steuern, Diss. St. Gallen 1958

*Seraphim*, H. J.: Theorie der allgemeinen Volkswirtschaftspolitik, Göttingen 1955

*Simon*, H. A.: Models of Man, New York, London 1957

— The New Science of Management Decision, New York 1960

— Administrative Behavior, 2. Aufl., New York, London 1965

*Schäffle*, A.: Das gesellschaftliche System der menschlichen Wirtschaft, 3. Aufl., Tübingen 1873

*Scheele*, E.: Tarifpolitik und Standortstruktur, Forschungen aus dem Institut für Verkehrswissenschaft an der Universität Münster, Bd. 13, Göttingen 1959

*Schilling*, H.: Standortfaktoren für die Industrieansiedlung, Veröffentlichung des Österreichischen Instituts für Raumplanung Nr. 27, Stuttgart - Berlin - Köln - Mainz 1968

*Schmalenbach*, E.: Pretiale Wirtschaftslenkung, Bd. I, Die optimale Geltungszahl, Bremen-Horn 1947

*Schmölders*, G.: Die Politiker und die Währung, Frankfurt a. M. 1959

— Das Irrationale in der öffentlichen Finanzwirtschaft, Hamburg 1960

— Volkswirtschaftslehre und Psychologie, Berlin 1962

— Allgemeine Steuerlehre, 4. Aufl., Berlin 1965

— Psychologie des Geldes, Hamburg 1966

— Finanzpolitik, 3. Aufl., Berlin, Heidelberg, New York 1970

— und W. *Vogel*: Wirtschaft und Raum, Hamburg 1937

*Schneider*, E.: Wirtschaftlichkeitsrechnung, Theorie der Investition, 8. Aufl., Tübingen, Zürich 1973

*Stahl*, L.: Kommunale Wirtschaftsförderung, Praxis und rechtliche Problematik, Köln und Berlin 1970

*Starbatty*, J.: Regionale Strukturpolitik in der sozialen Marktwirtschaft, Diss. Köln 1967

Statistisches Bundesamt (Hrsg.): Statistisches Jahrbuch für die Bundesrepublik Deutschland 1972, Wiesbaden 1972

*Storbeck*, D.: Die wirtschaftliche Problematik der Raumordnung, Berlin 1959

*Thomae*, H.: Der Mensch in der Entscheidung, München 1960

*Tinbergen*, J.: On the Theory of Economic Policy, 2. Aufl., Amsterdam 1955

*Töpfer*, K.: Regionalpolitik und Standortentscheidung, Bielefeld 1969

*Weber*, A.: Über den Standort der Industrien, erster Teil, Reine Theorie des Standortes, 2. Aufl., Tübingen 1922

*Witte*, E.: Das Informationsverhalten in Entscheidungsprozessen, Tübingen 1972

*Wöhe*, G.: Einführung in die Allgemeine Betriebswirtschaftslehre, 6. Aufl., Berlin und Frankfurt a. M. 1964

*Zimmermann*, H.: Öffentliche Ausgaben und regionale Wirtschaftsentwicklung, Basel und Tübingen 1970

**2. Unselbständige Veröffentlichungen**

*Adorno*, W.: Soziologie und empirische Forschung, in: Logik der Sozialwissenschaften, hrsg. v. E. Topitsch, 2. Aufl., Köln - Berlin 1965

*Al-Ani*, A.: Prozeß und Kriterien der Entscheidungsfindung, in: Wirtschaftsdienst, 52. Jg. (1972), Nr. 6

*Albers*, W.: Der Einfluß des Finanzausgleichs auf regionale Wettbewerbsbedingungen und Produktionsstandorte, in: Gestaltungsprobleme der Weltwirtschaft, Festschrift für A. Predöhl, hrsg. v. H. Jürgensen, Göttingen 1964

*Albert*, H.: Wissenschaft und Politik, in: Probleme der Wissenschaftstheorie, Festschrift für V. Kraft, hrsg. v. E. Topitsch, Wien 1960

— Probleme der Theoriebildung, in: Theorie und Realität, hrsg. v. H. Albert, Tübingen 1964

— Modell-Platonismus, in: Logik der Sozialwissenschaften, hrsg. v. E. Topitsch, 2. Aufl., Köln, Berlin 1965

*Beckerath*, E. v., N. *Kloten* und H. *Kuhn:* Wirtschaftswissenschaft: Methodenlehre, in: Handwörterbuch der Sozialwissenschaften, Bd. 12, Stuttgart, Tübingen, Göttingen 1965

*Behrens*, K. Ch.: Zur Typologie und Systematik der Standortlehren, in: Festschrift für F. Bülow, hrsg. v. O. Stammer und K. C. Thalheim, Berlin 1960

*Biervert*, B., M. *Dierkes* und A. *Walzel:* Automatischer Split zur optimalen Kombination erklärender Faktoren, ein Vorschlag zur Analyse sozialwissenschaftlicher Daten, in: Kölner Zeitschrift für Soziologie und Sozialpsychologie, Heft 2, Jg. 1969

*Böventer*, E. v.: Bemerkungen zur optimalen Standortpolitik der Einzelunternehmung, in: Gestaltungsprobleme der Weltwirtschaft, Festschrift für A. Predöhl, hrsg. v. H. Jürgensen, Göttingen 1964

— Allgemeine Wirtschaftstheorie und Räumliche Wirtschaftsbeziehungen, in: Zeitschrift für die gesamte Staatswissenschaft, Bd. 121 (1965)

*Boulding*, K. E.: Einführung in die Wohlfahrtsökonomik, in: Grundlagen der Wirtschaftspolitik, hrsg. v. G. Gäfgen, Köln - Berlin 1966

*Boustedt*, O.: Die Verhaltensweise der Bevölkerung als ein Faktor der Standortbestimmung, in: Beiträge zur Raumforschung, Festschrift für H. Bobek, Schriftenreihe der Österreichischen Gesellschaft zur Förderung von Landesforschung und Landesplanung, Bd. 2, Wien 1964

Deutscher Bundestag: Drucksache VI/1120 vom 28. 8. 70

*Dittrich*, E.: Problemgebiete, in: Handwörterbuch der Raumforschung und Raumordnung, Bd. II, 2. Aufl., Hannover 1970

*Düren*, A.: Struktur- und Standortveränderung der gewerblichen Wirtschaft in ihrer regionalen Problematik, in: Regionalplanung, Beiträge und Untersuchungen, Institut für Siedlungs- und Wohnungswesen an der Universität Münster, Bd. 63, hrsg. v. H. K. Schneider, Köln 1966

*Eberstein*, H.-H.: Grundlagen der Regionalpolitik und ihre wesentlichen Grundsätze, in: Handbuch der regionalen Wirtschaftsförderung, hrsg. v. H.-H. Eberstein u. a., Köln 1971, 2. Lieferung 1972

*Edwards*, W.: The Theory of Decision Making, in: A. H. Rubinstein und C. J. Haberstroh (Hrsg.), Some Theories of Organization, Homewood, Ill. 1960

*Ellis*, G. H.: Why New Manufacturing Establishments located in New England: August 1945 to June 1948, in: Monthly Review of the Federal Reserve Bank of Boston, Vol. 31, Jg. 1949

*Faller*, P.: Die entscheidungsrelevante Kostenmasse im Standortkalkül des Unternehmers, in: Raumordnung und Landesplanung, Festschrift für W. Guthsmuths, hrsg. v. G. Stoewer, München 1971

*Foerster*, A. I.: Dienstleistungsinstrument für Strukturverbesserung. Aufgabe und Arbeitsweise der Gesellschaft für Wirtschaftsförderung mbH., Düsseldorf, in: Strukturverbesserung in Nordrhein-Westfalen, hrsg. v. W. Golz und H. Lange, Essen 1971

— und B. *Roeper*: Finanzielle Anreize als Mittel der Regionalpolitik — ein Vergleich der Systeme westeuropäischer Länder, in: Schriftenreihe der Arbeitsgemeinschaft für Rationalisierung des Landes Nordrhein-Westfalen, Heft 134, Dortmund 1972

*Frey*, B.: Eine politische Theorie des wirtschaftlichen Wachstums, in: Kyklos, Internationale Zeitschrift für Sozialwissenschaften, Vol. XXI (1968)

*Fritsch*, B.: Zur Theorie und Systematik der volkswirtschaftlichen Kosten, in: Grundlagen der Wirtschaftspolitik, hrsg. v. G. Gäfgen, Köln - Berlin 1966

*Fürst*, D.: Die Standortwahl industrieller Unternehmer, Ein Überblick über empirische Erhebungen, in: Jahrbuch für Sozialwissenschaft, Bd. 22 (1971), H. 2, Göttingen 1971

*Funck*, R.: Instrumente der Regionalpolitik, in: Beiträge zur Regionalpolitik, hrsg. v. H. K. Schneider, Schriften des Vereins für Socialpolitik, N.F. Bd. 41, Berlin 1968

*Gäfgen*, G.: Allgemeine Wirtschaftspolitik, in: Kompendium der Volkswirtschaftslehre, Bd. 2, hrsg. v. W. Ehrlicher, I. Esenwein-Rothe, H. Jürgensen, K. Rose, Göttingen 1968

*Giel*, W. und G. *Wegge*: Regionale Wirtschaftspolitik in der BRD, in: Handwörterbuch der Raumforschung und Raumordnung, Bd. III, 2. Aufl., Hannover 1970

*Giersch*, H.: Das ökonomische Grundproblem der Regionalpolitik, in: Gestaltungsprobleme der Weltwirtschaft, Festschrift für A. Predöhl, hrsg. v. H. Jürgensen, Göttingen 1964

*Grochla*, E.: Finanzierung, in: Handwörterbuch der Sozialwissenschaften, Bd. 3, Stuttgart, Tübingen, Göttingen 1961

*Grün*, O.: Entscheidung, in: Handwörterbuch der Organisation, hrsg. v. E. Grochla, Stuttgart 1969

*Hansmeyer*, K.-H.: Subventionen als wirtschaftspolitisches Instrument, in: Subventionen in der Bundesrepublik Deutschland, hrsg. v. K. H. Hansmeyer, Finanzwissenschaftliche Forschungsarbeiten, N.F. H. 25, Berlin 1963

— Ziele und Träger regionaler Wirtschaftspolitik, in: Beiträge zur Regionalpolitik, hrsg. v. H. K. Schneider, Schriften des Vereins für Socialpolitik, N.F. Bd. 41, Berlin 1968

*Hayek*, F. A.: Wahrer und falscher Individualismus, in: Individualismus und wirtschaftliche Ordnung, Erlenbach - Zürich 1952

*Heinen*, E.: Die Zielfunktion der Unternehmung, in: Zur Theorie der Unternehmung, Festschrift für E. Gutenberg, hrsg. v. H. Koch, Wiesbaden 1962

*Isard*, W.: The General Theory of Location and Space Economy, in: The Quarterly Journal of Economics, Bd. 63 (1949)

*Isenberg*, G.: Maßnahmen und Diagnoseprobleme der Raumordnung, in: Informationen aus dem Institut für Raumordnung, Jg. 1967

*Jochimsen*, R. und P. *Treuner*: Zur Problematik der zentralen Orte in ländlichen Räumen, in: Mitteilungen aus dem Institut für Raumforschung, Heft 58, Bad Godesberg 1967

*Jürgensen*, H.: Private und soziale Kosten, in: Probleme der normativen Ökonomik und der wirtschaftlichen Beratung, hrsg. v. E. v. Beckerath und H. Giersch in Verb. mit H. Lampert, Schriften des Vereins für Socialpolitik, N.F. Bd. 29, Berlin 1963

— Antinomien in der Regionalpolitik, in: Gestaltungsprobleme der Weltwirtschaft, Festschrift für A. Predöhl, hrsg. v. H. Jürgensen, Göttingen 1964

*Kade*, G.: Wirtschaftsordnung und Wirtschaftspolitik, in: Konjunkturpolitik, Zeitschrift für angewandte Konjunkturforschung, 9. Jg. (1963)

*Katona*, G.: Economic Psychology, in: Outside Readings in Economics, 2. Aufl., New York 1956

*Kirschen*, E. S. u. a.: Instrumente der praktischen Wirtschaftspolitik und ihre Träger, in: Grundlagen der Wirtschaftspolitik, hrsg. v. G. Gäfgen, Köln - Berlin 1966

*Klatt*, S.: Wirtschaftspolitik, in: Handwörterbuch der Raumforschung und Raumordnung, Bd. III, 2. Aufl., Hannover 1970

*Kloten*, N.: Steuerpolitik als regionale Strukturpolitik, in: Archiv für Kommunalwissenschaften, 3. Jg., Bd. 39, Stuttgart, Köln und Opladen 1964

— Standortwirkungen kommunaler Besteuerungsformen, in: Kommunale Finanzen und Finanzausgleich, hrsg. v. H. Timm und H. Jecht, Schriften des Vereins für Socialpolitik, N.F. Bd. 32, Berlin 1964

— Alternative Konzeptionen in der Regionalpolitik, in: Beiträge zur Regionalpolitik, hrsg. v. H. K. Schneider, Schriften des Vereins für Socialpolitik, N.F. Bd. 41, Berlin 1968

*Koch*, R.: Industrieansiedlung in der wirtschaftspolitischen Praxis, in: Wirtschaftsförderung, staatliche Einflußnahme auf die Ansiedlung von privaten Industrieunternehmungen, hrsg. von der Deutschen Gesellschaft für Betriebswirtschaft, Berlin 1968

*König,* H. und R. *Thoss:* Der optimale Standort der Industrie: Ein interregionales Programmierungsmodell für die westdeutsche Papierindustrie, in: Zeitschrift für die gesamte Staatswissenschaft, Bd. 121 (1965)

*König,* R.: Organisation, soziale, in: Handwörterbuch der Organisation, hrsg. v. E. Grochla, Stuttgart 1969

*Krelle,* W.: Unsicherheit und Risiko in der Preisbildung, in: Ott, A. E. (Hrsg.), Preistheorie, Köln, Berlin 1965

*Küng,* E.: Interventionismus, in: Handwörterbuch der Sozialwissenschaften, Bd. 5, Stuttgart - Tübingen - Göttingen 1956

*Landmann,* M.: Thesen und Diskussionsbemerkungen zu „Situation und Entscheidung", in: Symphilosophein, Bericht des 3. Deutschen Kongresses für Philosophie (Bremen 1950), hrsg. v. R. Plessner, München 1952

*Marx,* R.: Raumordnungsprobleme bei wirtschaftlichem Wachstum, in: Zeitschrift für die gesamte Staatswissenschaft, Bd. 121, Heft 1 (1965)

*Mayntz,* R. und R. *Ziegler:* Soziologie der Organisation, in: Handbuch der empirischen Sozialforschung, Bd. II, hrsg. v. R. König, Stuttgart 1969

*Mehrländer,* H.: Verbesserung der regionalen Wirtschaftsstruktur. Gesetz über die Gemeinschaftsaufgabe vom 6. Oktober 1969, in: Handbuch der regionalen Wirtschaftsförderung, hrsg. v. H. H. Eberstein, Köln 1971, 2. Lieferung 1972

*Mellerowicz,* K.: Betriebspolitik — die Kernaufgabe der Betriebsführung, in: Probleme der Betriebsführung, Festschrift für O. R. Schnutenhaus, hrsg. v. C. W. Meyer, Berlin 1959

*Müller,* J. H. unter der Mitarbeit von B. *Dietrichs* und J. *Klaus:* Grenzen der Raumpolitik im Rahmen einer Marktwirtschaft, in: Ordo, Jahrbuch für die Ordnung von Wirtschaft und Gesellschaft, Bd. XII, Düsseldorf und München 1961

*Muske,* G.: Die Wirtschaftsstruktur der Regionen Nordrhein-Westfalens, in: Ifo-Schnelldienst, Wochenberichte des Ifo-Instituts für Wirtschaftsforschung, München Nr. 27/1972

*Noé,* C.: Chancen und Bedingungen einer Strukturpolitik aus einem Guß, Manuskript, Texte des Bundesministeriums für Wirtschaft, 17. 9. 1970

— Zur Regionalpolitik als innerer Entwicklungspolitik, Manuskript, veröffentlicht als Dokumentation des Bundesministeriums für Wirtschaft und Finanzen, 8. Juli 1971

*North,* D. C.: Location Theory and Regional Economic Growth, in: The Journal of Political Economy, Vol. 62 (1955)

*Pack,* L.: Rationalprinzip und Gewinnmaximierungsprinzip, in: Zeitschrift für Betriebswirtschaft, 31. Jg. (1961)

— Rationalprinzip, Gewinnprinzip und Rentabilitätsprinzip, in: Zeitschrift für Betriebswirtschaft, 35. Jg. (1965)

*Predöhl,* A.: Das Standortproblem in der Wirtschaftstheorie, in: Wirtschaftliches Archiv, Bd. 21 (1925)

*Pütz,* Th.: Die wirtschaftspolitische Konzeption, in: Zur Grundlegung wirtschaftspolitischer Konzeptionen, hrsg. v. H. J. Seraphim, Schriften des Vereins für Socialpolitik, N.F. Bd. 18, Berlin 1960

*Rabe,* K.: Standort, in: Handbuch der Betriebswirtschaftslehre, 2. Bd., Stuttgart 1928

*Recktenwald,* H. C.: Steuerwirkungen, in: Handwörterbuch der Sozialwissenschaften, Bd. 10, Stuttgart, Tübingen, Göttingen 1959

*Russell,* B.: Freedom and Government, in: Freedom, its Meaning, hrsg. v. R. N. Anshen, New York 1940

*Salin,* E.: v. Thünen, Johann Heinrich, in: Handwörterbuch der Sozialwissenschaften, Bd. 10, Stuttgart, Tübingen, Göttingen 1959

*Scitovsky,* T.: Two Concepts of External Economies, in: The Journal of Political Economy, Vol. 62 (1954)

*Seidenfus,* H. St.: Koordinationsprobleme und aktuelle Hemmnisse der Regionalpolitik, in: Beiträge zur Regionalpolitik, hrsg. v. H. K. Schneider, Schriften des Vereins für Socialpolitik, N.F. Bd. 41, Berlin 1968

*Simon,* H. A.: On the Concept of Organizational Goal, in: Administrative Science Quarterly, 1964/65

— Theories of Decision Making in Economies and Behavioral Science, in: Greenwood, W. T. (Hrsg.), Management and Organizational Behavior Theories: An Interdisciplinary Approach, Cincinnati, Ohio 1965

— Comments on the Theory of Organization, in: Greenwood, W. T. (Hrsg.), Management and Organizational Behavior Theories: An Interdisciplinary Approach, Cincinnati, Ohio 1965

*Spinner,* H. F.: Modelle und Experimente, in: Handwörterbuch der Organisation, hrsg. v. E. Grochla, Stuttgart 1969

*Scheuch,* E. K.: Das Interview in der Sozialforschung, in: Handbuch der empirischen Sozialforschung, Bd. I, hrsg. v. R. König, Stuttgart 1962

— Skalierungsverfahren in der Sozialforschung, in: Handbuch der empirischen Sozialforschung, Bd. I, hrsg. v. R. König, Stuttgart 1962

*Schiller,* K.: Wirtschaftspolitik, in: Handwörterbuch der Sozialwissenschaften, Bd. 12, Stuttgart, Tübingen, Göttingen 1965

*Schmölders,* G.: Ökonomische Verhaltensforschung, in: Ordo, Jahrbuch für die Ordnung von Wirtschaft und Gesellschaft, Bd. V (1953), Düsseldorf und München 1953

— Die Konjunkturpolitik der „Moral Suasion", in: Wirtschaftsfragen der freien Welt, Festschrift für L. Erhard, Frankfurt (Main) 1957

— Willensbildung und wirtschaftspolitische Führung in der Marktwirtschaft, in: Probleme der Willensbildung und der wirtschaftspolitischen Führung, hrsg. v. H.-J. Seraphim, Schriften des Vereins für Socialpolitik, N.F. Bd. 19, Berlin 1959

— Erfolgsmaßstäbe neuzeitlicher Wirtschaftspolitik, in: Methoden und Probleme der Wirtschaftspolitik, Gedächtnisschrift für H.-J. Seraphim, hrsg. v. H. Ohm, Berlin 1964

— Das Bild vom Menschen in der Wirtschaftstheorie, in: Neue Anthropologie, Bd. 3, Sozialanthropologie, hrsg. v. H.-G. Gadamer und P. Vogler, Stuttgart 1972

*Schneider,* H. K.: Plankoordinierung in der Regionalpolitik, in: Rationale Wirtschaftspolitik und Planung in der Wirtschaft von heute, hrsg. v. E. Schneider, Schriften des Vereins für Socialpolitik, N.F. Bd. 45, Berlin 1967

*Schneider*, H. K.: Modelle für die Regionalpolitik, in: Beiträge zur Regionalpolitik, hrsg. v. H. K. Schneider, Schriften des Vereins für Socialpolitik, N.F. Bd. 41, Berlin 1968

— Über die Notwendigkeit regionaler Wirtschaftspolitik, in: Beiträge zur Regionalpolitik, hrsg. v. H. K. Schneider, Schriften des Vereins für Socialpolitik, N.F. Bd. 41, Berlin 1968

— Modelle für die Regionalpolitik, in: Beiträge zur Regionalpolitik, hrsg. v. H. K. Schneider, Schriften des Vereins für Socialpolitik, N.F. Bd. 41, Berlin 1968

*Schwantag*, K.: Eigenkapital als Risikoträger, in: Zeitschrift für handelswissenschaftliche Forschung, N.F., 15. Jg. (1963)

*Stackelberg*, H. v.: Möglichkeiten und Grenzen der Wirtschaftslenkung, in: Ordo, Jahrbuch für die Ordnung von Wirtschaft und Gesellschaft, Bd. II, Düsseldorf und München 1949

Statistisches Bundesamt (Hrsg.): Bevölkerungsstruktur und Wirtschaftskraft der Bundesländer,

Heft 1967, Stuttgart und Mainz 1967

Heft 1968, Stuttgart und Mainz 1969

Heft 1969, Stuttgart und Mainz 1970

Heft 1970, Stuttgart und Mainz 1971

*Stavenhagen*, G.: Industriestandorttheorien und Raumwirtschaft, in: Handwörterbuch der Raumforschung und Raumordnung, Bd. II, 2. Aufl., Hannover 1970

*Storbeck*, D.: Regionale Wirtschaftspolitik, in: Handwörterbuch der Raumforschung und Raumordnung, Bd. III, 2. Aufl., Hannover 1970

— Zur Operationalisierung der Raumordnungsziele, in: Kyklos, Vol. XXII (1970)

*Tuchtfeldt*, E.: Zur Frage der Systemkonformität wirtschaftspolitischer Maßnahmen, in: Zur Grundlegung wirtschaftspolitischer Konzeptionen, hrsg. v. H. J. Seraphim, Schriften des Vereins für Socialpolitik, N.F. Bd. 18, Berlin 1960

— Das Instrumentarium der Wirtschaftspolitik. Ein Beitrag zu seiner Systematik, in: Grundlagen der Wirtschaftspolitik, hrsg. v. G. Gäfgen, Köln - Berlin 1966

*Werner*, J.: Zur Problematik der sozialen Kosten, in: Weltwirtschaftliches Archiv, Bd. 98 (1967), Heft 1

*Wilson*, C. und M. *Alexis:* Basic Framework of Decisions, in: The Making of Decisions, hrsg. v. W. J. Care und J. W. Dyson, London, New York 1964

*Witte*, E.: Phasentheorem und Organisation komplexer Entscheidungsverläufe, in: Zeitschrift für Betriebswirtschaft, 20. Jg. (1968)

— Entscheidungsprozesse, in: Handwörterbuch der Organisation, hrsg. v. E. Grochla, Stuttgart 1969

*Wittmann*, W.: Information, in: Handwörterbuch der Organisation, hrsg. v. E. Grochla, Stuttgart 1969

*Zimmermann*, H.: Zielvorstellungen in der Raumordnungspolitik des Bundes, in: Jahrbuch für Sozialwissenschaft, Bd. 17 (1966)

### 3. Gesetze und Verordnungen

Konkursordnung vom 18. Februar 1877, RGBl. S. 351, in der Fassung der Bekanntmachung vom 20. Mai 1897, RGBl. S. 612

Raumordnungsgesetz vom 8. 4. 1965, BGBl. I, S. 306

Aktiengesetz vom 6. September 1965, BGBl. I, S. 1089

Gesetz zur Förderung der Stabilität und des Wachstums in der Wirtschaft vom 8. 6. 1967, BGBl. I, S. 582

Minister für Wirtschaft, Mittelstand und Verkehr des Landes Nordrhein-Westfalen: Richtlinien für die Gewährung von Investitionshilfen an Wirtschaftsunternehmen zur Förderung von Vorhaben in Schwerpunkten förderungsbedürftiger Gebiete des Landes oder zum Zwecke der Betriebsumstellung, Az.: IIAI-133-82-02, Düsseldorf, 15. 9. 1967

Gesetz zur Anpassung und Gesundung des deutschen Steinkohlenbergbaus und der deutschen Steinkohlenbergbaugebiete vom 15. 5. 1968, BGBl. I, S. 365

Gesetz über die Gewährung von Investitionszulagen im Zonenrandgebiet und in anderen förderungsbedürftigen Gebieten sowie für Forschungs- und Entwicklungsinvestitionen (Investitionszulagengesetz) vom 18. 8. 1969, BGBl. I, S. 1211

Gesetz über die Gemeinschaftsaufgabe „Verbesserung der regionalen Wirtschaftsstruktur" (GRW) vom 6. 10. 1969, BGBl. I, S. 1861

Gesetz zur Förderung der Berliner Wirtschaft in der Fassung vom 29. 10. 1970, BGBl. I, S. 1482

Gesetz über die verbilligte Veräußerung, Vermietung und Verpachtung von bundeseigenen Grundstücken vom 16. 7. 1971, BGBl. I, S. 1005

Gesetz zur Förderung des Zonenrandgebietes vom 5. 8. 1971, BGBl. I, S. 1237

Gesetz zur Änderung der Gesetze über die Gemeinschaftsaufgaben vom 23. 12. 1971, BGBl. I, S. 2140

## FINANZWISSENSCHAFTLICHE FORSCHUNGSARBEITEN

1 **Die Steuerlawine.** Von E. Klösges. 88 S. 1953. DM 8,–.

2 **Ausgleich der Familienlasten?** Von H. Beckendorff. 112 S. DM 9,80.

3 **Steuerpolitik im Wohlfahrtsstaat.** Von U. Hicks. 44 S. 1953. DM 5,60.

4 **Die Ertragsfähigkeit der Umsatzsteuer.** Von K. Kleinjohann. 120 S. 1954. DM 12,–.

5 **Der Steuerwiderstand.** Von K.-G. Holtgrewe. 80 S. 1954. DM 8,–.

6 **Parkometer.** Von E. Pidun. 96 S. 1954. DM 9,60.

7 **Reklamesteuer?** Von G. Lönnecke. 88 S. 1954. DM 8,60.

8 **Mindestreserven als Mittel der Geld- und Kreditpolitik.** Von J. H. van Zwoll. 124 S. 1954. DM 10,80.

9 **Steuerreform als internationales Problem.** Von G.-H. Pfeil. 185 S. 1955. DM 16,80.

10 **Zur Begriffsbestimmung der Verbrauchsteuern.** Von G. Schmölders unter Mitarbeit von H. Beckendorff und G. Piper. 100 S. 1955. DM 9,–.

11 **Das Problem der Nettoumsatzsteuer im Handwerk.** Von W. Mette. 83 S. 1956. DM 9,80.

12 **Der Schmuggel als finanzpolitisches Problem.** Von K. Gerling. 85 S. 1956. DM 9,60.

13 **Die Problematik der Einführung einer Nettoumsatzsteuer in der Textilindustrie.** Von R. Kümpers. 101 S. 1956. DM 12,–.

14 **Die Organtheorie im System der kumulativen Umsatzsteuer.** Von H. Röchling. 158 S. 1957. DM 16,60.

15 **Gemeinsamer Markt und Verbrauchsteuern.** Von H. Troost. 102 S. 1957. DM 9,60.

16 **Die Reform des deutschen Gemeindesteuersystems.** Von R. Horster. 129 S. 1958. DM 12,–.

17 **Subventionen im Steinkohlenbergbau.** Von H. Breder. 91 S. 1958. DM 9,–.

18 **Signalwirkungen der Einkommen- und Körperschaftsteuer.** Von W. Kuntze. 73. S. 1958. DM 8,80.

19 **Die Finanzpolitik des Kurfürsten Klemens Wenzeslaus von Trier.** Von O. Schneider. 190 S. 1958. DM 18,–.

20 **Preissubventionen.** Von H. Boehme. 109 S. 1959. DM 10,80.

21 **Der Begriff „Geldmenge" und seine Problematik.** Von H. J. Köhler. 71 S. 1960. DM 8,60.

22 **Die Illusionen in der öffentlichen Finanzwirtschaft.** Von A. Puviani. 241 S. 1960. Brosch. DM 18,60; Ln. DM 22,60.

23 **Die Handwerkssteuer in der Sowjetischen Besatzungszone Deutschlands.** Von R. Markner. 103 S. 1961. DM 12,80.